西山隆行・向井洋子 編

図録
政治学

阿部悠貴
安　周永
石神圭子
小畑俊太郎
川口雄一
河村真実
佐藤高尚
下村太一
菅原和行
田上智宜
平野淳一
松尾隆佑
著

弘文堂

はしがき

　本書を手に取ってくださった方は、何らかの理由で政治学に関心をお持ちの方だと思います。単に大学の授業で指定されたから、という方もおられるかもしれません。あるいは、すでにほかの政治学のテキストを利用したことがあるけれども「なんだかとっつきにくい…」と感じたので本書を手に取ってみた、という方も少なくないかもしれません。私たち大学教員が既存のテキストを使って政治学の授業を行った際に、学生さんからよく聞かされた不満には、以下のようなものがあります。

・専門用語が多く、その説明が複雑すぎて、引っかかってしまう。
・自分が知りたいと思っている（たとえば公務員試験でよく出題される）単語が出てこない。
・筆者の政治的スタンスが出ていて、評価に偏りがある気がする。
・方法論についてこだわりの説明がなされているけれど、政治学の専門家になるわけではない自分には不要だと思う。
・文字ばかりで読むのがつらい…。

　著者のこだわりを感じさせる本、エッジの効いたテキストは、研究者志望の方にとっては有用かつ面白いものです。ただ、一般教養として政治の様々なトピックについて概括的な知識を得たい、公務員試験対策の勉強をしたい、将来高校や中学の教師として政治経済を教えたい…というような方々を、政治学の勉強から遠ざけてしまっている面があるのでないか、とも感じられます。逆に、著者のこだわりやエッジを削ぎ落とした結果、あまりに起

伏に乏しくなってしまったテキストも散見されるところです。これはこれで「読むのがつらい」かもしれません。

　本書は、〈教科書〉と〈資料集〉の「いいとこ取り」をすることで、そのようなディレンマを克服しようとする試みです。

　第1に、大学の政治学の授業で学ぶべき重要事項をほとんど網羅する教材でありながら、簡潔で読みやすい入門書となっています。特定の方法論にこだわったり、特定の執筆者が個人的に面白いと思ったネタだけを取り上げているような本ではなく、広くスタンダードなテキストとなることをめざしています。

　第2に、本書は「中学・高校の社会科の授業で使っていた資料集」をイメージしながら作成しています。中高生時代、教科書は読まないけれども資料集の写真や図表は眺めていた、という思い出をお持ちの方もおられるのではないでしょうか。本書には約500点の写真や図表が収められており、それを見るだけでも知的な好奇心が刺激され、解説とあわせて読むことで理解がいっそう深まるしくみになっています。

　本書をきっかけとして、様々なニュースや社会問題に関心をもつ人が増えたり、政治学を本格的に勉強したいと思う人が増えてくれると、筆者一同、嬉しく思います。

　本書の完成に至るまでに、多くの方にお世話になりました。本企画の生みの親である弘文堂の登健太郎さんには、原稿のチェック、掲載写真の許諾手続きなど、膨大な量の作業をしていただきました。また、デザイナーの宇佐美純子さんには、執筆者の身勝手な要求にお応えいただき、センスあふれる図表やイラストを作成していただきました。この場を借りて、心よりお礼を申し上げます。

2022年12月

編　者

目次

1 政治とは

I 政治の世界と理論

政治という言葉から想像をめぐらせてみると、目の前にどのような世界が広がるでしょうか。

たとえば、ニュースで報道される政治的な出来事に、大規模な民主化運動があげられます。公正な選挙が実施されていないところでは、その実施もまた要求のひとつになりえます。このような国・地域ではまた、支配者が民主化運動を弾圧するという現象もみられます。運動を展開する人々は、弾圧される身の危険を感じながらも、選挙権の獲得などをめざして立ち上がり要求を貫こうとします。

しかし同じ国・地域の人々が皆、運動に参加しているわけではなく、運動に参加しない人々もまた存在します。「めんどくさい」「忙しい」「病気療養中」など、その理由も様々でしょう。それでも運動に参加した人々の要求が実ったとき、選挙権は運動に参加しなかった人々にも与えられます。このような人々もまた、与えられた権利を行使するでしょう。

このように、自らは活動に参加しないにもかかわらず、その成果を享受しようとする人々を、政治学ではフリーライダー（ただ乗り）とよびます。そして、どのような集団の中にもこうした人々が存在することを集合行為問題として理論的に説明しようとします（☞ 21-II 3 、22-II 1 ）。

もう1つの例をとりあげてみましょう。国家間の安全保障をめぐる戦略環境を、政治学では囚人のジレンマという理論を用いて説明することがあります。「囚人のジレンマ」とはこういう理論です——銀行強盗の容疑者2人（AとB）が警察に逮捕されたとする。警察は強盗の十分な証拠をもっておらず、容疑者を起訴するためには自白が不可欠。そこで警察はそれぞれの容疑者に訊問（じんもん）していく。2人がともに黙秘すればそれぞれに1年の実刑（武器所持の軽犯罪）。Aが自白しBが黙秘すれば、Aは0年、Bは9年の実刑。2人がともに自白すればそれぞれ6年の実刑。自分にとって大きいリスクは回避したい。壁の向こうにい

↓香港の民主化デモ（2007年）

ロイター／アフロ

る共犯者は黙秘を貫くか、自白するか——。最も合理的な選択をしたいと考える容疑者（囚人）たちはジレンマを抱えつつ、決断を迫られます。

このような理論は、A国とB国との間の軍拡と軍縮とをめぐる安全保障のジレンマにあてはめることができます。A・Bが相互に軍縮を選択すれば、均衡（きんこう）を維持したまま負担を軽減できます。逆に、相互に軍拡を選択すれば、均衡を維持したまま一定の負担が課されます。他方、軍拡を進めて相手国より優位に立とうとしても、それだけ大きな負担が課されます。A・B両国は、それぞれ安全保障上の選択肢をもちながら、相手国の意向を把握できない状況の中で、決断する必要があります。政治学では、このような国家の合理的選択の問題を、囚人のジレンマになぞらえて分析しようとするのです。

↓囚人のジレンマ

		囚人B	
		黙秘	自白
囚人A	黙秘	1年 / 1年	0年 / 9年
	自白	9年 / 0年	6年 / 6年

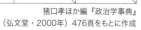
猪口孝ほか編『政治学事典』
（弘文堂・2000年）476頁をもとに作成

★○×問題でチェック★

問1　政治活動には参加しないが、その成果を享受する人々を「フリーライダー」という。
問2　国家の安全保障上の合理的選択をめぐる問題は「囚人のジレンマ」モデルを用いて説明できる。

1　政治の諸定義

　「政治」は、どのように定義されうるでしょうか。政治の定義は、古今東西の思想家、学者の数だけ存在するといわれるほど多様です。

　たとえば、古代ギリシャの哲学者プラトン（☞3-I2）は、「善のイデア」を認識、把握した哲人による支配に、政治という営みの意義を見いだしました。もちろん現実にこのような政治・国家があるとしたのではありません。ここには彼の理想主義が反映されています。他方、近代政治学の祖といわれるルネサンス期のマキァヴェリ（☞3-III1）は、権謀術数を駆使して秩序をつくる君主の支配の技術（アート）に政治の核心を捉えました。「目的のためなら手段を択ばない」というマキァヴェリズムの通俗的なイメージに基づいて、暴力をも排さない、現実主義的な政治観の1つとされることもあります。

　近代の市民革命を理論的に裏づけた思想家のひとりロック（☞3-V2）の政治観は、彼の社会契約論に見いだすことができます。人間の一人ひとりには、生まれながらに固有の権利がそなわっているものとし、この権利を守るために人々は「社会契約」を結んだとしています。この契約にそって君主の権力を抑制し、人民による統治を構想しました。

　20世紀においても、多様な政治観が提起されました。たとえばナチス時代のドイツの代表的な法学者シュミットは、敵と味方との対立性に政治的なものの本質を捉えました。それに対し

↓政治の定義の例

プラトン	「善のイデア」を把握した哲人による支配という理想
マキァヴェリ	権謀術数を駆使して秩序をつくる君主の支配の技術（アート）
ロック	固有の権利（生命・自由・財産）を守る「社会契約」＝人民の同意による統治
シュミット	経済・文化・宗教等の差異を背景とした敵と味方との対立性
アレント	私的領域と区別される「公的領域」における人々の活動（言葉を通じた人々の相互行為）
イーストン	「社会に対する諸価値の権威的分配」

筆者作成

て、同時代の哲学者アレント（☞4-IV2）は、言葉を通じた人々の相互行為が織りなす「公的領域」に政治という営みを見いだしました。前者の政治概念には戦争も含まれるのに対して、後者は、言葉の相互行為のもつ意味を喪失させる戦争は政治に含まれないとしています。

　このような政治概念の多様性が、個々の時代や現実、人物の性格に規定されたものであることはいうまでもありません。他方、これらの概念には彼らの鋭い人間観察や歴史的知見が含まれています。この観点に立てば、過去に提示された政治概念の中に、現代に通じるものを見いだすこともできます。

2　イーストンの政治システム論

　実証科学としての分析を可能にするという意図に基づいて政治概念を構想したものとして、イーストンの政治システム論があげられます。この理論の中核にある政治システムの概念は、社会システム論に基づいています。この社会システムは、文化、経済、人口などの諸システムから構成されるもので、政治システムもそのひとつとみなされています。政治システムは、他のシステムから識別され抽出されるものです。

　このように識別された政治的なものを、イーストンは「社会に対する諸価値の権威的配分」と定義しています。政治的な駆け引き（権力闘争）と人々の納得の上に成り立つ政策という日常的な政治活動から、そのような定義を行いました。特定の人々に諸価値への接近を許したり、獲得しようとする行動を妨害したり、諸価値を所有者から剥奪したりといった配分を可能とする体系を、政治システムとしています。

　この政治システムは、他のシステムで構成された環境との関係において成立しています。この環境は、政治システムに対して、影響を与え合う関係に立っています。このような環境または社会を共有し構成するメンバーが特定の問題の処理や解決を求めて、政治システムに対して何かを要求したり、このシステムの存立や役割を支持したりすることを、イーストンは「インプット（入力）」とよびます。

　この「インプット」を受け政治システムは、議会や行政等の

↓イーストンの「政治システム」のモデル

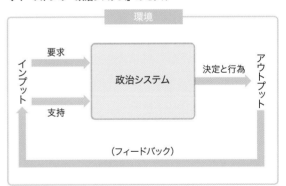

デヴィッド・イーストン（岡本忠夫訳）『政治分析の基礎』
（みすず書房・1968年）130頁をもとに作成

回路を通じて、メンバーが納得できるような政策や行為を決定していきます。イーストンはこれを「アウトプット（出力）」とよびます。そして、この「アウトプット」の内容がめぐりめぐって、新たな「インプット」に影響を及ぼしていきます。この影響関係を「フィードバック（還元）」とよび、循環的な過程として政治現象を把握しました。

★○×問題でチェック★
問3　政治の概念は思想家や学者によって多様だが、戦争を含まない点では一致している。
問4　イーストンの政治システム論は、すべての人が理想とすべき政治像を展開したものである。

Ⅲ 国家とは

1 国家の条件

政治学の分析対象の中でも、最も代表的な単位の1つが国家です。国家には、古代の「都市国家（ポリス）」や中世の「キリスト教国家」といった歴史上の概念もあります。近代には人民による「社会契約」という観念を通じて国家の意義を理論化したものもみられます（☞3-Ⅴ）。

今日、近代国家を成り立たせる条件として、国民・領域・主権があります。この3要素のうち国民は、国家を構成する人々のこと

であり、必ずしも「民族」と同じ意味ではありません。1つの国家のもとで複数の民族が国民を構成していることが多いのです。また、領域は、領土・領海・領空によって構成される観念です。

主権は、独立性と最高性という2つの性格をあわせもった観念です。独立性は、他国の干渉に対する排他性、他国との間の平等性を意味する性格です。最高性は、国内の諸集団・組織に対する最高の権力を意味するものです。すなわち、一定の領域の中で国家という組織は、他のあらゆる社会的組織に対して優位性を保つとみなされます。会社、学校、宗教団体といえども、国家が定めた法律に反することは許されません。また、この領域内に他の国家が理由なく介入し、独立性を脅かすことは、国際社会の中で承認されていません。各国家は、この主権を維持するため、他国の介入と国内の違法者から、領域と一般の国民とを守ろうとします。

↓国家の3要素

国民	国家を構成する人々。複数の民族で構成されていることが多い
領域	領土、領海（日本の場合は原則12海里）、領空（大気圏内）
主権	独立性（他国の干渉に対する排他性、他国との間の平等性）と最高性（国内の諸集団・組織に対する最高の権力）

筆者作成

↓自国の領域を防衛する国家

左から陸上自衛隊HP、海上自衛隊HP、航空自衛隊HP

2 主 権

歴史的に主権の観念が成立したのは16世紀のヨーロッパとされています。このことから主権国家は近代国家ともよばれます。またこのような主権の観念は、アジアや他の地域には伝統的にありませんでした。ヨーロッパ諸国の海外侵出を通じて広まった観念です。

もともとこの観念は、権威と権力とを掌握した君主（国王）に帰属するものでした。16世紀のフランスの思想家ボダン（☞3-Ⅲ2）の理論が最も代表的です。彼は、継続性や不可譲渡性、不分離性などの諸性質を通して、国家主権の絶対性を

理論化しました。

この主権の観念を、担い手の面から捉えかえすと、当初は君主を主権者とみなすのが一般的でした。社会契約論者のひとりであるホッブズ（☞3-Ⅴ1）も、「社会契約」を通じた絶対的な君主主権について理論化しています。これに対して18世紀の思想家ルソー（☞3-Ⅴ3）は「社会契約」に基づいた人民主権論を展開しました。人民主権（国民主権）は、国家の政治のあり方を最終的に決定する権力を人民（国民）がもっているとする考えです。今日では多くの国々がその憲法に人民主権（国民主権）を規定しています。

↓ジャン・ボダン　　**↓社会契約論の定礎者たち：左からホッブズ、ロック、ルソー**

public domain　　　　　　　　　　　　　　　　　　　　　　　　　　　　すべてpublic domain

★〇×問題でチェック★

問5　主権の最高性とは、国内のあらゆる集団・組織の権力に対する国家権力の優位性を意味する。
問6　社会契約論者の中でも主権の担い手として人民を自覚的に理論化したのはホッブズである。

3 国家の機能

主権国家には、大きく2つの役割があります。治安の維持とサービスの提供です。前者については、「ある一定の領域内で、正統な物理的暴力行使の独占」を可能にしたというヴェーバーによる国家の定義がよく知られています。この物理的暴力を最も代表するのは軍隊や警察です。国家はこれらの力を行使しながら治安を維持する役割を担っています。そのほかの法執行機関もこれに含まれます。

また、後者については、国家が国民に提供する公共サービスがあります。教育に関する制度や施設、国民健康保険や公衆衛生などの社会福祉、道路建設といったインフラ整備など、多岐にわたります。これらは国民が支払った租税をもとに、国家が手配するサービスです。この国家のサービスは国民の納税の対価ともみなされ、今日の日本などでは誰もが享受可能な公共財の1つです。

このような国家の機能についても、どこまでを国家の義務とし、どこからを個々人に委ねるかをめぐって議論がなされてきました。たとえば、市民革命後には、国家の機能は国防・治安と一定の立法事業とに限定され、国民の自由な経済活動にはまったく干渉しない夜警国家（消極国家、立法国家）という考えが登場しました。

その後、貧しい人々にも選挙権が与えられたり、国民の消費活動に一定の意味が認められるようになったりしてくると、国家には様々なサービスが期待され、それに応じて行政の比重が高まってきます。福祉国家（積極国家、行政国家）という考えはこのような背景から生まれました（☞ 26 - II）。歴史的にみれば、このように主権の所在や主権者の状況に応じて、国家に求められるものが変化しています。

↓アフガニスタンにおける女子教育の復興
　（2012年）

ロイター／アフロ

↓記者会見する菅義偉首相（左）と
　新型コロナウイルス感染症対策分科会の
　尾身茂会長（右）

毎日新聞社／アフロ

↓ドイツ・アウトバーン（高速道路）建設の様子
　（1934～1935年ごろ）

アフロ

IV　グローバル・ガバナンス

諸国家をこえた治安維持やサービスを管理・運営することをグローバル・ガバナンスといいます。各国家のガバナンスは政府が担っていることから、グローバル・ガバナンスは世界政府が担うものだとする考え方があります。この場合、国際社会は1つのまとまった社会とみなされ、正統な物理的暴力の独占はこの政府を中心に進められるでしょう。

このように世界政府の有無という観点に立つとき、現在の世界では十分なグローバル・ガバナンスは成り立っていません。なぜなら、上記のような機能をもつ中央政府は存在していないからです。世界の相当数の国・地域が加盟している国際連合も、世界政府ではありません。国連はあくまでも、主権国家の集合体であり、加盟国に対する強制力を十分に備えていないからです。国際社会の安全の維持・構築を担うべき安全保障理事会が十分機能せず、国連軍の組織化が実現していないことにも、そうした背景があります。

しかし世界には、戦争や貧困、地球環境問題など、単独の主権国家だけで解決できない問題が存在しています。こうした現実に対して、世界政府は存在しなくても、複数の国家が協力し、超国家的なルールやシステムを構築していく事例がみられます。国際レジーム論は、世界政府のない国際社会にもこのようなグローバル・ガバナンスが機能しているものとみなしています。

↓国際連合（安全保障理事会）

ロイター／アフロ

国連をこのようなガバナンスの担い手の1つとみなすことも可能です。国連には、総会や経済社会理事会などの機関も存在し、各国間の協力体制が維持されています。そのほかに、地域ごとの超国家的な機構として、ヨーロッパ連合（EU）等も存在しています。

今日では、NGO、自治体、企業、政府、国際機構などが相互の利害や意見の調整を通じて生み出していく連携や制度、構想などにグローバル・ガバナンスが見いだせるとされています。

★○×問題でチェック★

問7　ヴェーバーの定義に従えば、警察による暴力団の取締りは国家の「物理的暴力」の行使とはいわない。
問8　政治学では、世界政府がなければグローバル・ガバナンスは成立しえないという見解で一致している。

2 政治学の基礎概念

I 権力

1 代表的な権力論

　権力は政治学の中心的テーマです。利益や関心の対立を政治的に解決するためには、社会のメンバーに合意やルールを守ってもらい、場合によっては自由を制限してまでも、行為の変更を求める必要があります。それらを可能にするものが権力なのです。

　権力の代表的な見方として、ヴェーバーの権力論があげられます。ヴェーバーは、権力を「社会関係の中で、抵抗を排除してでも自己の意志を貫徹しうる可能性」と定義します。ここでの権力は、権力を行使する者が自己の意志を実現する可能性を意味します。ヴェーバーは権力行使者に焦点をあてて説明をしています。これに対してダールは、「普通ならBがしないであろう何事かをAがBにさせた場合、AはBに対して権力をもつ」と、権力を定義します。たとえば、教師が『図録 政治学』をレポート課題として読むように指示したケースを考えてください。もしこうした指示がなければ『図録 政治学』を読まなかった学生がこれを読むようになった場合、教師は『図録 政治学』を読ませるということに関して学生に対し権力をもったといえます。つまり、ダールは権力を行使される側が行為を変更させたか否かに焦点を当てて、権力を定義しているのです。こうしたダールの権力論は、権力を行使する側がまず働きかけをし、その作

▶マックス・ヴェーバー

public domain

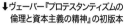
▶ヴェーバー『プロテスタンティズムの倫理と資本主義の精神』の初版本

public domain

用の結果、権力を行使される側が行為を変更するものと考えます。ヴェーバーの権力論とダールの権力論は一見相異なるようにみえますが、いずれも権力行使者と被行使者との関係において権力を捉えているといえます。

▶ヴェーバーとダールの権力論

	ヴェーバー	ダール
権力の定義	社会関係の中で、抵抗を排除してでも自己の意志を貫徹しうる可能性	普通ならBがしないであろう何事かをAがBにさせた場合、AはBに対して権力をもつ
議論の焦点	権力を行使する側の意志や意図に着目	権力を行使される側の行為の変更に着目

筆者作成

2 バクラックとバラツの非決定権力論

　1の議論は、「誰が支配しているのか・権力をもっているのか」という点に分析の関心をよせます。これに対してバクラックとバラツは、このような見方は権力を決定する力として捉えようとするものであるが、権力の意味はそれだけではないとします。彼らは、権力には事前に争点を排除し、問題の顕在化を抑制する作用があるとします。決定に関わる争点の露見が権力者にとって不都合な場合、争点の隠蔽がなされることがあります。このように決定作成の範囲を制限し、争点を排除することを非決定権力とよびます。

▶ダールの権力論のイメージ

B学生　A教師

筆者作成

▶政治過程における決定と非決定

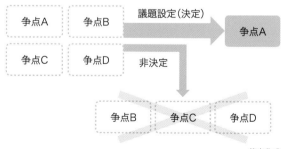

争点A　争点B　議題設定（決定）　争点A

争点C　争点D　非決定

争点B　争点C　争点D

筆者作成

★○×問題でチェック★
問1　ヴェーバーの主張する権力は、権力を行使される側が自己の意志を実現する可能性を意味する。
問2　バクラックとバラツは、権力には事前に争点を排除する作用があるとした。

3 ルークスの三次元的権力観

ルークスはこれまでの権力論を一次元的権力観・二次元的権力観と整理したうえで、自らの権力論を三次元的権力観として提示します。一次元的権力観はダールらの権力論をさし、二次元的権力論はバクラックとバラツの権力論を意味します。両権力観が前提としているのは、権力者のみならず被権力者の少なくとも一部を、明確な意図をもつ

↓スティーブン・ルークス

wikipedia (KorayLoker, 2014)

↓ルークスの権力論の分類

	一次元的権力	二次元的権力	三次元的権力
論者	ダール	バクラックとバラツ	ルークス
権力者の意図	明示的	黙示的	黙示的
権力の態様	決定権力(行為に影響)	非決定権力(行為に影響)	相手の認識を変更(意識や価値判断に影響)
権力行使の内容	争点を議論して政策を決定・執行	議題に上る前の争点の排除(争点の顕在化を阻止)	争点そのものを思考や欲望の対象から除外・消失
権力行使の場	決定政策過程	議題設定過程	観察不可能

筆者作成

存在としている点です。ルークスのいう三次元的権力は、権力行使者が被行使者を洗脳して、権力行使者にとって不都合な考えをもたないようにする権力です。この権力観の特徴は、争点の排除や利益表出の抑制自体を、権力の受け手が認識できないという点にあります。たとえば二次元的権力観では争点の排除は認識可能であり、不平不満や苦情の存在が想定されていまし

た。しかし三次元的権力のもとでは、不利益を意識することはできません。代わりに本人を満足させる状況が、当事者の意図と関係なく創出されます。こうした状況がどのように創出されるかは、その社会ごとの構造に大きく依存します。三次元的権力観は、人々の行為や思考の枠組みが社会構造によって規定されているとして、構造としての権力に関心をよせています。

4 フーコーの権力論

ルークスの権力観には、それまでの権力論と同様の面もあり、権力行使者と権力被行使者という明確な主体や意図の存在を前提としています。これに対して権力行使者が存在しておらず、構造によって人々の認識を規定する"不可視の権力"の存在を提示したのがフーコーです。フーコーが注目するのは、近代における刑罰の変化です。近代以前の刑罰は、身体への拷問が公開の場で行われるものであり、報復や応報としての要素を含むものでした。見せしめとして権力が誇示されるのは、王を中心とする秩序の維持を目的としていたからです。そこでは犯罪者の更生は考えられていません。これに対して、監獄による処罰は、犯罪者の矯正や更生を目的とするものです。身体的な懲罰からより人間的な刑罰へのこうした変化に、フーコーは新たな権力の誕生を見いだします。

フーコーは、ベンサムが構想した監獄であるパノプティコンに注目します。パノプティコンとは円形状の建物であり、その中心には監視塔が設置されており、看守はここからすべての独房を監視できるしくみになっています。他方、囚人が収監されている独房の側からは監視塔を見ることはできません。それゆえ囚人は自分が常に監視されていると意識して、自身の行為を制御するようになります。ここでの権力は、強制や暴力によって本人の意志に反して行動を変更させるものではなく、本人が自発的に自らを規律していくように差し向ける権力なのです（規律権力）。この権力は本人の内面に自律的な意志や判断力を作り上げる働きをします。また、この権力は特定の主体により行使されるものではなく、自分で自分を律するように向かわせる、いわば自動的に機能する権力といえます。このようなしくみは、病院、学校、軍隊、工場などに浸透しており、規律化を行う権力は社会の様々な領域に成立しています。私たちは、こうし

↓ミシェル・フーコー

public domain

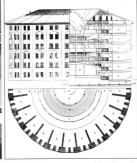

↓ベンサムの構想したパノプティコン

public domain

た様々な場に関与することで、権力に調教され、からめとられているのです。

フーコーの主張する権力は、権力行使者が権力被行使者を一方的に抑圧するものではありません。むしろ自律的な人間を生み出すなど、生産する権力です。こうした現代の権力においては、いまや人々の健康な生を管理し増大させることが関心事となります。なぜなら健康な生が社会を左右するからです。そのため学校の健康診断やワクチンの無料接種など、生命や健康を行政的に管理する権力が登場するようになります（生－権力）。しかも、権力の健康への関心は医学や公衆衛生の知識を増大させ、これが政策の指針となり基礎となります。指針から外れる人々は、政策の対象から排除されもします。その意味で、知や真理はそれ自体が権力にほかならないことを、フーコーは指摘するのです。

★ ○×問題でチェック ★

問3　ルークスは三次元的権力観を提起した。
問4　フーコーのいう規律権力とは、強制や暴力によって人々を処罰する権力である。

Ⅱ 正統性

1 ミランダとクレデンダ

　権力を維持し支配を安定化するためには、強制力に頼るだけでなく、権力を正しいものとして人々が受け入れる状況や環境を作り出す必要があります。強制力のみでは政治的コストが増大しますし、余計に抵抗や波乱を招きかねないからです。メリアムは権力を受容させる手段や状況を、ミランダとクレデンダとに区別しました。ミランダとは、芸術、儀式、歴史の美化、大衆動員などによる威力誇示によって大衆の情動に訴え、権力が神聖で壮大なものとして意識化されるような状況です。より具体的には、記念日、記念碑、公共の場所や建造物、旗・装飾品・彫像・制服などの芸術的デザイン、音楽や演説の伴う大衆的示威行為などがあげられます。これに対してクレデンダは、知性に訴える点に特徴があります。これにより権力は尊敬、服従、犠牲などの対象となります。具体的には権力の根拠が、①神による授権や②指導力の承認、もしくは③制度的同意（普通選挙制や代議制など）を通じた多数意思に由来することを示そうとします。クレデンダは権力を合理化する役割を果たしており、これにより権威の継続に人々を同意させることが可能となります。メリアムは、こうしたミランダとクレデンダとにより自らを飾り立てることが「権力の常套手段」であるとしています。

↓第101代首相に選出された
　岸田総理大臣

首相官邸HP

↓ミランダとクレデンダ

名称	ミランダ(Miranda)	クレデンダ(Credenda)
対象	讃嘆の対象⇒情動へ訴え	信仰の対象⇒知性へ訴え
具体例	記念日 記念碑 大衆的示威行為 儀式	政治権力の根拠 ・神による定立 ・リーダーシップ ・多数者の合意

筆者作成

↓北朝鮮の軍事パレード

AP／アフロ

2 ヴェーバーの支配の3類型

　人々が政治権力による支配を正しいものとして理解し服従する場合、支配は安定的なものとなります。支配を正しいものとして受け入れさせる根拠が、正統性です。ヴェーバーは主要な正統性とそれに基づく支配を、伝統、カリスマ、合法性に分類しました。①伝統的支配とは、伝統的な秩序や権力の価値づけを前提とする支配です。この支配においては、伝統は不可侵とされます。具体的には、君主制、王権神授説などがあります。血統や家系が重視されるため、支配者集団が地位を世襲する形で支配が行われます。②カリスマ的支配とは、支配者の非日常的能力や超人的資質（＝カリスマ）を基礎として成立する支配です。具体的人物としては、モーゼなどの預言者、ナポレオン、そしてヒトラーなどがあげられます。すなわち、支配者が呪術的能力や啓示などの宗教的能力を保持していたり、戦闘的な英雄性や巧みな弁舌能力などを備えたりしている場合、これを人々が承認したり情緒的に帰依することにより成立する支配です。③合法的支配とは、明確な一般的規則や法律体系によってなされる支配です。官僚、近代国家がその代表例です。この支配においては服従の対象は人ではなく、非人格的な法やルールとなります。人々が法規の妥当性を信じている場合、合理的に制定された規則もしくは手続きを踏まえることにより支配は成立します。

　以上の正統性は、あくまでも現実から中心的諸要素を抽出して組み合わせたモデル（理念型）にすぎません。それぞれの正統性に基づく支配は、現実の社会では単独もしくは純粋な形では存在しません。実際の正統性は、これらの型の複数が混合したり相互補完したりする形で存在します。

↓ヴェーバーによる正統性の分類

	伝統的支配	カリスマ的支配	合法的支配
正統性の根拠	昔から受け継がれている伝統、以前から続いている慣習	宗教や軍事的能力や巧みな弁舌能力などの非日常的資質・超人的資質（カリスマ）	支配が、明確かつ一般化された手続きを踏まえていること
例	君主、皇帝、王権神授説	預言者（モーゼなど）、ナポレオン、ヒトラー	官僚制、近代国家

筆者作成

★〇✕問題でチェック★

問5　メリアムの主張するミランダとは、知性に訴える点に特徴がある。
問6　カリスマ的支配とは、非日常的な価値や資質を前提とする支配である。

Ⅲ 権力構造

1 寡頭制の鉄則

　ミヘルスは、ドイツ社会民主党を分析し、そこから寡頭制の鉄則という理論命題を抽出しました。それは、組織の大規模化に伴い少数者による支配は不可避となるというものです。ミヘルスは、デモクラシーをうたう政党であっても、効率的運営の要請から少数集団にリーダーシップが集中する傾向を示したのです。こうした現象は政党に限らず、国家や会社など、あらゆる組織の運営においてみられるものです。組織は規模が大きくなるにつれて巨大なピラミッド型を形成し、それにつれて権力は少数者の手に集中していくことになります。少数の指導者の優位は避けられず、かつ官僚制の台頭など組織は非民主的な傾向を帯びることになります（☞ **17**-**Ⅰ 4** ）。

↓ミヘルス

wikimedia commons
(Sociólogos, 2014)

↓寡頭制の鉄則

組織の
規模拡大

筆者作成

2 パワー・エリート

　ミルズは、アメリカの権力構造を明らかにするために、パワー・エリート論を提起しました。パワー・エリートとは、ピラミッド型の権力構造の頂点に位置するエリート集団のことです。具体的には、政治的・経済的・軍事的なエリート集団の複合体を意味します（軍産官複合体）。パワー・エリートである政治指導者、企業の幹部、軍高官が権力を掌握している理由として、ミルズは組織上の地位に着目します。パワー・エリートが権力を保有しているのは、エリートの徳が高いからでも能力が優れているからでもありません。これらのエリート集団は、権力・富・名声が効果的に集中している地位を占拠しているからこそ、権力の掌握が可能なのです。パワー・エリートにとって、権力構造上重要な決定をなしうる地位につくことが肝要なのです。さらにパワー・エリートは各階層秩序において頂点を占めるだけでなく、相互に密接な関連をもっています。各エリー

↓パワー・エリート

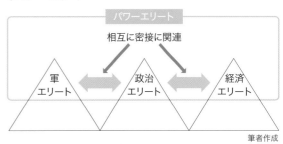

筆者作成

トは、教育・経歴・交友関係で社会的類似性をもち利害が一致しているため、互いに心理的な親近感を抱きます。こうしてエリート層は相互に関係を保ち、かつ一致した利害をもつことで、統一のとれたグループを形成するのです。

3 多元主義

　1 と **2** の立場は、政策の決定が一握りのエリートたちによって決められているとして、エリートの役割を強調します。それとは対照的な見方を提示するのが多元主義です。多元主義とは、社会には多様な価値が存在しており、それを反映した複数の集団がそれぞれの個別的利益を実現しているという見方です。社会は多種多様な利益集団（☞ **21**）により構成されています。具体的には、経営者団体、農業団体、労働組合などがあげられます。こうした諸集団が互いに対立や競争をし、さらには調整を重ねた結果として、政治課題を解決するための政策が生まれてきます。よって、政策によって実現される利益は、一枚岩のエリートにより決定された統一的な利益ではなく、様々な集団がもつそれぞれの個別の利益を部分的に実現したものになります。各集団が競争したり調整したりするがゆえに、特定集団の利益のみが全面的に実現されることはありません。その意味で競争は社会全体の利益を調整する役割を果た

↓エリート・モデルと多元主義モデル

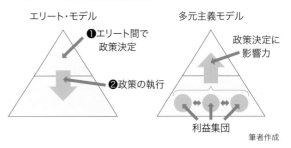

筆者作成

しています。社会に存在する多種多様な利益集団が自由に活動することにより、社会的利益の均衡は達成可能となります。こうして多元主義者は、政策形成過程において複数の利益集団が影響力を行使しようとする競争を通じて、結果的に多様な意見を政治に反映することができると考えます。

★○×問題でチェック★

問7　寡頭制の鉄則は、政党など政治組織においてのみ生じる。
問8　ミルズの提起したパワー・エリートとは、軍事的なエリート集団のみをさす。

3 市民革命期までの政治思想

Ⅰ 古代ギリシアの政治思想

1 ポリスの誕生

　紀元前8世紀頃、古代ギリシアの地域ではポリスとよばれる多数の都市国家が誕生しました。ポリスは政治（politics）という言葉の語源であるように、そこでは政治が、市民の参加する公共的活動として重視されました。こうした政治のイメージを確立するうえで重要な役割を果たしたのがアテネです。アテネは、建国当初は王政でしたが、クレイステネスの改革（前508年）などを経て民主政を確立します（☞9-Ⅰ **1**）。そして紀元前5世紀中頃、アテネは政治的にも経済的にも繁栄を極めました。壮麗なパルテノン神殿はその象徴的な建築物です。しかし、ペロポネソス戦争（前431年〜前404年）によってライバルのスパルタに敗北して以降、アテネ民主政は衰退していくことになります。そうした中で、政治や国家のあり方を改めて問う政治思想家が次々と登場しました。

↓パルテノン神殿

アフロ

2 プラトン

　プラトンは、ソクラテスの弟子にあたる人物です。ソクラテスは衰退するアテネを駄馬に、自らを虻（あぶ）に喩えました。ソクラテスがアテネを覚醒させるために市民に推奨したのは魂の完成、すなわち既存の権威や価値観を自明視することなく、自らの無知を自覚して問い続けることでした。しかし、こうしたソクラテスの主張は権威の側からは危険視され、アテネ民主政の支配者は彼を逮捕して処刑したのです。

↓プラトン

public domain

↓理想的な人間の魂と国家の構成

人間の魂		国家の構成
理性	⟷	統治者
気概	⟷	戦士
欲望	⟷	生産者

筆者作成

↓プラトンの政治思想の変遷

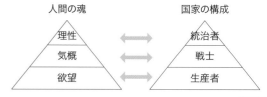

	統治の主体	統治者の育成
『国家』（中期の作品）	哲人王	家族・私有財産制度の否定
『法律』（晩年の作品）	民会の承認 夜の会議	家族・私有財産制度の承認

筆者作成

　プラトンは、魂の完成というソクラテスの課題を継承しつつも、自分の師匠を処刑したアテネの民主政には深く失望し、まったく異なる理想的国家が必要だと考えました。そこで執筆されたのが『国家』です。それによると人間の魂は、理性・気概・欲望の3層構造で構成されており、最高位の魂である理性が気概の補助を受けつつ、欲望を統制することで完成します。そして理想的な国家は、統治者・戦士・生産者の3層構造で構成され、理性の担い手である統治者が気概の担い手である戦士の補助を受けつつ、欲望を担う生産者を統制する場合に実現すると考えられました。プラトンの理想国家論において、統治者の指導的役割は決定的に重要です。そのため、プラトンは、統治者

が事物の本質であるイデア、なかでも究極の善のイデアを修得して哲学者になることを求めました。いわゆる哲人王の支配という考え方です。またプラトンは、統治者に対して、私的利害関心を助長するとして家族制度や私有財産制度を否定しました。統治者の子どもや財産は国家が管理すべきだというわけです。とはいえ、こうした極端なエリート主義的理想国家論は、晩年の著書『法律』では影をひそめることになります。そこでは統治者の家族制度や私有財産制度が復活し、市民の政治参加も認められました。ただし、用事から解放される時間に優れた者が議論するという「夜の会議」の提案にみられるように、晩年にも賢者による理性の支配という発想は一貫してみられます。

★○×問題でチェック★

　問1　古代ギリシアの都市国家では、経済活動が最も重視された。
　　　　　　　　　　　　　　　　　　問2　プラトンは『国家』において、統治者は同時に哲学者であることを理想とした。

3 アリストテレス

アリストテレスはプラトンの弟子ですが、両者の間には重要な違いもみられます。プラトンが感覚的世界を超越したところにイデアを見いだしたのに対して、アリストテレスは事物の本質としての形相（エイドス）について、感覚的世界に内在していると考えました。したがってアリストテレスにとって、事物の本質を明らかにするうえで、感覚的世界の経験と観察はプラトン以上に重要な意味をもちます。

↓アリストテレス
public domain

↓アリストテレスの学問分類論

	具体例
理論学	数学・自然学・論理学など
制作学	建築学・修辞学・医学など
実践学	倫理学・政治学など

筆者作成

↓アリストテレスの国制分類論

	公共の利益	支配者の利益
一人の支配	王政	僭主政
少数者の支配	貴族政	寡頭政
多数者の支配	ポリテイア（国制）	民主政

筆者作成

こうした両者の考え方の違いは、アリストテレスの学問分類論にも見てとれます。アリストテレスは『ニコマコス倫理学』で学問を3つに分類しました。第1は理論学で、その目的は観察者から独立して存在する対象を厳密に認識することにあります。数学などが典型例です。第2は制作学で、その目的は素材を用いて一定の成果を生み出す技術を修得することです。建築学などが該当します。そして第3は実践学で、その目的は人間の善き行為を導くことにあります。倫理学や政治学などが典型例です。哲人王がイデアを認識することを重視したプラトンにとって、政治は理論学に基づく営みでしたが、アリストテレスは理論学と実践学を峻別しました。アリストテレスによれば、実践学の追究する最高善とは幸福であり、具体的には極端を避けた中庸の状態を意味します。こうした状態は、絶対的真理によって確定されるのではなく、長年の習慣づけによって確立されると考えられました。

『政治学』では、中庸の状態を可能にする国家のあり方が探究されました。ここでも経験や観察を重視するアリストテレスの独自性が発揮されます。アリストテレスは世界各地の政体に関する情報を収集し、それらを分析して上の図のように分類しました。アリストテレスのみるところ、理想的な政体は王政か貴族政ですが、1人や少数の支配者が公共の利益を追求し続けることは現実的には困難です。むしろ現実世界で多かったのは、少数の富者支配である寡頭政と多数の貧者支配である民主政でした。そこでアリストテレスは、実現可能な最善の政体としてポリテイア（国制）に注目します。それは、寡頭政と民主政の混合政体として位置づけられました。ポリテイアにおいては、富者か貧者いずれかによる両極端の支配は排除され、富者でも貧者でもない中間層の支配が確立することが期待されます。アリストテレスにとって、中間層は中庸の精神の担い手として、国家に安定をもたらす決定的に重要な存在と考えられました。

II　中世の政治思想と宗教改革

1 トマス・アクィナス

古代ギリシアの政治思想は、その後アラビア世界へと継受され、中世ヨーロッパのキリスト教世界にはほとんど伝えられませんでした。しかし、12世紀のヨーロッパではアラビア世界との文化接触が進み、結果として古代ギリシアの思想も流入してきます（12世紀ルネサンス）。13世紀にはアリストテレスの著作もラテン語に翻訳されました。そうした中で、キリスト教神学を前提としつつ、アリストテレス哲学を最大限に摂取したのがトマス・アクィナスでした。伝統的なキリスト教神学が人間の原罪を強調したのに対して、トマスはアリストテレスにならって、人間が本性的に社会的政治的な動物であると主張しました。政治社会は人間の善き生にとって不可欠な場だというわけです。したがってトマスにおいて、国家は政治社会の管理者として、従来のキリスト教神学が想定していた以上に重視されることになり

↓トマス・アクィナスの法分類論

永久法（神の理性）→ 自然法（人間の理性）→ 人定法（国法・万民法）→ 国家

永久法（神の理性）→ 神法（聖書の啓示）→ カトリック教会

筆者作成

ます。国家の統治者には、根源的な永久法を理性によって認識し、自然法を具体化した人定法によって政治社会を管理することが求められました。トマスはまた、政体分類論でもアリストテレスの政体論を踏襲しつつ、王政を中心とする混合政体を高く評価しています。とはいえ、政治や国家の意義を説いた一方で、敬虔な神学者としてトマスが最も重視したのは、聖書に記された神法とその管理者であるカトリック教会でした。

★○×問題でチェック★
問3　アリストテレスは、実現可能な最善の政体として王政を推奨した。
問4　トマス・アクィナスは、人間の原罪を強調し、政治社会を紛争に満ちた場として捉えた。

2 宗教改革

16世紀初頭にルターが宗教改革を引き起こす引き金となった出来事は、カトリック教会による贖宥状の発行でした。それは、金銭を支払うことで罪が赦されるというものです。人間の原罪を重視するルターは、罪は金銭や外面的行為によっては贖われないと主張します。信仰のあり方をめぐるルターの見解は、「95か条の論題」で詳しく展開されました。その特徴は、第1に、人が救済されるのは信仰のみによるという信仰義認説、第2に、教会の聖職者と一般の平信徒は平等であるという万人司祭主義、そして第3に、信仰の根拠は聖書のみに求められるという聖書主義です。こうした考え方は、カトリック教会に独占された聖書解釈権を否定するもので、各地にプロテスタント諸教会の成立をもたらしました。ジュネーブでは、カルヴァンが改革の指導者として登場します。

↓贖宥状販売の様子

public domain

III 近代黎明期の政治思想

1 マキァヴェリ

16世紀は宗教のあり方だけではなく政治のあり方が根本的に問い直された時期でもあります。その先駆的役割を果たしたのがマキァヴェリでした。イタリアでは主に、ヴェネツィア、ミラノ、フィレンツェ、教皇領、ナポリの5国が勢力争いを繰り広げていましたが、1494年にフランス王がイタリアに侵攻したことで混乱に拍車がかかります。フィレンツェ共和国の外交書記官として国際政治の最前線で活躍したマキァヴェリは、人間を野心と欲望に満ちた利己的存在として把握したうえで、秩序維持こそが政治の根本課題だと考えました。『君主論』では、そのための方法として軍事力を重視した政治学が展開されます。具体的には、忠誠心に欠ける傭兵制を廃止して、自国民から構成される民兵制を確立することが提唱されました。

↓1494年のイタリア

ヴェネツィア共和国
ミラノ公国
フィレンツェ共和国
教皇領
ローマ
ナポリ王国

筆者作成

2 ボダン

16世紀後半のフランスでは、リーグとよばれるカトリック派とユグノーとよばれるカルヴァン派の宗教対立が激化し、内乱状態が生じました。そうした中で、真の宗教とは何かという問いを留保し、秩序維持を最優先すべきだと主張するポリティーク派が台頭してきます。ボダンはその代表的論客でした。『国家論』において、ボダンが国家の本質的特徴として提示したのが主権の概念でした。それは「国家の絶対的かつ永続的な権力」と定義されます。国家権力が絶対的であるというのは、国内の臣民や国外の国王やローマ教皇など、他のいかなる存在にも従属しないという意味です。また永続的であるというのは、主権に任期がないことを意味しています。ボダンは主権の具体例として、外交権、裁判権、人事権、貨幣鋳造権、課税権、恩赦権などを列挙していますが、なかでも重視されたのが立法権でした。法とは主権者の臣民に対する一方的な命令とされます。このようなボダンの主権論は、フランスが宗教内乱を克服して絶対王政を確立していくための理論的基礎を提供したといえます。ただしボダン自身は、主権者が絶対的かつ永続的な権力をもつ一方で、神法と自然法によって制約されることを認めていました。

↓ボダンの主権論の構造

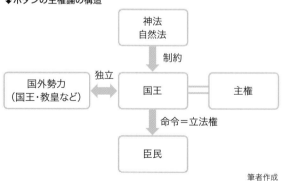

神法
自然法

制約

国外勢力
（国王・教皇など）

独立

国王 — 主権

命令＝立法権

臣民

筆者作成

★○×問題でチェック★

14 3 市民革命期までの政治思想　問5　ルターの宗教改革には、信仰義認説、万人司祭主義、聖書主義といった特徴がある。
問6　マキァヴェリは、国家の本質的特徴として主権の概念を提示した。

Ⅳ　共和主義の政治思想

1　古代ローマの共和政

　共和政を採用した古代ローマは、ギリシアと同じく政治思想史上の重要な知的淵源を提供した場でした。共和政の原語はラテン語のres publica（レス・プブリカ）で、公共の事柄を意味します。古代ローマの共和政は、公共の利益を実現するうえで、特にその混合政体的な統治構造や、市民の公共精神が重要な役割を果たしているとして注目されました。たとえば、共和政末期の政治家のポリュビオスは、『歴史』において、ローマ共和政が選挙で選ばれる2名の執政官、貴族からなる元老院、平民からなる民会の3つの機関によって構成されていることを評価しました。それは、王政的要素、貴族政的要素、民主政的要素のすべてを備えている点で、単一の原理に基づく政体よりも強靭だというわけです。また、『君主論』で軍事力の重要性を説いたマキァヴェリ（☞Ⅲ1）は、『リウィウス論』（『ディスコルシ』）

↓古代ローマ共和政のしくみ

執政官
（王政的要素）

民会
（民主政的要素）

元老院
（貴族政的要素）

筆者作成

では、貴族と平民の激しい対立が分裂に至ることなく、元老院と民会という形で巧みに制度化されていたことを称賛しました。こうした共和主義の政治思想は、近代以降も大きな影響力を保持していきます。

2　ハリントン

　17世紀中頃のイギリスでは、国王と議会の対立から内乱が勃発し、国王が処刑されるに至ります。国王なき共和政のもと、古代ローマ共和政などを参照しつつ理想的な共和政を構想したのがハリントンでした。ハリントンは『オセアナ共和国』において、近代の政治が特権層の支配になっていることを批判し、ポリュビオスやマキァヴェリなどの「古代の知恵」に従うべきだと主張します。そこで安定した国家運営のために、ハリントンは2つの次元から平等の理念を追求しました。1つは、国家の基本法として農地法を制定し、人民の土地所有を平等化することです。自立の基盤は土地所有にあると考えたハリントンは、平等な土地所有によってこそ公共の利益は実現可能だと主張しました。土地を所有した人民には民兵として軍事的貢献が求められます。もう1つは統治機構の次元で、輪番制を制定し、人民の公職就任の機会を平等化することです。統治機構は、議決する民会、審議提

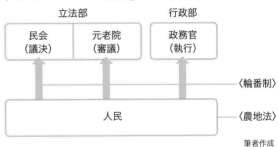

↓ハリントンが『オセアナ共和国』で示した理想的な共和政

立法部　　　　　　　　行政部

民会
（議決）

元老院
（審議）

政務官
（執行）

〈輪番制〉

人民

〈農地法〉

筆者作成

案する元老院、執行する政務官に機能的に分割され、いずれの公職者も人民の秘密投票によって定期的に交代することが提案されました。しかしイギリスではその後、王政復古によって王政が復活します。

3　アメリカ独立革命

　18世紀後半に、イギリスの植民地であったアメリカは独立を果たすことになります。独立によって、アメリカは共和政へと移行しました。その際、独立革命を理論的に正当化するために大きな影響力をもったのが、ロック（☞Ⅴ2）やハリントンでした。たとえば、アメリカ独立宣言を起草し、第3代アメリカ大統領になった人物としてジェファソンがいます。生命・自由・幸福追求の権利を生まれながらの権利として掲げる独立宣言には、ロックの自然権思想の影響が色濃くみられます。他方、ジェファソンはこうした自然権の担い手として、土地を所有して公共精神を備えた独立自営農民に期待しました。ハリントンの思想は、ジェファソンによって、広大な土地が広がっていた農業国アメリカにおいて再生したわけです。

　また独立後に憲法が制定される際にも、古代ローマの共和政はモデルとされました。ハミルトン、マディソン、ジェイの3名は、古代ローマの執政官の名前に因んだパブリウスという筆名で『ザ・フェデラリスト』を執筆し、詳細な統治機構論を展開します。そこでは、民主的要素の肥大化を抑制するために、立法部は下院と上院に分割され、上院は古代ローマの元老院を意味するSenateと命名されました。

↓アメリカ独立宣言

public domain

★〇×問題でチェック★

問7　ポリュビオスは、古代ローマ共和政の利点として混合政体であることをあげた。
問8　アメリカ合衆国の建国者は、古代ローマ共和政をモデルとして参照した。

Ⅴ 社会契約論——市民革命期の政治思想

1 ホッブズ

　近代の社会契約論が共通して打ち出したのは、個人の自由と権利の保障こそが国家設立の目的だという考え方でした。とはいえ、個人の自由と権利の内実や、それらを保障するための国家のあり方などをめぐっては、論者の間で様々な違いがみられます。17世紀中頃のイギリスで、内乱に終止符を打つために強大な国家を構想したのがホッブズでした。ホッブズは『リヴァイアサン』において、最初に国家が不在の自然状態を想定し、そこでの人間の行動様式を描写しました。それによ

↓チャールズ1世の処刑

public domain

↓『リヴァイアサン』の表紙

public domain

ると人間は、自己保存のために行動する利己的存在だとされます。ホッブズは、他人に危害を加えることを含めて、自己保存のためにあらゆることをなす自由を自然権とよびました。自然状態において各人は、自己保存の権利を追求した結果、かえって悲惨な戦争状態（万人の万人に対する闘争）におちいることになります。そこで死の恐怖を感じた人間は、平和を実現するための規則として自然法を認識するに至ります。しかし、利己的人間が自然法を遵守するには、共通権力としての国家が必要となります。国家は、①各人が自らの自然権を放棄し、②個人または合議体を主権者として指名し、③主権者の判断を自らの判断とすることに合意することで設立されます。国家設立以降は、主権者のみが平和のためにあらゆることをなす自由を保持し、各人は宗教問題を含めて主権者の判断にほぼ全面的に従うことが求められます。ただし、自己保存が国家設立の目的であった以上、死刑や徴兵など自己保存に反する命令に従う義務

↓ホッブズ『リヴァイアサン』における社会契約論の特徴

	特徴
人間観	利己的な人間
自然権	自己保存のためにあらゆることをなす自由
自然状態	「万人の万人に対する闘争」の戦争状態
社会契約の動機	自己保存
社会契約の内容	①各人は自然権を相互に放棄 ②個人または合議体を主権者として指名 ③主権者の判断を自らの判断とすることに合意
抵抗権	認められない ただし、逃亡は可

筆者作成

はありません。このように個人の自然権から強大な国家を導出したホッブズの国家像は、『リヴァイアサン』の表紙に象徴的に描かれています。

2 ロック

　王政復古後の1680年前後のイギリスでは王位継承問題が生じました。王位継承順位は王の血統に準ずるべきだとするトーリーと、議会が決定できるとするホイッグの2つの党派の間で激しい対立が生じたのです。この問題に後者を擁護する立場から執筆されたのが、ロックの『統治二論』でした（刊行は名誉革命直後の1689年）。ロックはその第1部で、国王側が持ち出したフィルマーの王権神授説を論駁し、第2部で社会契約論に基づく国家論を展開しました。ロックもホッブズと同様に自然状態から出発しますが、ホッブズと異なるのは自然状態が基本的には平和な状態とみなされている点です。この相違は、ロックにおいては自然状態でも人類の生命・身体・財産の保全を命ずる自然法が拘束力をもち、人間もそうした自然法を認識できる理性的で勤勉な存在とみなされていることによるものです。各人は、他人の自然権を侵害しない範囲内において自己の自然権を自由に行使できるというわけです。しかし自然権の侵害が生じた戦争状態においては、処罰権を用いた自力救済しか手段がありません。そこで自然権を公平に保障するために国家が必要とされます。

↓『統治二論』の表紙

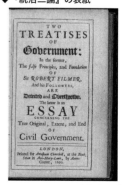

public domain

　　　　問9　ホッブズは、国王を主権者として定めた。
　　　　問10　ロックの『統治二論』は、名誉革命の成立後に革命を正当化するために執筆された。

国家は、①各人が共同体を全員一致で設立し、②共同体が政府を設立して各人の処罰権を信託することによって設立されます。ロックは、政府に託された処罰権（すなわち政治権力）を、立法権、執行権、連合権（外交権）の3つに分類しました。そして政府が自然権を公平に保障するために、議会の立法権が最高権力としての地位を占め、とりわけ国王の執行権が立法権に従属すべきことが強調されたのです。政府が信託に違反した場合には、共同体（すなわち人民）は抵抗権を発動して政府を解体することができるとされました。こうしたロックの社会契約論は、その後王位継承問題という文脈を超えて、アメリカ独立革命などに大きな影響を与えました。

↓ロック『統治二論』における社会契約論の特徴

	特徴
人間観	理性的で勤勉な人間
自然権	自己の生命・身体・財産の保全を、他人の自然権を侵害しない限り自由に追求する権利
自然状態	基本的には平和な状態
社会契約の動機	生命・身体・財産の公平な保障
社会契約の内容	①各人は最初に共同体を設立 ②共同体は政府を設立し、自然権の侵害者に対する処罰権を信託
抵抗権	認められる

筆者作成

3 ルソー

18世紀のヨーロッパでは、科学技術や商業の発展こそが豊かで洗練された文明社会の確立に寄与しているという認識が広く共有されていました。それは特に、急激な経済成長をとげていたスコットランドに顕著で、ヒュームやアダム・スミスらの思想はスコットランド啓蒙とよばれるようになりました。こうした思潮に対抗して、文明社会の病理とその根源的な救済策を提示したのが、ジュネーブ出身のルソーでした。

↓『社会契約論』の表紙

public domain

ルソーは『学問芸術論』において、現代の学問や芸術は、退廃的な奢侈をもたらし、古代のスパルタやローマで顕著であった戦士的な徳を衰退させていると告発しました。さらに『人間不平等起源論』では、文明社会の核心と思われた不平等な人間関係がいかにして確立されたのかが問われました。ルソーによれば、自然状態の未開人は自己愛と憐憫の情という2つの情念しかもたなかったとされます。自己愛は憐憫の情によって中和されるため、自然状態はホッブズのように戦争状態とはみなされません。むしろそれは、人間が関係性を一切もたず、互い

に孤立しているが自立した状態として捉えられました。しかし、農業と冶金の発展によって社会関係を形成した人間は、虚栄心を抱くようになり、他者に対する優越を追い求めるようになったとされます。そして、不平等な関係を固定化するうえで、決定的な役割を果たしたのが私有財産制度の確立でした。財産を自然権に含めたロックに典型的にみられたように、既存の社会契約論は富者の貧者に対する支配を正当化したにすぎないと批判されます。

では、孤独な未開人にみられた自己統治の状態を社会関係においても維持しうる、真の社会契約とは何か。この課題に応えようとしたのが『社会契約論』でした。それによると、①各人は自己とすべての権利を共同体に譲渡し、②共同体の一員として人民集会に参加し、③討議を通じて一般意志を発見するとされます。一般意志とは、個人の私的利益である特殊意志やその総計である全体意志とは異なり、人民全体に共通する利益です。ルソーは、一般意志を適切に発見するためには、人民全員が集会に参加することが不可欠だと主張しました。イギリスの議会を念頭に、一部の少数者のみが立法に関与する代表制は不適格だとして斥けられます。こうして人民が制定した法を人民に強制することは「自由への強制」であり、一般意志に抵抗することは認められません。このようにルソーの社会契約論は人民主権の論理を徹底したものでしたが、フランス革命期の恐怖政治においては、反対者を粛清する論理としてしばしば利用されることにもなりました。

↓ルイ16世の処刑

akg-images／アフロ

↓ルソー『社会契約論』における社会契約論の特徴

	特徴
人間観	自己愛と憐憫の情をもつ人間
自然権	自己統治の権利
自然状態	互いに孤立しているが自立した状態
社会契約の動機	腐敗した文明社会からの脱却
社会契約の内容	①各人は自己とすべての権利を共同体に譲渡 ②共同体の一員として人民集会に参加 ③討議を通じて一般意志を発見
抵抗権	認められない 一般意志の強制は自由への強制

筆者作成

★○✕問題でチェック★
問11 ロックは、議会の立法権を最高権力として位置づけた。
問12 ルソーは『社会契約論』において、代表制を批判した。

4 市民革命期以降の政治思想

I 近代の自由主義

1 自由主義の諸側面

近現代の政治思想は、自由主義（リベラリズム）を中心に展開されます。この立場は、16世紀以降のヨーロッパにおける絶対王政や宗教内乱の経験を踏まえた、無数の議論が積み重なって形成されました。古典的な自由主義を代表する思想家は、自然権思想や宗教的寛容を唱えたロック、権力分立の考え方を示したモンテスキュー、市場原理の意義を説いたアダム・スミスなどです（☞ 9 - II 2 ）。

↓シャルル・ルイ・ド・モンテスキュー　↓アダム・スミス

public domain　　　　　　public domain

自由主義はいくつもの特徴をもちますが、その核心は権力の濫用を防ぐことにあります。あらゆる個人が生まれつき平等で不可侵の権利をもつという想定は、最も根本的です（個人主義）。経済分野では個人の財産権や契約の自由を尊重するため、政府の市場介入を最小限に抑えようとします（資本主義）。他の分野でも、信仰など多くの事柄は個人の私的な自由に委ねて政府は干渉するべきでないと考え、公権力を特定の価値観と切り離すように求めます（公私区分）。そして権力の制限を制度的に確実とするため、法の支配や権力分立を重視するのです（立憲主義）。

↓自由主義の主な特徴

個人主義	国家に先立つ個人の尊重、生命・自由・財産に対する権利の承認、絶対的な権威・権力の否定、同意や自己決定の重視
資本主義	政府による私的所有権の保護、自由な経済活動の重視、政府の市場介入に対する抑制
公私区分	異なる価値を重んじる他者への寛容、公的領域で統治を担う政府の中立性、私的領域における多様な諸活動の許容
立憲主義	恣意的な権力行使の抑止、法の支配に基づく諸権利の保護、政府機関の分割を通じた権力の分立と抑制均衡

筆者作成

2 革命の展開と自由主義の拡大

自由主義の理念と制度は革命の成果として定着してきました。イギリスでは名誉革命を経た権利章典によって王権が制限され、議会政治の基礎が築かれます。アメリカ独立革命は自然権の尊重と権力の分立に基づく大規模な共和政国家を誕生させました（☞ 3 - IV 3 ）。フランス革命では人権宣言（人および市民の権利宣言）により、様々な権利と自由の保障や権力分立がうたわれ、国民が主権者であることも示されます。身分制社会を解体したフランス革命は民主主義の時代を呼び寄せる画期となりますが、ロベスピエールらジャコバン派の恐怖政治を通じて、人民主権を掲げる政府もまた個人の自由に対する脅威でありうることを見せつけまし

た（☞ 3 - V 3 ）。その後も各国の革命を経て王や貴族が次第に衰退し、自由主義に基づく政治は拡大していきますが、同時に民主主義との緊張関係を抱えることになります（☞ 9 - III ）。

↓フランス人権宣言

public domain

↓ロベスピエールが主導した「最高存在の祭典」

public domain

★○×問題でチェック★

問1　古典的自由主義を代表する思想家は、ロック、モンテスキュー、アダム・スミスなどである。
問2　イギリスの権利章典では、国民が主権者であることが宣言された。

1　伝統と保守主義

旧体制（アンシャン・レジーム）を打倒したフランス革命に対して、強い反発を示したのが、イギリスのバークです。バークは国内では強権的な国王に立ち向かう庶民院議員であり、アメリカの独立も認めていましたが、フランス革命が勃発するとこれを徹底的に批判しました。

↓エドマンド・バーク
public domain

バークによれば、ある社会は長い時間をかけて形成された先入見（ものの見方・考え方）や慣習に基づいており、これらを否定すれば社会は無秩序におちいらざるをえません。私たち一人ひとりも、生まれ育った社会の先入見や慣習を身につけることで、はじめて何らかの判断や行動が可能になっています。したがってバークの考えでは、自由や権利は抽象的なものではなく、各国特有の歴史に照らした具体的な内容をもち、既存の社会の枠内で認められるものでした。人間一般の理性や抽象的な権利を掲げることで歴史ある秩序を破壊する革命は、バークが許容できない暴挙だったのです。

急進的な革命を厳しく批判したバークは、のちに保守主義の祖とみなされるようになります。ここでの保守主義とは、むやみな変革を避け、過去から連続する伝統を重視しながら徐々に修正をはかる立場のことです。あらゆる変化を否定するわけでも、古いものの維持や復活を無条件で望むわけでもありません。歴史の中で受け入れるべき変化を意識しながら、特定の国や社会において重要な価値や制度、文化などを見極め、選択的に保守しようとするのです。

2　近代国家とナショナリズム

フランス革命はナショナリズムの起点ともなりました。ナポレオン戦争がヨーロッパ各地の民族意識を刺激した一方、近代の民主主義において主権者たる人民は国民（ネイション）と同一視されたからです。フィヒテが連続講演「ドイツ国民に告ぐ」で民族の独立と文化の再建を説いたように、ネイションと国家の一致（国民国家）を求めるナショナリズムの高まりは、19世紀以降の政治を動かしていきます（☞27-1■）。

↓J. G. フィヒテ
public domain

↓G. W. F. ヘーゲル
public domain

↓明治憲法の発布
public domain

フィヒテと同時代人のヘーゲルは、フランス革命による旧体制の打破を肯定しつつ、革命が悲惨な恐怖政治に行き着いたことを問題視して、立憲君主政の正当化に至ります。ヘーゲルによれば、個人は具体的な社会の制度や組織に位置づけられる必要があり、諸個人を統合する役割を果たせるのは国家だけです。自由な個人からなる市民社会は欲求の体系にすぎず、そこで生じる諸利害から中立的な官僚（や君主）による統治こそ、高次の理性に導かれた社会の発展を可能にします。ヘーゲルの思想は、自由主義の成果を認めつつ、個人を超えた国家の使命を重んじるものです。

↓福澤諭吉
public domain

そもそも普遍的とされる人権を保障する主体は国家であるため、近代の主権国家システムは人間を各国に割り当て、権利を要求する主体としての国民をつくり出す機能をもちました。各国が認める国民の永続的地位はシティズンシップとよばれ、権利と義務を伴います。シティズンシップに含まれる権利は、18世紀から20世紀にかけて、自由権、参政権、さらには社会権へと拡大し、それに伴って国家の活動も増大していきました。

日本でも19世紀後半に明治維新が始まり、憲法の制定や議会の開設などを通じて、近代国家の建設がめざされます。西洋の文明に学んだ福澤諭吉は天賦人権論を広め、身分制から解放された自由な個人が交際する市民社会を望むと同時に、独立した個人に支えられてこそ独立した国家たりうると説く、強烈なナショナリストでもありました。また、中江兆民はルソーの翻訳などを通じて自由民権運動に理論的影響を与えました。

★○×問題でチェック★

問3　バーク的な保守主義は、過去の制度や文化に戻すことを求める復古主義である。
問4　ヘーゲルは市民社会を欲求の体系とみなした。

Ⅲ　社会主義と福祉国家

1　社会主義の台頭

　自由主義の経済的側面である資本主義のもとでは、生産活動の手段となる土地や工場などを所有する資本家（ブルジョワ）と、資本家に雇われて働かざるをえない労働者（プロレタリアート）の階級分化が生じます。産業革命後に工業化と都市化が進むと、資本家による労働者の搾取が階級対立を招くとともに、劣悪な

↓カール・マルクス

↓ロシア革命の指導者レーニン
↓毛沢東

public domain　　　　　　　アフロ　　　public domain

労働条件、貧困、不衛生な住環境、伝染病、治安悪化などの社会問題が深刻化しました。

　このため、平等を追い求める社会主義が魅力をもつようになります。社会主義は生産手段を社会化して公的な管理下に置き、一定の計画に基づいて生産活動を行う経済体制であり、格差の発生を抑制できると考えられました。19世紀後半から第1次世界大戦までは、国際的に社会主義を求める運動が高まります。特に初期社会主義を批判して共産主義を唱えたマルクスは、階級を解消するためには労働者が革命によって権力を握る必要があると主張し、大きな理論的影響力をもちました。

　ただし、西欧諸国では革命路線よりも改良路線が支持され、労働者を組織した政党が選挙での勢力拡大と議会政治を通じて要求実現をめざす社会民主主義が定着します。これに対して議会主義を否定するレーニンは、資本主義では労働者が政治どころでない困窮を余儀なくされるため、少数の金持ちのための民主主義しか成立しないと訴えました。1917年にロシア革命が起こると、レーニンは政権掌握に成功し、共産党独裁に基づくソヴィエト社会主義共和国連邦（ソ連）を誕生させます。

　日本では明治末期に社会主義が受容され、大正期にかけて幸徳秋水や河上肇などが議論を重ねましたが、運動は政府の厳しい弾圧を受けました。他方、毛沢東が率いる中国共産党は1949年

↓経済体制の違い

	社会主義	社会民主主義／修正資本主義	資本主義
特徴	生産手段の公有（共有・国有）、企業の公営、組織的管理による計画経済	生産手段の私有と公有の併存、政府部門と民間部門の混合経済、政府による市場介入と社会保障	生産手段の私有、企業の民営、各人の契約に基づく市場経済（自由放任）
意義	社会の平等化、階級の解消、経済分野における参加の機会	公共財の供給、独占・寡占の抑制、労働条件の改善、所得再分配	市場競争による生産性の向上と資源の効率的利用、技術革新
課題	複雑化した経済における計画の限界、生産性の停滞、組織の集権化による腐敗と専制	不適切または不十分な市場介入、政府の肥大化と非効率、経済成長の鈍化、少子高齢化、財政制約	劣悪な労働条件、深刻な貧困、環境破壊、階級対立の激化、独占・寡占による競争の阻害

筆者作成

に中華人民共和国を建国します。またレーニン死後のソ連では、権力を握ったスターリンが反対勢力の弾圧と粛清を激化させ、スターリニズムとよばれる恐怖政治を行いました。その後のソ連は党幹部らの特権階級化が進み、計画経済の行き詰まりが国民生活の窮乏を招きます。東西の冷戦が終結してソ連も崩壊した20世紀末には、社会主義一般への支持が退潮することになりました。

2　自由主義の変容と福祉国家への道

　市場経済を肯定する自由主義にも変化が起こります。国家からの放任を自由と捉える古典的自由主義に対して、人格的発展を追求できることが自由だと考えるニュー・リベラリズムが登場するのです。この立場は国家の道徳的役割を重視するグリーンなどに影響を受け、個人の発展を妨げる要因を除去するため、国家が教育や福祉を支えるべきだと説きました。社会主義の台頭と自由主義の変容は、19世紀までの夜警国家が20世紀に福祉国家へと転換することを促し、1919年には社会権を定めたヴァイマル憲法が誕生します。またケインズは「自由放任の終焉」を訴え、現実の市場は不完全であるため政府が積極的に介入すべきだと主張しました（☞26-Ⅱ2）。ケインズの思想は20世紀半ば以降の修正資本主義を支えます。

↓T. H. グリーン

↓J. M. ケインズ

public domain　　　　　　　public domain

★〇✕問題でチェック★

問5　マルクスは共産主義革命を、レーニンは社会民主主義的な議会政治を追求した。
問6　ケインズは自由放任の終焉を唱え、政府の積極的な市場介入を肯定した。

IV　民主主義と全体主義

1　大衆社会と独裁

　都市人口が膨張し選挙権も拡大した19世紀末から20世紀初頭の大衆社会では、政党の組織化が進み、組織の論理による妥協や調整が広がりました（☞17-I）。これを憂慮したヴェーバーは職業政治家への不満を強め、大衆の直接投票によるカリスマ的指導者の出現に期待をかけます。またシュミットは、選挙や議会は自由主義的制度であり本来の民主主義とは関係がないと主張し、同質的な人民の喝采に基づく民主政治の姿を描きました。シュミットの考えでは、独裁は反自由主義的ですが、必ずしも反民主主義的ではありません。自由主義と切り離された民主主義では指導者への権力集中を防ぐ理由が乏しいため、人民の支持を得た独裁は容易に正当化されるのです。そして1933年にはヒトラーがドイツの首相となり、実際に独裁政権の確立へと歩みを進めることになります。

↓カール・シュミット

Ullstein bild／アフロ

↓議会で演説するヒトラー（1941年）

wikimedia commons
(Hoffmann, 1941)

2　全体主義という経験

　シュミットの議論から明らかなように、民主主義と全体主義の距離は意外に近いものです。全体主義はドイツのナチズムとソ連のスターリニズムに代表される抑圧的な政治体制をさすため、民主主義の対極に位置するとみなされやすいですが、むしろ自由主義の対極だと考えた方がよいでしょう。ナチズムの人種主義であれスターリニズムの共産主義であれ、全体主義では何らかのイデオロギーを掲げる勢力が、（しばしば「真の民主主義」として描かれる）理想の実現に向けて全国民を動員します。個人の自由が厳しく制限される一方で、政治への参加（動員）は前提なのです（☞5-III1）。

　ナチス・ドイツから亡命したアレントは、全体主義の恐怖を人間の「複数性」を消去する点に求めます。全体主義では国家が掲げる目標への反対は許されず、政権にとって不都合な言論や行動は弾圧され、個人は絶えず監視されて画一的な存在であることを求められるからです。そこでは言葉を介して異なる他者と交わるという政治本来の意義がありません。アレントはユダヤ人虐殺の実行責任者であったアイヒマンの裁判を傍聴し、政権に

従順な優れた役人が空前の残虐行為を職務として精力的にこなした姿を、「悪の陳腐さ」と表現しています。

　全体主義概念は、第2次世界大戦後の東西冷戦下で、西側諸国の道徳的優位性を誇示するために使われた面があります。つまりナチスの記憶を想起させながら、ソ連をはじめとする東側諸国を非難する含意をもちました。ナチズムと共産主義は国家の集権的な計画に基づく点で共通しているとして批判したのが、ハイエクです。市場原理を重視するハイエクは計画経済の非効率性を指摘し、複雑な社会を政府が設計したり統制したりすることは誤りだと主張しました。

　国民主権でなかった日本でも、大正期には吉野作造が国民の利益と世論を重視する民本主義を論じ、政党政治が定着して1925年に男子普通選挙が導入されるなど、大正デモクラシーの思潮がみられました。しかし、軍部の力が強まり政党政治が挫折すると自由は失われ、ドイツやイタリアとともにファシズム陣営の一角を占めるに至ります。戦後民主主義を代表する丸山眞男は、日本の軍国主義支配を「無責任の体系」として分析しました。

↓ハンナ・アレント

public domain

↓裁判中のアイヒマン（1961年）

public domain

↓フリードリヒ・ハイエク

wikimedia commons

↓丸山眞男

『丸山眞男集　第6巻』
（岩波書店・2003年）より転載

★○✕問題でチェック★
　問7　シュミットは自由主義を批判し、民主主義に基づく独裁もありうると主張した。
　問8　アレントはナチス・ドイツのような全体主義を無責任の体系として分析した。

Ⅴ　現代の自由主義

1　自由とは何か

古典的自由主義が国家からの自由を、ニュー・リベラリズムが国家による自由を重視したように、自由は多義的に用いられる概念です。そもそも古代には政治参加が自由の条件だと考えられていたため、近代に自由が権力の制限と結びつけられたことも大きな転換でした。

自由の多義性を整理した議論として、バーリンによる消極的自由と積極的自由の区別があります。消極的自由は他者の干渉さえなければ脅かされません。他方で積極的自由は、理想に近づこうとする「あるべき自己」が感情や欲望に流されやすい「ありのままの自己」を律している状態を意味するため、自らの意志や能力が十分でなければ達成されません。いわば高度な自由です

↓2つの自由概念

消極的自由 （〜からの自由）	他人や国家から妨害・強制されずに、自らの意志に従って行動できること（他者に放任されることが自由）
積極的自由 （〜への自由）	望ましくない欲求を制御しながら、自らの理想へと近づくように行動できること（自己を支配することが自由）

筆者作成

が、バーリンはその危険性にも注意を促します。私たちの理想は国家など特定集団の価値観を反映しやすいため、その観点から「正しい」行いができない不自由な個人を導くという名目で、支配（自由への強制）が正当化されることもあるからです。

2　リベラリズムと分配的正義

戦後から1970年代半ばまでの西側諸国では、持続的な経済成長に基づく福祉国家の建設が進みました。この時期に分配的正義の理論を構築したのがロールズです。多様な価値観が存在する社会では各人の追求する「善」は異なりますが、正義は個別の善より優先されます。その中でも分配的正義は、有限な資源をどのように分配するのが適切か、資源の格差を

↓ジョン・ロールズ
public domain

正当化できる理由は何かを問うものです。なお、近代の自由主義と区別するため、日本ではロールズ以降の自由主義をリベラリズムとよぶ慣例があります。

ロールズは、人々が分配のルールを契約する原初状態を仮想します。そして、もし各人が自分の能力や境遇などが一切わからなくなる無知のヴェールを身につけたなら、次の諸原理に合意するはずだと考えました。すなわち、諸権利の保障を求める平等な自由の原理、機会の平等を満たさない格差を不正義とする公正な機会平等の原理、機会の平等を満たした格差がさ

↓正義の二原理

第一原理	各人は、平等な基本的諸自由からなる十分に適切な枠組みへの同一の侵すことのできない請求権をもっており、しかも、その枠組みは、諸自由からなる全員にとって同一の体系と両立する（平等な自由の原理）
第二原理	社会的・経済的不平等は、次の2つの条件を満たさなければならない。①公正な機会の平等という条件のもとで全員に開かれた職務と地位に伴うものであること（公正な機会平等の原理）。②社会の中で最も不利な立場に置かれる成員にとって最大の利益になること（格差原理）

齋藤純一＝田中将人『ジョン・ロールズ』（中央公論新社・2021年）
67頁をもとに一部改変のうえ作成

↓格差原理の考え方

	分配状況A	分配状況B	分配状況C
恵まれた人々の取り分	70	10	50
不遇な人々の取り分	10	10	20

筆者作成

らに恵まれない人々の利益を最大化するように求める格差原理です。私たちが自分の情報を知らなければ、最も避けたいケースの条件を少しでも改善しようとするはずだという推論でした。ロールズは、全体の幸福が増えるなら個人間の格差は問題にしない功利主義や、格差の極小化を求めるために等しい貧困を許容しかねない平等主義を退けます。表の例では、取り分の合計が最も多いAや格差のないBではなく、格差はあっても不遇な人々の取り分が多いCこそ、格差原理にかなうものです。ロールズは以上の原理に基づき、権利、自由、機会、所得・富などの基本財を分配すべきだと主張しました。

ロールズへの批判としては、センの議論が重要です。センによれば、ロールズは財を用いる人間の多様性を考慮できていません。自分の足で遠くまで歩ける人もいれば、車椅子を使わなければ移動できない人もいるように、同じことをするために必要な労力や費用は人によって違います。同じだけの財を分配されても、達成できる機能（状態や行為）は同じではないのです。したがってセンは、保障するべきなのは財（自由の手段）ではなく、重要な機能（たとえば適切な医療を受けられること）を各人の多様性にかかわらず達成可能にするケイパビリティであると考えました（実質的な自由）。

↓アマルティア・セン
wikimedia commons
(Fronteiras do Pensamento, 2012)

★〇×問題でチェック★

　　問9　バーリンは、消極的自由が自由への強制につながりかねないことに懸念を示した。
問10　ロールズの考えでは、無知のヴェールを身につけた人々は功利主義に賛成する。

3 リバタリアニズムと最小国家

　1970年代半ばに経済成長が鈍化すると、少子高齢化が始まっていた先進国は財政制約に直面します。同じ頃から、古典的自由主義への回帰を志向するハイエクや**フリードマン**を中心に、政府の肥大化を招くとして福祉国家を批判し、民営化や規制緩和、減税などを求める**ネオ・リベラリズム**が勢いを増しました。この立場は経済的自由を重視して小さな政府を求める点で保守に位置し、政府が積極的な役割を果たすべきだと考えるリベラル（ニュー・リベラリズムや現代リベラリズム）とは対立します。

　経済的自由だけでなく、あらゆる自由を最大限尊重するために国家の極小化を求める立場が、**リバタリアニズム**です。たとえば**ノージック**は、労働や市場取引など正当な契約に基づいて得られた財産を奪う徴税は不正義だとする権原理論を唱え、治安維持など最低限の仕事だけを行う最小国家こそ望ましいと説きました。リバタリアニズムは、性的・文化的マイノリティの自由も尊重する点で保守とは異質です。また、他者に危害を加え

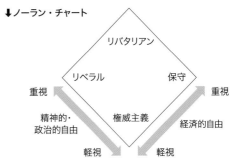

↓ノーラン・チャート

リバタリアン
リベラル　　保守
重視　　　　　　　　　　　重視
精神的・　　　権威主義　　　経済的自由
政治的自由
軽視　　　　　軽視

森村進『自由はどこまで可能か』（講談社・2001年）
14頁をもとに一部改変のうえ作成

ない限り、たとえ本人の利益や社会規範に反する行為でも個人の自由に国家が干渉すべきではないと考えるため、薬物使用や売買春、臓器売買さえ合法化を支持する傾向にあります。政府の中立性や**危害原理**（☞ **9- III 2**）を徹底する思想だといえるでしょう。

VI 多様化する政治思想

1 国際政治思想

　グローバル化が進むと、政治思想においても**グローバル正義**の模索が盛んになります。主な課題となってきたのは、世界の貧困や経済格差に対して誰がどのような義務を負っているのか、先進国が途上国からの移民を規制できる根拠は何か、軍事力の行使はいつ、どのような場合に正当化できるのか、などです。先進国に富が集中する一方で途上国の十数億人が飢餓や極貧にあえいでいる国際社会の現状において、先進国の人々には、もっと大規模に途上国を援助する義務があるのではないでしょうか。また、どの国に生まれるかが偶然である以上、貧しい国の人々が豊かな国に移り住む自由を各国の都合で制限することは、不平等を固定化する点で正義に反するのではないでしょうか。こうした主張に対しては、各国内部に共通する文化こそが連帯の基盤だと考える**リベラル・ナショナリズム**からの批判があり、論争は継続しています。他方、国家の自衛権や人道的理由などに基づく軍事力行使が後を絶たない現実と向き合い、正しい戦争はあるのかを問うことも、古くて新しいテーマです。

↓世界の経済的不平等

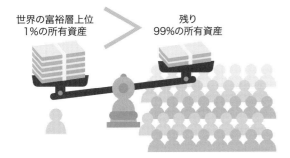

世界の富裕層上位
1%の所有資産
＞
残り
99%の所有資産

JICA地球ひろば『国際理解教育実践資料集』（2019年）12頁をもとに作成

2 フェミニズム・多文化主義・エコロジー

　20世紀末以降の政治思想では、様々な角度からリベラリズムを乗り越えようとする動きが活発化しました。第1に、性別に基づく不平等の是正を求める**フェミニズム**です（☞ **28- II**）。フェミニズムは、公私二元論が家庭の男性支配を私的な事柄として許容し、ひいては社会の男性優位も支えてきたと指摘しました。また、政治の主体を他者への依存が欠かせない脆弱な個人として捉え直すケアの倫理を提起します。第2に、リベラルな中立性に修正を迫る**コミュニタリアニズム**や**多文化主義**です。サンデルはロールズの正義論を批判して、特定の共同体に共有されている**共通善**に基づく政治を主張しました。多文化主義は、個人のアイデンティティは生まれ育つ文化集団の中で築かれると考え、多様なマイノリティへの尊重と支援を要求します（☞ **27- II**）。第3に、自然環境の保護を訴える**エコロジー**です。現在世代の人間の利益を追求してきた資本主義は長く環境の汚染や破壊に無頓着であり、将来世代や動物への配慮を欠いてきました。気候変動や原発から出る放射性廃棄物への対処に誰がどんな責務を負うのか、動物にも権利を認めるべきかなど、難問は山積しています。

↓福島第一原発事故

朝日新聞2011年3月13日

---

5 政治体制

Ⅰ　政治体制とは

1　政治体制の定義

　特定の国家をさして民主主義国や全体主義国などとよぶことがあります。政治体制とは、安定した支配を可能とする制度や政治組織の全体をさす概念です。広くは、支配層を生み出し支える社会制度や政治文化もこの概念に含まれます。以下では、国家を単位とした政治体制についてみていきましょう。

　政治体制の重要な構成要素は次の5つとされています。①正統性原理、②政治エリートと彼らをめぐるシステム、③国民の政治的意思の表出と政策の形成に関わる制度と機構、④物理的強制力、⑤社会に対する国家の編成とそのしくみです。具体的には、①支配関係の意味、②官僚の顔ぶれやその選出方法（公務員試験）など、③選挙、政党、議会などを通じて国民の意思を吸い上げるシステム、④軍隊や警察の組織、⑤省庁の組織化と基本的な公共政策とによる国民へのフィードバックのことです。これらの要素を基準として、個々の国家の政治体制がどのような特質をもつのかを認識します。

　このような政治体制は、イーストン等の政治システム（☞1-Ⅱ2）の概念とは異なるものです。上記の諸要素に着目する点で両者には重なる部分もあります。しかし、政治システム

↓山口定による政治体制の構成要素

構成要素	意味・機能
正統性原理	政治体制を支えるもの
政治エリート（特に中核の統治エリート）	政治的展開のイニシアティブをとるもの（エリートの構成、彼らのリクルート・システム）
国民の政治的意思の表出と政策の形成に関わる制度と機構	選挙制度、政党システムと利益集団の配置構造、議会制度
物理的強制力の役割と構造	軍隊・警察の権限と組織
「政治システム」（国家）による「社会」の編成のしくみ	官僚制に代表される制度化された要素と基本的な公共政策（国民の権利保障、中央・地方関係、貿易・産業・労働・教育の諸政策）

山口定『政治体制』（東京大学出版会・1989年）をもとに筆者作成

の概念は、これらの諸要素を、主としてインプット・アウトプット・フィードバックを軸とする過程・機能の面から捉えようとするものです。それに対して、政治体制は上の諸要素を構造的に捉えようとするものです。

2　体制の類型化の基準

　政治体制は、いくつかの要素をもとに類型化されることで、各国の間の比較を可能にします。デュヴェルジェによる類型がよく知られています。

　デュヴェルジェが重視しているのは、統治者と被治者との関係です。この前提に立って、政治体制を認識・評価するための指標として3つの問いをあげています。①統治者はどのように選択されるのか、②統治機関の各々の構造はどのようなものか、統治の機能はどのように分配されているか、③被治者に対する統治者の権力に制限があるか、という問いです。

　これらの問いへの検討を通じて、デュヴェルジェは、政治体制における2つの傾向を導き出しました。①被治者の自由のために統治者の権威を弱める自由主義的傾向と、これとは逆の②被治者の犠牲において統治者を強める独裁主義的傾向です。

　アリストテレス（☞3-Ⅰ3）に代表されるようなかつての政治体制論が統治者や権力者への分析に比重を傾けていたのに対して、今日の政治体制論は、被治者や社会の状況・構造にも目を向けるようになっています。こうした背景から、今日では、民主主義体制と非民主主義体制との区別を基礎に据えて類型化することが一般的になっています。

　なお、これらとは別に、資本主義体制と社会主義体制といっ

↓デュヴェルジェによる政治体制の類型化とその基準

類型化の基準

①統治者はどのように選択されるのか
②統治者それぞれの構造はどのようなものか
　統治の機能はどのように分配されているか
③被治者に対する統治者の権力に制限があるか

（検討）

2つの類型

①被治者の自由のために統治者の権威を弱める自由主義的傾向をもつ体制
②（上と逆に）被治者の犠牲において統治者を強める独裁主義的傾向をもつ体制

筆者作成

た分類もあります。これらの体制論は、特定の国家・社会の経済構造に着目した分類です。そのため、資本主義体制が同時に非民主主義体制である場合も、社会主義体制が民主主義体制である場合もあります。

★○✕問題でチェック★

問1　政治体制を理解するうえで、被治者の態度や考え（正統性原理）は重視されない。
問2　被治者の自由を重視し、統治者の権威を弱める体制を、デュヴェルジェは権威主義的傾向とした。

1 自由民主主義の体制

　一般に民主主義国とみなされている政治体制は、自由民主主義の原理に立脚したものです。自由民主主義とは、自由主義と民主主義という2つの原理を組み合わせたものです。

　自由主義的な制度には、自由権の保障、複数政党制、また選挙を通じた政権交代の保障などがあります。これらは、権力の恣意的な運用を抑制し、個人の自由な活動を保障することを重視するものです。法の支配や権力分立などの立憲主義の原理・制度もここに含まれます。他方、民主主義的な制度には、代表制、開かれた選挙制度などがあります。この民主主義的制度は、もともと被支配者であった人民が自ら支配者として権力の行使を可能にすることを重視したものです。このような民主主義の体制は、多数派が自らの権力を恣意的に運用し、少数派を抑圧・弾圧することを妨げられません。このことからも、民主主義には自由主義的な原理による権力の規制が必要とされ、自由民主主義の体制が一般化していきます。

　このように自由主義と民主主義との原理を複合的にそなえた体制が自由民主主義の政治体制です（☞ 9-Ⅲ）。この体制は、今日、世界に広くみられ、とりわけ先進国とよばれる国々に共通している体制となっています。これらの国々には、大統領制

↓英国議会の様子

Press Association／アフロ

を採用する国も、議院内閣制を採用する国も含まれますが、これらの差異は、上記のような自由民主主義の原則とは直接関係しません。むしろ、行政上の最高権力者を、議会の多数派が選出するのか、それとも国民の直接投票により決定するのかといったような、その選出方法が自由主義・民主主義の双方から重視されます（☞ 11-Ⅰ）。

2 多極共存型民主主義

　民主主義体制の中でもオーストリア、オランダ、スイス等の西欧の小国を、実態分析を通して、イギリス、アメリカに代表される大国の民主主義体制から区別する議論があります。たとえばレイプハルトは、社会の構造とエリートの行動という2つの基準を設定して、民主主義体制を類型化しました。1つ目の基準は、言語、宗教、人種、イデオロギー等の政治文化の観点から、社会の構造が同質的か多元的か、というものです。2つ目の基準は、社会的背景を担った政党などの指導者の間の関係を中心に、エリートの行動が互いに協調的か対立的か、というものです。これらを基準として、レイプハルトは民主主義体制を4つに類型化しています。

　この4類型の中でも、レイプハルト独自の概念が多極共存型民主主義です。この体制が成立するための条件として、①多元的な個々の集団における高度の自律性、②個々の集団を背景にした指導者たちによる大連合とその統治、③可能な限り全会一致をめざすための相互拒否権の承認、④政治的代表等の人事や公的基金の配分などの基準としての比例制の原理、があげられます。これらは、決定過程を円滑にするとともに、マイノリティの権利を保障するための制度として重視されています。多元的な社会を背景にもつ西欧の小国が安定した政治体制を構築することができたのは、このような条件を満たしていたからです。他方、求心型民主主義の例としては、イギリスやアメリカといった安定した政治体制をあげることができます。政局では二大政党による対立、社会では一定の同質性が認められます。

↓レイプハルトによる分類

		社会の構造	
		同質型	多元型
エリート行動	協調型	非政治型民主主義	多極共存型民主主義
	対立型	求心型民主主義	遠心型民主主義

アーレンド・レイプハルト（内山秀夫訳）『多元社会のデモクラシー』
（三一書房・1979年）をもとに作成

ただし、人種や宗教等の亀裂が顕在化してくれば、社会の同質性は失われるため、この型から外れていきます。

　上記の2類型が安定した政治体制とみなされるのに対して、他の2類型は不安定な政治体制とみなされます。遠心型民主主義は、社会の亀裂が深いだけでなく、これを背景としたエリートの間でも対立が激しく、不安定な政治体制となります。他方、非政治型民主主義は、多極共存型のように指導者たちが協調的で、求心型のように社会が同質的であるため、一見安定した体制のようです。ところが、ここでは指導者の考えや社会の同質性から外れた少数意見が顧みられない傾向があります。この少数派が自身の意見を通すためには力に訴えざるをえない傾向にあるため、この体制は不安定なものとみなされます。

★〇×問題でチェック★

問3　大統領制を採用している国家はすべて自由主義体制である。
問4　社会的背景の異なる指導者たちが大連合を形成し統治する民主主義体制は、多極共存型である。

Ⅲ　非民主主義体制とその類型

1　全体主義体制と権威主義体制

民主主義体制から区別される非民主主義的な政治体制に視点を移してみましょう。民主主義と非民主主義との識別にはいくつかの方法があります。その1つは民主主義の程度を数値化し、これを指標として識別する方法です。たとえば国際NGOのフリーダムハウスは、各国が保障する政治的権利と市民的自由とを数値化し、「自由」「部分的自由」「非自由」の3種に分類しています。ほかにも様々な指標があり、指標によって特定国家の体制の評価が変わることもありえます。

↓フリーダムハウス指標による識別

■自由
■部分的自由
■非自由

Freedom House, Freedom in the World 2022, p. 20をもとに作成

　非民主主義的体制にもいくつかの類型が存在します。代表的研究者であるリンスによれば、非民主主義的体制は、全体主義体制と権威主義体制とに大別されます。両者には、独裁者とみなされうる強力な支配者がいるという共通性をもちつつも、支配の様式に違いがあります。

　まず、全体主義体制には3つの特質があります。①支配者は単一政党が担うなど一元的であること、②イデオロギーによって支配を正統化していること、③政治的、集団的な社会活動に対する市民の参加と積極的な動員が奨励されることです。ドイツのナチスやソ連のスターリン支配などがその代表例です。次に、権威主義体制には4つの特質があります。①複数の集団（軍隊や宗教団体など）が支配を固める限定的な多元主義、②特定のイデオロギーがなく、国民の感情や心情といったメンタリティを把握、操作することによる支配、③支配に反対するような国民の意思を減退させるよう努めること、④予測可能な範囲の権力行使です。スペインのフランコ政権などがその代表例です。

　以上のような特質から、全体主義と権威主義とにはいくつかの重要な違いが浮かび上がってきます。たとえば、全体主義の一元的支配のもとでは、政権運用は恣意的なものになりがちです。これに対して、複数の集団との間で協力して支配を行う権威主義のもとでは、互いの協調性のためにルールが可視化され、政権運用に一定の透明性が生まれます。また、全体主義のもとでは、国民にはイデオロギーに基づいた強力な政治的関心と参加が求められ、これに背く者は迫害や弾圧を受けます。これに対して、イデオロギーをもたない権威主義体制下の支配者は、支配を共にする諸集団への協力があれば十分とします。国民の強い政治的関心は批判的意識にも通じるため、無関心のまん延を好む傾向にあります。

↓独裁者に扮したチャップリン

Album／アフロ

↓全体主義体制と権威主義体制との対照

名称	特徴	事例
全体主義体制	(1) 支配政党による一元的支配 (2) 公式のイデオロギーの存在 (3) 国民・大衆の積極的な動員	・ファシスト政権（イタリア） ・ナチス政権（ドイツ） ・スターリン政権（ソ連） 　　　　　　　　　　など
権威主義体制	(1) 限定的な多元主義 (2) 公式のイデオロギーとは異なるメンタリティ (3) 大衆動員の不在 (4) 予測可能な範囲における権力行使	・アタチュルク政権（トルコ） ・フランコ政権（スペイン） ・ナセル政権（エジプト） 　　　　　　　　　　など

筆者作成

★○×問題でチェック★

問5　特定のイデオロギーを用いず国民を導く独裁国家は全体主義体制の特質をそなえている。
問6　権威主義体制の支配者は、国民の政治的関心による支持よりも、無関心のまん延を好む傾向にある。

2 権威主義体制の下位類型

1で述べたような権威主義体制の概念は、さらに詳しく分類することができます。政策、指導者の選出方法、政権の掌握グループの性格から、①軍部支配型、②君主制型、③一党支配型、④個人支配型として類型化されます。

第1に、軍部支配型の権威主義体制は、一般に軍事政権とよばれています。たんに軍人が支配者というだけでなく、組織として軍部やその中核に位置する将校団が実権を掌握していることに特質の1つがあります。第2に、君主制型は、最高指導者が王の称号をもっている体制をさします。この指導者が世襲制のうえに成り立っていることも特質の1つです。第3に、一党支配型は、最も力をもつ政党が支配する体制のことです。特定の政党が力を獲得する状況には、支配政党が他の政党を選挙から排除して実権を掌握していく場合と、他の政党も選挙に参加できるにもかかわらず、事実上、政権交代が認められていない場合とがあります。前者の実例としてベトナムなど、後者の例には民主化（2000年）前のメキシコなどがあげられます。現代では後者の型が多くみられます。第4に、個人支配型は、文民もしくは軍人の指導者個人に政策や人事等の意思決定の権限が集中している体制です。指導者の神格化や個人崇拝が社会に浸透する状況も、この型に含まれます。

↓権威主義体制の下位類型

類型	基本的特徴	詳細	事例
軍部支配型	軍部による独裁（いわゆる軍事政権）	軍人が最高指導者の座に就き、組織としての軍部を代表する将校団が政治的意思決定に深く関与（最高指導者が軍人というだけでなく制度上、軍部が政治決定に関与していること）	軍人大統領が支配したブラジル（1964〜85）など
君主制型	王族による独裁	最高指導者が王の称号をもっていること、世襲により指導者が交代すること	サウジアラビア、クウェート、バーレーンなど
一党支配型	支配政党による独裁	独裁者および独裁者が率いる政党の幹部が政策や指導者選出等の権限を掌握	ベトナム、民主化（2000年）以前のメキシコなど
個人支配型	強力な権限を占有する個人による独裁	特定個人の文民または軍人の指導者に政策や人事等の権限が集中	ドミニカ共和国のトルヒーヨ政権（1930〜1961年）など

久保慶一＝末近浩太＝高橋百合子『比較政治学の考え方』（有斐閣・2016年）をもとに筆者作成

Ⅳ 国家体制の「破綻」

最後に、破綻国家という概念について確認しましょう。破綻国家は、一般的には、基本的な機能（☞ **1**-Ⅲ**1**）を果たさなくなった国家の状況を表す概念です。この状況の先には、その領域内で内戦が勃発、武力紛争が激化していく現象が想定され

↓自爆テロや銃撃がつづくソマリア

AP／アフロ

ます。破綻国家とは、このような極限的な状況の手前で、機能を喪失した国家のことです。

この破綻国家と類似した概念には「弱い国家」「崩壊国家」「失敗国家」「脆弱国家」などがあります。これらは必ずしも破綻国家と同じ意味で使われているとは限りません。これらの概念は意味がまだ十分確定、浸透していませんが、たとえば「弱い国家」は広く国家の機能の低下を示す際に、「崩壊国家」は国家の機能が全面的にマヒした状態を示す際に使われる概念とされています。

国家が「破綻」する要因は様々です。統治（政府）の機能の低下、開発の失敗（貧困）、テロリズムの横行、外国からの攻撃・侵攻などがあげられます。「破綻国家」として認定されている国には、ソマリア、コンゴ民主共和国、アフガニスタンなどがあげられますが、これらの国々も様々な事情を背景にもっています。

この「破綻」の基準を改めて問いなおすべきだとする議論も存在します。この場合に浮かび上がってくるのは、上にみてきた政治体制の概念にも通じる、ヨーロッパ由来の近代国家の概念です。とりわけ、同質的な国民によって構成されるとする国民国家の観念や、合法的支配（官僚的支配）による政治的安定性といった理念がこの基準を支えています。このような「破綻」の基準を絶対視し、該当する国家を否定的に評価することなく、固有の意義を捉えかえそうとする議論もあらわれています。この観点に立つとき、「破綻国家」の中にも、再建の過程で近代国家とは異なる固有の社会秩序がみられるとされています。

★○×問題でチェック★

問7　軍事支配型の権威主義体制とは、特定の軍人にあらゆる権限が集中していることをさす。

問8　内戦状態にまではおちいっていないが国家の機能を喪失している国は、破綻国家とみなされる。

6 体制変動

I ポリアーキー

　民主主義とはどのような政治体制をさすのでしょうか。アメリカの政治学者ダールは自由化（公的異議申立て）と包括性（参加）という2つの基準を重視し、この2つを満たす体制を「多数の（poly）」人々が統治する「体制（archy）」、すなわちポリアーキー（polyarchy）とよんでいます。

　ポリアーキーに至る経路は大きく3つ考えられます。図の矢印Iのように、たとえばイギリスでは絶対王政という閉鎖的抑圧体制を経て、18世紀末には政党を結成し、選挙に立候補する公的異議申立ての体系が整えられました。これにより政党間の自由な競争が可能になっています。しかし、この自由は貴族やごく一部の納税者しか享受できず、当時のイギリスはまだ寡頭体制でした。

　矢印IIは先に参加が認められた経路を示しています。たとえばソ連などの社会主義国では国民に選挙権が付与されているものの、選挙では1つの政党の候補者しかいなかったり、国の政治体制に異議を唱える者は立候補資格を剥奪されていたりと、包括的抑圧体制だといえます。

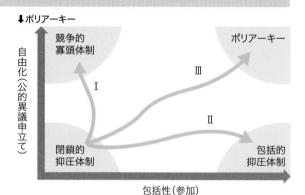

↓ポリアーキー

ロバート・ダール『ポリアーキー』（岩波書店・2014年）14頁をもとに作成

　矢印IIIのように最短距離でポリアーキーに向かうことも考えられます。しかしこのような変化はまれで、現実にはIやIIを通る場合がほとんどだと考えられます。いずれの経路をたどるとしても、ポリアーキーへと向かう変化を一般的に民主化とよんでいます。

II 民主化の波

1 3つの波

　民主主義国は昔から多かったわけではありません。この点を考察したハンチントンは「3つの波」を経て増加したと論じています。

　第1の波はアメリカ独立革命、フランス革命を支えた自由主義思想（☞4-1②）が伝播して起きた民主化で、19世紀半ばから20世紀前半の100年にわたる「長い波」をさしています。第2の波は第2次世界大戦後に起きた民主化で、イタリア、西ドイツ、日本といった敗戦国の改革、ならびに植民地の独立がこれに相当します。

　ハンチントンが特に注目しているのが、1974年のポルトガルの民主化から始まる第3の波です。ポルトガルはサラザール政権による権威主義体制下にありましたが、軍事クーデターを経て民主主義体制へと移行します（完全な民政移管は1976年）。この成功例は他国にも波及し、その3か月後にはギリシャ、翌年にはスペイン

でも民主化革命が起きています。そしてスペインで民主化が起きると、このニュースは同じ言語を共有するラテンアメリカ諸国にも波及し、短期間で、世界規模の民主化の波を形成しました。また1980年代後半に起きた東欧革命もこの第3の波に含まれるとハンチントンは述べています。

↓ポルトガルでの民主化（1974年4月）

wikipedia（撮影者不明、1974）

　民主主義の定着はどう判断すればよいのでしょうか。ハンチントンは2回の政権交代という基準を提示しています。民主的な選挙を通じて政治指導者が選ばれ、次の選挙で負ければ平和的に権力を譲り渡す（1回目の政権交代）、そしてそれをもう一度繰り返す（2回目の政権交代）というものです。

↓民主主義国の数

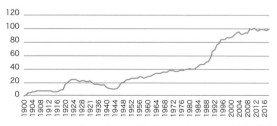

https://ourworldindata.org/democracyをもとに作成

★○×問題でチェック★

問1　ポリアーキーとは「自由化」と「包括性」という基準から構成される概念である。
問2　ハンチントンは、民主化には「3つの波」があったと述べている。

これとは別に、民主化研究に従事してきたリンスとステパンはより広範な特徴から判断しています。彼らは社会において民主主義体制を転覆しようとする行動がみられないこと、民主的手続き、制度が最も適切な手段であるという態度が形成されること、すべての集団が法の支配に応じる立憲主義が確立されることという基準を提示しています。つまり民主主義が「街で唯一のゲーム」となり、他の政治体制が想定されなくなった状況を定着とよんでいます。

↓サミュエル・ハンティントンが提示する3つの「民主化の波」

	期間	きっかけ	対象	民主化の「揺り戻し」
第一の波	1828−1926年	アメリカ独立革命、フランス革命を支えた思想の伝播（1828年にアメリカで白人成年男性の約50パーセントに選挙権が付与された）	ヨーロッパ諸国、イギリス帝国の自治領の独立など	1922−1942年（イタリアにおけるムッソリーニのローマ進軍など）
第二の波	1943−1962年	第2次世界大戦の終結（1943年のイタリアの敗戦から開始）	イタリア、西ドイツ、オーストリア、日本、植民地の独立など	1958−1975年（パキスタンでの軍による戒厳令、ラテンアメリカでの軍事政権の誕生など）
第三の波	1974年以降	ポルトガルでの民主化革命	ポルトガル、ギリシャ、スペイン、ラテンアメリカ諸国、東ヨーロッパ諸国など	（下記文献の出版年が1991年であるように第3の波の「揺り戻し」については考察の対象外）

Samuel Huntington, *The Third Wave: Democratization in the Late Twentieth Century* (Oklahoma University Press, 1991) を参考に作成

2 なぜ「第3の波」は起きたのか

第3の波が起きた原因として、ハンチントンは5つの要因をあげています。①戦争での敗北、経済的混乱による権威主義体制の正統性の崩壊、②経済成長による中産階級の権利要求の増加、③カトリック教会が第2バチカン公会議にて人権弾圧を非難するようになったこと、④民主化を加盟条件とするヨーロッパ共同体（現EU）の圧力、人権外交を掲げるアメリカのカーター政権の政策、新思考外交というソ連のゴルバチョフ書記長の改革といった外部要因、⑤1つの国が民主化を遂げると、その影響が他国にも波及する「雪だるま式効果」です。

特に雪だるま式効果は第3の波において重要な役割を果たしています。ポルトガルで起きた民主化のニュースはラジオ、衛星放送、コンピュータ、ファクシミリといった当時の通信技術の発展によって国際的に拡散し、権威主義体制下で同じ問題を抱える人々を刺激しました。これが他の国の民主化を後押しし、さらにその国の民主化が別の国の民主化を促すことになり、大きな民主化の波を作り出しました。

民主化の雪だるま式効果は東欧革命でも顕著にみられました。1989年初頭に社会主義国のポーランド、ハンガリーが民主化を開始すると、東ドイツでも改革を求めるデモが勢いを増し、11月にはベルリンの壁が崩壊します。最終的にはチェコスロバキア、ルーマニア、ブルガリアの民主化へと続き、冷戦終結の大きな原動力となりました。

同様のことは比較的最近の例にもみることができます。2010年12月にチュニジアで露天商の青年が警察に抗議して焼身自殺したのを機に大規模なデモが発生し、ベンアリ大統領が退陣に追い込まれました。この影響は周辺諸国に波及し、翌年2月にはエジプトのムバラク政権の崩壊、8月にはリビアのカダフィー政権の崩壊を促し、アラブの春とよばれる中東・北アフリカ地域での民主化の連鎖を引き起こしました。

民主化は必ずしも平和的に起きるわけではありません。強固な統治体制をそなえる国に民主化の波が及ぶと流血を伴う事態、さらには内戦へと至る可能性があります。東欧革命では混乱の中、ルーマニアのチャウシェスク大統領夫妻が処刑される事件が起きました。またアラブの春を通じてリビアは内戦へとおちいり、さらに体制転換には至らなかったシリアでも、政府軍と反政府武装勢力の激しい内戦が勃発しています。

↓ベルリンの壁崩壊

akg-images／アフロ

↓チュニジアにおけるデモ

ロイター／アフロ

★○×問題でチェック★

問3　1つの国で民主化が起きると他国に波及する傾向があるとハンチントンは論じている。
問4　アラブの春はエジプトの民主化から始まった。

1 民主化途上の危うさ

民主化が起きても、その後の状況は安定するとは限りません。ハンティントンも、ちょうど波が引くように揺り戻しが起きることを指摘しています（☞Ⅱ**1**〔グラフ〕）。民主化の過程は旧体制と新体制が同居する不安定な状況であるため、旧体制の関係者に改革が及ぶと対立が表面化する危険があります。

たとえばミャンマーでは長年、国軍による統治が続いてきましたが、2011年に民政移管が実現しました。ただし完全な民主化ではなく、憲法で議会の4分の1は軍人が占めること（憲法改正には議会の4分の3の賛成が必要なため、実質上の拒否権として機能）、また国軍最高司令官に緊急事態を宣言する権限が与えられました。

こうした制約はあったものの、ミャンマーでは政治犯が釈放され、報道の自由も認められ、状況は大きく変化しました。しかし、2015年、2020年の選挙でアウン・サン・スー・チー率いる国民民主連盟（NLD）が躍進すると、これに危機感を覚えた国軍は選挙に不正があったと主張し、翌年2月にクーデターを敢行しました。

↓ミャンマーにおけるデモ

public domain

旧体制側はその統治下において独自の利益構造を作り上げています。民主化後に新たな勢力が台頭すると、その権益に危害が及ぶ可能性が出てきます。この時、旧体制側は自らに有利な状況が崩れる前に、以前の体制に戻そうとすることが考えられます。

2 民主化後の混乱

ポリアーキーが示すように、民主主義は個人が政治に「参加」し、「異議申立て」ができる体制です。しかし、この2つが認められた直後に政治的混乱が生じることがあります。

たとえばエジプトではアラブの春（☞Ⅱ**2**）を経て民主化が実現すると、これまで抑圧されてきた様々な要求が噴出しました。過去に非合法とされてきたムスリム同胞団のモルシ大統領が新政権を担いましたが、そもそも政治から排除されてきた集団であるため、経験不足から失政が続きます。社会からの要求に対応できない政権への不満はデモ、自由なメディアを通じた批判という形で表れていきました。これに対し、今度は政府側がデモの鎮圧に乗り出すと、情勢はさらに悪化していきました。

こうした混乱を目の当たりにした軍は2013年にクーデターを敢行し、民主化の揺り戻しが起きました。このクーデターにより混乱は終息しましたが、エジプトでは以前よりも取り締まりの厳しい体制ができあがっています。

右表はエジプト含め、アラブの春の後の状況をまとめたものです。唯一、民主化の成功例と考えられていたチュニジアも現在は先行きが不透明になっています。民主化後、社会が安定するかどうかは難しい問題だといえそうです。

Ⅰで取り上げたポリアーキーの議論に戻ってみたいと思います。ダールはⅡの経路からポリアーキーに向かう場合の危険性について論じています。それは急激な異議申立ての増加に対応する制度、技術、習慣が社会の中にできあがっていないからです。その点、Ⅰの経路は長い時間をかけて国内の諸制度を発展させてできたものであるため、参加者による異議申立てが増えたとしても対応できる可能性が高いと述べています。

ハンティントンも『変革期社会の政治秩序』にて、急激な社会の変化に政治制度の発展が追いつかない場合、混乱が生じると論じています。民主化の実現は解放感を伴い、多くの人がよりよい生活を期待して政治的要求を行いますが、その期待が大きいほど実現しないことへの失望も大きくなり、不満が社会に溢れることになります。ハンティントンは政治制度の発展の度合いが民主化後の安定を左右すると述べています。

↓エジプトでのクーデター

同胞団300人逮捕へ

モルシ大統領解任・拘束
エジプト　軍がクーデター

モルシ氏（AP）

読売新聞2013年7月4日

↓「アラブの春」後の状況

チュニジア	民主主義体制を維持していたが、2021年7月、大統領が議会を停止、2022年3月末に解散。7月、大統領の権限を大幅に強化した新憲法案が国民投票で承認される
エジプト	ムバラク政権崩壊後、民主化開始。しかし、2013年に軍がクーデターを実施
リビア	カダフィー政権崩壊後、内戦へ。北大西洋条約機構（NATO）の軍事介入を経て終結。しかし2014年から国内が東西に分裂し内戦が勃発。2021年に統一政府が発足するも再度対立、2022年1国2政府の状態に戻る
シリア	アサド政権と反政府武装勢力の内戦へ。「イスラム国」の台頭もあり混乱に拍車がかかる

筆者作成

Ⅳ　民主主義の後退

ミャンマーやエジプトではクーデターによって民主化が頓挫_{とんざ}しましたが、右のグラフにみられるように、近年は軍によるクーデターの数は減少しています。それとは別に、民主的に選出された指導者や政党が、民主的手続きに従って政治的自由を制限する「民主主義の後退」が起きています。

クーデターが軍の出動を伴いながら短期間で行われるのに対し、民主主義の後退は日常の政治の中で周到に準備され、議会で法案が可決される形式をとって進みます。たとえばトルコでは2002年に選挙を通じてエルドアン政権が誕生しました。その後、2年間で500以上の法案が議会を通過しましたが、そのほとんどが報道規制、インターネットの利用規制、およびそのユーザーの特定を可能にするものでした。この結果、言論の自由、報道の自由は大きく後退しています。

また2010年の選挙で大勝したハンガリーのオルバン政権は1年目に憲法を12回改正し、与党フィデスの意向を反映した内容へと変更しています。これに対して憲法裁判所が違憲判決を下すことはありませんでした。与党が推薦した人物が判事に選ばれるよう憲法改正が行われていたからです。さらに選挙委員会にも手を加えています。従来は委員の半数が民間から、与党と野党の合意に基づいて選出されることになっていましたが、これもフィデスのメンバーが選ばれるように変更されました。ひとたびこうした制度ができあがると、同じ政権が次の選挙でも勝つことが容易になっていきます。

このような民主主義の後退はポピュリズム（☞**10**-Ⅱ**2**）の台頭に関係していることが指摘されています。ポピュリズムの特徴は、善悪二元論に基づき、既得権益層を敵として攻撃し、自分たちこそが「人民」の代表であると主張することです。

こうした手法をとる政治家が政権を担うとき、彼らは「人民」からの支持を得ているのであるから、自らの政策を実施するのは当然であると主張します。加えて、反対勢力やメディアからの批判に対しては、選挙を通じて表出された民意への攻撃、「人民」の意思への挑戦とよび、相手の正統性を否定していきます。また憲法や民主的手続きが政権運営の障害になるのであれば、民意を反映できない制度にこそ問題があると主張し、その妥当性に疑問を呈していきます。

他方、支持者も民主的に選ばれた「われわれ」の代表が政策を遂行するのは当然であるとし、政治指導者に強大な権限を与えることを容認する傾向がみられます。この結果、民主主義の根幹である選挙を通じて勝利した政治指導者により、民主主義に逆行する政策が実施される事態が起きています。

このような傾向は民主主義の歴史が浅い国にとどまらず、アメ

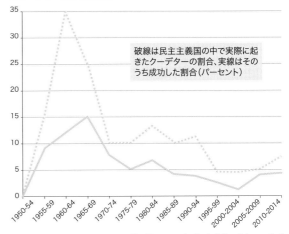

↓クーデターの件数の推移

破線は民主主義国の中で実際に起きたクーデターの割合、実線はそのうち成功した割合（パーセント）

Nancy Bermeo, "On Democratic Backsliding," *Journal of Democracy*, Vol. 27, No. 1 (2016) , p. 7をもとに作成

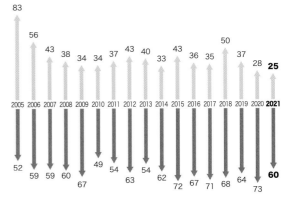

↓民主主義の「向上」と「後退」を示す世界の傾向

Freedom House, *Freedom in the World 2022*, p. 2をもとに作成

リカでも起きていると警鐘を鳴らしているのがレビツキーとジブラットです。彼らは民主主義から権威主義に向かう4つの基準を提示していますが（左下表参照）、これらはトランプ元大統領にすべて当てはまると主張しています。具体的には、①2016年の大統領選挙においてトランプは選挙人登録名簿に不法移民や死亡した人が載っている、不正が行われている（それゆえ負けた場合は選挙結果を拒否する）という発言を繰り返し、選挙の正統性に疑問を投げかけています。また②対立候補であったヒラリー・クリントンを犯罪者とよぶなどの個人攻撃を行い、③彼女に対する暴力を扇動_{せんどう}しています。そして④敵対するメディアの情報をフェイク・ニュースとよび、批判的な記事には訴訟も辞さないと脅しています。

レビツキーらはこれまでの民主主義が成り立っていたのは、政治家が対立相手であっても敬意を示す相互的寛容と、憲法をはじめとする民主的ルール、規範_{きはん}を遵守_{じゅんしゅ}する組織的自制心をもっていたからだと述べています。しかし近年はポピュリズムの台頭もあり、民主的手続きを経て選ばれた指導者による民主主義の後退が問題になっています。

↓権威主義的行動を示す4つの基準

①民主主義のルールを拒否、またはそれに対する弱い関与
②対立相手の正統性を否定
③暴力行為の容認、推進
④メディアを含む対立相手の市民的自由を率先して制約

Steven Levitsky & Daniel Ziblatt, *How Democracies Die* (Viking, 2018), pp. 23-24を参考に筆者作成

★〇×問題でチェック★
問7　民主主義体制が崩壊する要因としては、今日でも軍によるクーデターが多い。
問8　近年、選挙によって選ばれた政治指導者が民主主義を否定する事例がみられる。

7 55年体制の展開

I 自民党政権の始まり

1 講和と安保条約

　1945年の敗戦後、日本はポツダム宣言に基づき、連合国の占領下に置かれました。1951年、アメリカのサンフランシスコで講和会議が開かれ、日本は48か国との間でサンフランシスコ平和条約に調印しました。また、同じ日、アメリカとの間で日米安全保障条約（安保条約）に調印しました。翌年の平和条約発効に伴い占領は終結し、日本は独立国として主権を回復しましたが、独立後も安保条約に基づき、アメリカ軍が日本に駐留を続けることになりました。

↓サンフランシスコ平和条約に調印する吉田茂首相（1951年9月）

アフロ

↓在日米軍の主な施設（1952年頃）

※沖縄を除く。白文字は現在の主な米軍専用施設（部分返還などで縮小されたものを含む）

朝日新聞2015年6月7日記事を参考に作成

2 55年体制の成立

　1955年、左右両派に分裂していた日本社会党（社会党）が統一するとともに、日本民主党と自由党の2つの保守政党が合同して自由民主党（自民党）を結成しました。巨大な保守政党である自民党と、国会の3分の1ほどの議席を占める社会党が対峙する55年体制の始まりです。1960年代以降は野党の多党化が進みましたが、自民党は1993年に下野するまで38年間にわたって政権を握り続けました（☞20-IV 3）。

　55年体制の特色は、外交・安全保障政策と憲法問題をめぐって政党間の主要な対立軸が形成されていたことです。保守勢力である自民党は、日米関係を基軸とした対外政策を訴え、安保条約の保持、自衛隊の保有、憲法9条の改正を主張しました。これに対し、革新勢力である社会党は、積極中立を掲げて冷戦構造の緩和・解消を唱え、安保条約の廃棄、自衛隊の解消、憲法9条の堅持を主張しました。

↓日本社会党の再統一（1955年10月）

毎日新聞社／アフロ

↓自由民主党の結成（1955年11月）

読売新聞／アフロ

★ ○×問題でチェック ★

問1　1952年のサンフランシスコ平和条約の発効に伴い、在日米軍基地はすべて廃止された。
問2　保守勢力である自民党は、日米安全保障条約の廃棄、自衛隊の解消を主張した。

3 60年安保改定

> 日米相互協力及び安全保障条約（新安保条約）
>
> 第5条　各締約国は、日本国の施政の下にある領域における、いずれか一方に対する武力攻撃が、自国の平和及び安全を危うくするものであることを認め、自国の憲法上の規定及び手続に従つて共通の危険に対処するように行動することを宣言する。
>
> 第6条　日本国の安全に寄与し、並びに極東における国際の平和及び安全の維持に寄与するため、アメリカ合衆国は、その陸軍、空軍及び海軍が日本国において施設及び区域を使用することを許される。

↓新安保条約反対のデモ（1960年5月）

AP／アフロ

　1951年に結ばれた日米安全保障条約（旧安保条約）は、日本がアメリカに基地を提供する義務を負う一方、アメリカ軍の日本防衛義務が明記されていないなど「片務的かつ不平等」な性格をもつものでした。1957年に首相に就任した岸信介は、日米関係をより対等にすることを目指し、安保改定に取り組みました。

　1960年、日米両政府は日米相互協力及び安全保障条約（新安保条約）に調印しました。新条約では、アメリカの日本防衛義務が明文化され、また条約付属の文書では、在日アメリカ軍の日本および「極東」での軍事行動に関する事前協議が定められました。これに対し、社会党などの革新勢力は、アメリカの世界戦略に巻き込まれる可能性が高まるとして安保改定反対運動を展開しました。政府・与党が新条約の批准を衆議院で強行採決すると、反対運動は空前の規模に発展し、巨大なデモが1か月近くにわたって国会を包囲しました（60年安保闘争）。条約批准案は参議院の議決を経ないまま自然成立し、岸首相は新条約の発効を見届けて、退陣を表明しました。

4 池田勇人と所得倍増計画

　安保改定をめぐる政治的混乱のあと登場した池田勇人首相は「寛容と忍耐」「低姿勢」を掲げ、所得倍増政策を打ち出すことで、国民の関心を経済へ向けさせました。また、在任中は改憲しないと明言し、自民党の党是である憲法改正を事実上棚上げしました。

　1960年、池田内閣は国民総生産（GNP）および1人当たり国民所得を10年間で2倍にすることを目標とする国民所得倍増計画を決定しました。また、1962年には、地域間の均衡ある発展をはかるため、全国総合開発計画（全総）を決定しました。全総決定と前後して、新産業都市建設促進法（1962年）や工業整備特別地域整備促進法（1964年）が制定され、地域開発の拠点として新産業都市や工業整備特別地域が指定されました。

↓所得倍増政策を推進した池田勇人内閣

朝日新聞1960年12月27日

↓新産業都市と工業整備特別地域

　新産業都市
　工業整備特別地域

松本・諏訪地区
富山・高岡地区
播磨地区
岡山県南地区
備後地区
中海地区
周南地区
不知火・有明・大牟田地区

道央地区
八戸地区
秋田湾地区
仙台湾地区
新潟地区
常磐・郡山地区
鹿島地区
東駿河湾地区
東三河地区

徳島地区
東予地区
大分地区
日向
延岡地区

国土庁編『国土庁二十年史』（ぎょうせい・1994年）397頁の図をもとに作成

★○×問題でチェック★
　問3　岸信介内閣は安保改定を実現したものの、その引き換えに退陣を余儀なくされた。
　問4　池田勇人内閣は「所得倍増」をスローガンに、経済の高度成長を推進した。

II 保革伯仲から保守復調へ

1 経済成長のひずみ

　1950年代後半以降、日本は高度経済成長とよばれる急激な経済成長の時代に入りました。1955年から1973年までの実質経済成長率は年平均で10%前後を記録し1968年には資本主義国の中でアメリカに次ぐ世界第2位の国民総生産（GNP）を達成しました。順調な経済発展に支えられ、池田内閣は約4年、次の佐藤栄作内閣は約8年の長期政権となりました。

　一方、経済成長に伴い、大気汚染・水質汚濁などの公害問題が各地で発生しました。また、地方から東京・大阪・名古屋の3大都市圏への大規模な人口移動が生じ、農村では過疎化が進む一方、大都市では騒音・住宅不足・交通ラッシュなどの都市問題が深刻化しました。さらに、産業基盤整備のための公共投資に力が入れられた一方、住宅・生活環境整備は遅れ、社会保障も不十分な状態に置かれていました。

　こうした中、1967年の東京都知事選で社会党・共産党が推薦した美濃部亮吉が当選したのを皮切りに、全国に革新自治体が広がりました。革新自治体とは、社会党・共産党など革新政党の支援を受けて当選した首長を擁する自治体のことです。革新自治体は公害に対する規制の強化や福祉・医療・教育の充実などで成果を上げました。このことは自民党政権に強い危機感を与え、1970年代以降、自民党も遅ればせながら公害問題や福祉問題の解決に取り組むことになりました。

↓3大都市圏の転入超過数の推移（1954〜2021年）

東京圏…東京都・神奈川県・埼玉県・千葉県
名古屋…愛知県・岐阜県・三重県
大阪圏…大阪府・兵庫県・京都府・奈良県

注）1954年から2013年までは、日本人のみ。
総務省統計局HP内「住民基本台帳人口移動報告」をもとに作成

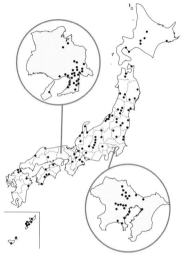

↓第8回統一地方選（1975年）後の革新自治体

岡田一郎『革新自治体』（中公新書・2016年）
2頁の図を参考に作成

2 田中角栄と列島改造

　1972年、田中角栄が首相に就任しました。田中は戦後初の大学卒の経歴をもたない首相で、「庶民宰相」「今太閤」とよばれました。内閣発足直後、田中首相は自ら中国を訪問し、日中国交正常化を実現しました。田中内閣が内政の看板政策としたのが日本列島改造論です。これは、過疎と過密の弊害を解消するために、産業と人口の地方分散を進めようとした構想で、具体的には、都市に集中している工業地帯を地方に移転させる工業再配置政策、人口25万人規模の中核都市の建設、新幹線・高速道路などの交通ネットワークの整備が打ち出されました。また、田中内閣は「福祉元年」をスローガンに、70歳以上の老人医療費を無料化するなど、社会保障制度を大幅に拡充しました。

　しかし、列島改造政策は土地投機や物価の高騰を招きました。また、1973年、第4次中東戦争に端を発した第1次石油危機が起こると、狂乱物価と呼ばれる激しいインフレが発生し、経済は混乱しました。1974年の実質経済成長率は戦後初のマイナスに落ち込み、高度経済成長の時代は終焉を迎えました。田中首相は自身の金脈問題で世論の批判を受け、退陣に追い込まれました。

↓田中角栄『日本列島改造論』
（1972年6月）

編集部撮影

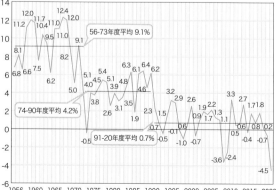

↓戦後の経済成長率（実質）の推移

56-73年度平均9.1%
74-90年度平均4.2%
91-20年度平均0.7%

『社会実情データ図録』〈http://honkawa2.sakura.ne.jp/4400.html〉をもとに作成

★○×問題でチェック★

問5　1960年代後半以降、革新政党の支援を受けて当選した首長を擁する自治体が増加した。
問6　田中角栄内閣は、田中首相がロッキード事件で逮捕されたため、退陣に追い込まれた。

3 自民党政治の動揺

　田中内閣が退陣した後、三木武夫、福田赳夫、大平正芳の3人が首相に就任しましたが、いずれも約2年の短命内閣に終わりました。また、1976年には、田中前首相がロッキード社の航空機売り込みをめぐる収賄容疑で逮捕されました（ロッキード事件）。経済の低迷やロッキード事件の影響もあり、1970年代後半、自民党は支持率の低下、議席数の減少に苦しみ、国会では与党と野党の議席が拮抗する保革伯仲が生じました。

↓ロッキード事件で逮捕された田中角栄前首相（1976年7月）

朝日新聞1976年7月27日

　そうした中、自民党内では派閥間の権力抗争が激化しました（☞ III 2 ）。1979年の衆議院選挙で自民党が敗北すると、自民党の反主流派は大平首相に辞任を求め、党内対立が深まりました（40日抗争）。翌1980年には、野党が提出した内閣不信任案が自民党反主流派の欠席により衆議院本会議で可決され、史上初の衆参同日選挙が行われました。大平首相は選挙戦の最中に急死しましたが、自民党は衆参両院で安定多数を確保する勝利を収め、保革伯仲状態を解消しました。

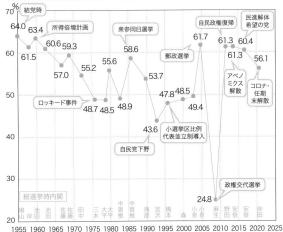

↓自民党衆議院議席占有率の推移

『社会実情データ図録』〈http://honkawa2.sakura.ne.jp/5235.html〉をもとに作成

4 第二臨調と行財政改革

　第1次石油危機以降、経済成長率が低下し税収が伸び悩んだにもかかわらず、財政支出が膨張し続けたため、日本の財政状況は急激に悪化しました。1980年に成立した鈴木善幸内閣は行財政改革を最重要課題とし、その諮問機関として前経団連会長の土光敏夫をトップとする第二次臨時行政調査会（第二臨調）を設置しました。第二臨調は「増税なき財政再建」をスローガンにし、中央省庁の組織変更、社会保障支出の抑制、国鉄・電電公社・専売公社の3公社の民営化など、広範な提言を政府に対して行いました（☞ 16- I 1 ）。

　鈴木内閣が1982年に退陣した後、行財政改革は後継の中曽根康弘内閣に引き継がれました。中曽根首相は「戦後政治の総決算」を掲げて行財政改革を強力に推進し、3公社の民営化を実現しました。このうち、国鉄の分割・民営化は、社会党の有力な支持団体である国鉄労働組合（国労）の解体も狙いとしていました。こうした改革の姿勢は国民からも評価され、1986年の衆参同日選挙で自民党は大勝を収めました。この選挙は1970年代の保革伯仲から、1980年代の保守復調への転換を印象づけるものとなりました。

　蔵出削減に加えてバブル経済に伴う税収の増加もあり、日本は1990年度には赤字国債依存からの脱却を実現しました。しかし、1990年代以降、経済の長期低迷や高齢化の進展などの影響により、財政は再び悪化しました。

↓3公社の改革

3公社	民営化後
日本国有鉄道 （国鉄）	6旅客鉄道会社と1貨物鉄道会社 （JRグループ）
日本電信電話公社 （電電公社）	日本電信電話株式会社 （NTT）
日本専売公社	日本たばこ産業株式会社 （JT）

筆者作成

↓国鉄およびJR7社における経常収支の変化

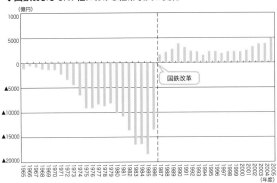

国土交通省HPをもとに作成

★○×問題でチェック★
問7　1980年の衆参同日選挙で自民党は敗北し、与党と野党の議席が拮抗する保革伯仲が生じた。
問8　中曽根康弘内閣は、国鉄・電電公社・専売公社の民営化を実現した。

1　後援会政治

　自民党政治家の選挙活動は、政治家個人がもつ自前の支援者団体である個人後援会を中心に行われてきました。政治家は地域の有力者に声をかけ、後援会の幹部になってもらうことで、選挙区内の様々な人的ネットワークを後援会のもとに取り込みます。政治家は、冠婚葬祭に出席したり、旅行などのイベントを開催したりするなどの日常活動を通じて支援者の組織化

↓首相就任を祝う越山会員の万歳に応える田中角栄首相（1972年7月）

毎日新聞社／アフロ

2　派閥政治

　自民党では党内の小集団である派閥が大きな影響力をもち、自民党は派閥の連合体といわれてきました。なぜ派閥が発達したのでしょうか。自民党の総裁は党内の選挙で選ばれます（総裁公選）。そのため、総裁選を勝ち抜くには、なるべく多くの国会議員を組織しておくことが必要です。また、衆議院選挙は1993年の総選挙まで中選挙区制で行われていました。中選挙区制とは、1つの選挙区から3〜5名の議員を選出する選挙制度で、大選挙区制の一種です（☞24-Ⅳ）。1つの選挙区に複数の自民党候補が立候補するため、各候補者は党内の異なる派閥に所属し、選挙は派閥間の争いの様相を呈していました。派閥のリーダーも自派の候補者の選挙を支援したり、新人候補を積極的に擁立したりしました（☞8-Ⅱ2）。

　自民党では、党内の摩擦を避けるため、閣僚や党役員のポストが各派閥に所属する国会議員の数に比例する形で配分されてきました（派閥均衡人事）。また、当選回数に応じて高位の役職につける年功序列型の人事が行われてきました。組閣や党役員の人事の際、各派閥は事前に推薦リストを提出し、これに基づいて閣僚などの役職が決められました。

　なお、近年では派閥の求心力は低下し、派閥に所属しない自民党議員も増えています。これは、1990年代の政治資金制度改革により派閥の集金力が衰えたことや、小選挙区制の導入により公認権を握る党総裁の権力が強まったことなどが原因です。ただし、派閥は現在でも存続しており、総裁選や人事の際には一定の役割を果たしています（☞8-Ⅲ）。

を進めます。また、就職の世話をしたり、地元に公共事業を誘致したりするなど、会員の陳情（利益要求）に応えることも重要です。このことは、政治家と有権者の距離を縮める一方、政治家の地元利益優先志向を強めたり、政治にカネがかかる原因となったりするなどの弊害も指摘されてきました。後援会活動は、高度経済成長期以降、急速に全国に広がりました。しかし、近年では有権者の後援会加入率は低下しており、後援会は衰退傾向にあります（☞8-Ⅲ）。

↓後援会への加入率（1971〜2019年）

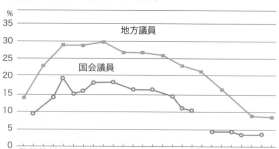

濱本真輔『日本の国会議員』（中央公論新社・2022年）67頁の図をもとに作成

↓自民党派閥の変遷

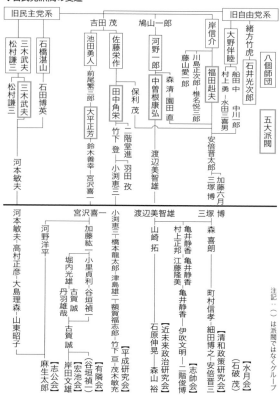

中北浩爾「自民党の『派閥』はなぜ求心力を失ったのか」東洋経済オンライン
2017年5月11日の図をもとに近年の変化を踏まえて作成

★○✕問題でチェック★

問9　政治家が自分の後援会の会員と日常的に接触することは禁止されている。
問10　自民党では、閣僚や党役員などのポストは各派閥のサイズに応じて配分されてきた。

3 国対政治

国会では、法案の審議日程などの議事は、国会全体については各議院の議院運営委員会で、委員会については各委員会の理事会と理事懇談会で決められます。

しかし、実際には、与野党の国会対策委員会間の折衝が大きな位置を占めてきました。国会対策委員会は国会の正式な機関ではなく、各党が任意に設けている組織です。なぜこうした国対政治が発達したのでしょうか。日本の国会は常に開かれているわけではなく、一定の限られた期間だけ活動します（会期制）。また、会期中に議決できなかった案件は、原則として審議未了として廃案になります（会期不継続の原則）（☞ 11-Ⅱ ❻）。このように、国会の審議には多くの制約があるため、舞台裏での駆け引きが重要になるのです。

国対政治に対しては、国民の目の届かない密室で不透明な取

引が行われているとか、法案の中身よりも審議日程をめぐる争いに重点が置かれている、といった批判が向けられてきました。一方で、国対政治には、野党が議事日程を盾に、法案修正などの妥協を与党から引き出してきたという側面もあります。

↓国会の種類と会期

種類	回数	召集時期・理由	会期	憲法の条文
通常国会（常会）	毎年1回	1月、重要議題は次年度の予算審議	150日間（延長は1回まで）	52条
臨時国会（臨時会）	不定	内閣が必要と認めたとき、またはいずれかの議院の総議員の4分の1以上の要求があるとき内閣が召集を決定	不定（延長は2回まで）	53条
特別国会（特別会）	不定	衆議院総選挙後30日以内に召集。議長と内閣総理大臣を選出する。会期は短期間	不定（延長は2回まで）	54条
参議院の緊急集会	不定	衆議院解散中に内閣が必要と認めたとき。議決事項は次期特別国会開催後、10日以内に衆議院の同意が必要	不定	54条

藤井剛『詳説 政治・経済研究〔第3版〕』（山川出版社・2016年）
105頁をもとに作成

4 族議員政治

自民党政権が長期化するにつれて、自民党では族議員が政策決定に大きな影響力をもつようになりました。族議員とは、農林族や道路族のように、特定の政策分野に精通し、関係省庁や業界団体と深いつながりをもつ政治家です。族議員の権力の源泉となったのが事前審査制です。事前審査制とは、内閣が法案や予算案を国会に提出する際、閣議決定前に自民党による事前審査を受ける慣行です。言い換えれば、自民党の了承がない限り、内閣は法案や予算案を国会に提出できないということです。

自民党による事前審査は、政務調査会の部会、政務調査会審議会（政調審議会）、総務会の順に、ボトムアップ型の三審制で行われます。このうち法案や予算案を最終的に了承するのは、自民党の日常的な最高議決機関である総務会ですが、実質的な審

議は党の政策機関である政務調査会で行われます。政務調査会には全体会合である政調審議会のほかに、政府の各省庁および国会の常任委員会に対応する形で部会が置かれており、また、特定の問題を扱うために調査会や特別委員会が設置されています。

各省庁の官僚は法案を国会に提出する前には、政務調査会の部会に出席して説明・答弁を行います。また、有力な族議員には議員会館などで個別に接触し、賛成してくれるよう根回しをします。族議員は部会での事前審査を通じて法案に影響力を行使し、友好関係にある業界団体の意向を政府の政策に反映させようと努めます。このように、政務調査会の部会は族議員の活躍の足場となってきたのです。

↓内閣提出法案の与党事前審査（自公連立政権の場合）

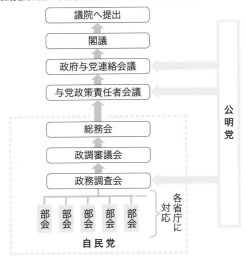

斎藤一久＝堀口悟郎編『図録 日本国憲法（第2版）』（弘文堂・2021年）85頁より転載

↓部会・省庁・常任委員会の関係

自民党政調会部会	中央省庁	衆議院常任委員会	参議院常任委員会
内閣第一部会	内閣府	内閣委員会	内閣委員会
内閣第二部会			
総務部会	総務省	総務委員会	総務委員会
法務部会	法務省	法務委員会	法務委員会
外交部会	外務省	外務委員会	外交防衛委員会
国防部会	防衛省	安全保障委員会	
財務金融部会	財務省	財務金融委員会	財政金融委員会
文部科学部会	文部科学省	文部科学委員会	文部科学委員会
厚生労働部会	厚生労働省	厚生労働委員会	厚生労働委員会
農林部会	農林水産省	農林水産委員会	農林水産委員会
水産部会			
経済産業部会	経済産業省	経済産業委員会	経済産業委員会
国土交通部会	国土交通省	国土交通委員会	国土交通委員会
環境部会	環境省	環境委員会	環境委員会

中北浩爾『自民党』（中央公論新社・2017年）94頁の図をもとに作成

★○×問題でチェック★
問11 日本の国会では、会期中に議決できなかった案件はすべて次の国会での継続審議となる。
問12 自民党の事前審査では、法案の実質的な審議を行うのは政務調査会である。

8　55年体制崩壊とその後の展開

I　冷戦終結後の日本政治

1　冷戦の終結と湾岸戦争

　1989年12月、アメリカを中心とする資本主義陣営とソ連を中心とする社会主義陣営の対立が終結し、日本は冷戦後の新たな世界に向き合うことになります。翌年8月にイラクのサダム・フセイン大統領が隣国クウェートに軍事侵攻する事件が起こりました。これに対応するため国際連合の安全保障理事会が加盟国に軍事力の使用を許可したことを受けて、アメリカ軍を中心とする多国籍軍が組織され、1991年1月にイラクへの攻撃が開始されました（湾岸戦争）。

　日本はアメリカから自衛隊の派遣を要請されましたが、政府はこれを見合わせ、代わりに130億ドルの資金援助を行いました。加えて停戦後には自衛隊法に基づき、機雷除去のため海上自衛隊の掃海艇（そうかいてい）を派遣しました。これ以後、日本は自衛隊の海外派遣という問題を抱えることになります。

↓イラクによるクウェートへの軍事侵攻

朝日新聞1990年8月3日

2　国際平和協力法

　湾岸戦争で自衛隊の海外派遣が求められたことを踏まえ、1992年6月には「国際連合平和維持活動等に対する協力に関する法律」（国際平和協力法／PKO協力法）が制定されました。これにより平和維持活動（PKO）への自衛隊の参加が認められることになり、翌年には内戦が終結したカンボジアに、陸上自衛隊を中心に構成された600人の部隊が派遣されました。

　自衛隊の海外派遣はいわゆるPKO参加5原則を満たすことが求められます。このうち武器使用が認められる条件は当初自衛の場合のみに限定されていましたが、徐々に条件が緩和されて現在は右のような基準になっています。

↓PKO参加5原則

1. 紛争当事者の間で停戦合意が成立していること
2. 紛争当事者が国連平和維持隊の活動、自衛隊の参加に同意していること
3. 中立的立場を厳守すること
4. 上記の原則のいずれかが満たされない状況が生じた場合には、撤収することができる
5. 要員の生命等の防護のため、ならびに（危険に晒されている国連や、NGOの職員のもとに向かい保護する）「駆け付け警護」の実施、宿営地防衛のために武器を使用することができる

外務省HP〈https://www.mofa.go.jp/mofaj/gaiko/pko/q_a.html#05〉を参照し、簡略化して表記

3　ポスト冷戦期における日本外交

　冷戦終結後、政党の見解にも大きな変化がみられました。1995年、当時政権を担っていた社会党の村山富市首相は党の立場を変更し、自衛隊合憲、および日米安全保障条約容認を表明しました。この2つのテーマは長年与党と野党を分断してきたものでしたが、その問題がここで終了することになります。

　1996年には日米両政府によって日米安全保障共同宣言が発表されました。これは冷戦後の新たな国際環境における日米協力のあり方を示したもので、日本の本土防衛が中心であったアメリカとの協力関係は、日本の周辺地域における事態への対応にシフトしていきます。具体的な中身は翌年に発表された新ガイドラインにまとめられ、1999年にはそのための法整備となる周辺事態法が成立しました。

↓村山首相、自衛隊を合憲と表明

読売新聞1994年7月21日

問1　湾岸戦争の際、日本政府はPKO協力法に基づき陸上自衛隊を派遣した。
問2　1995年、社会党は自衛隊を合憲と認めたが、日米安全保障条約は容認しなかった。

Ⅱ　55年体制の崩壊

1　「政治とカネ」をめぐる問題

　国内政治においても日本は大きな変化に直面します。1988年には上場前の未公開株式を多くの国会議員に配布したリクルート事件が発覚し、竹下登首相は辞任に追い込まれました。

　その後、宮沢喜一政権下で東京佐川急便事件（1992年）が起きます。これは自民党副総裁の金丸信にヤミ献金が渡っていたことが発覚した事件で、これにより自民党長期政権下における「政治とカネ」の問題に対する批判が再び高まります。自民党内部でも政治改革をめぐる議論はリクルート事件後からすでに行われていたものの、結局、宮沢政権ではまとまりませんでした。

　1993年、野党が宮沢内閣不信任案を提出した際、自民党の小沢一郎、羽田孜らはこれに賛同しました。その結果、内閣不信任案は可決され、総選挙が行われました。自民党からは武村正義を中心とするグループと、小沢、羽田を中心とするグループが離党し、それぞれ新党さきがけと新生党を結成しました。また1992年5月には前熊本県知事の細川護煕が日本新党を立ち上げていました。

　総選挙ではこれら新党が躍進し、自民党は過半数を確保でき

↓退陣を表明する竹下首相。「リ事件」とはリクルート事件のこと

朝日新聞1989年4月25日

ませんでした。最終的に自民党、共産党を除く7党1会派が結集し、日本新党の細川を首相とする連立政権が誕生しました。自民党は結党以降はじめて野党に転落し、38年間続いた55年体制は終焉を迎えました。

2　選挙制度改革

　1で述べた汚職問題を受け、政治改革をめぐる議論が開始されました。その内容の中心は衆議院の選挙制度に関するものになりました。それは中選挙区制という選挙制度に「政治とカネ」の問題の原因があると考えられたからです。

　中選挙区制では1つの選挙区から3名から5名の候補者が当選するため、自民党は国会で過半数の議席を獲得すべく複数の公認候補を擁立し、その結果同じ自民党の候補者が選挙区で争う「同士討ち」が起きていました。そこで各候補者は個人後援会を組織し、自らの支持基盤を作って選挙に臨んでいましたが、これが自分への票と引き換えに地元への見返りを約束する利益誘導政治をもたらしていると批判されていました。

　また自民党内の派閥は政治献金を集めてそれを選挙資金として分配していたことから、候補者はそれぞれ派閥に所属して選挙に臨むしくみができあがっていました。政治献金を多く集める派閥ほど選挙で優位に立てるため、それが金銭をめぐる汚職を引き起こす原因になっていると考えられていました（☞7-Ⅲ2）。

　そこで検討されたのが小選挙区制の導入です。この制度では当

↓細川政権の誕生

wikimedia commons（内閣官房内閣広報室、1993）

選枠が1つしかないため、各党は候補者を1名に絞ることになります。それにより個人の支持基盤や派閥に依存せずに、政党同士が競い合う選挙が展開されることが期待されました（☞24-Ⅳ1）。

　このような選挙制度改革に関する議論は自民党内部からも発せられていました。そのひとりが自民党で幹事長を務めていた小沢一郎です。小沢は著書『日本改造計画』の中で、中選挙区制では強固な支持

↓小選挙区制導入を主張した小沢一郎の著書『日本改造計画』

編集部撮影

基盤を確立した候補者は毎回当選することができ、野党も候補者を1人に限定すれば全国で一定の議席数を確保できるため、緊張感のない選挙になっていると指摘しました。これに対し、小選挙区制が導入されれば各党が政策をめぐって議論を戦わせるだけではなく、少数政党が乱立していては勝てないため、自民党に対抗する野党は結集し、その結果二大政党が争う選挙になると小沢は述べます。政権選択をめぐる選挙を経て信任を得た政権が指導力を発揮して政策を実行すべきである、というのが小沢の主張でした。

　しかし、自民党内では選挙制度改革をめぐる議論はまとまらず、細川政権に引き継がれることになりました。穏健な多党制の実現をめざす政党の意向も踏まえて、連立与党内の協議では比例代表を含めた選挙制度が検討されました。最終的に1994年、公職選挙法が改正され、衆議院の選挙制度は小選挙区比例代表並立制に変更されました。

★〇×問題でチェック★

問3　東京佐川急便事件とは上場前の未公開株式を国会議員に配布した事件である。
問4　1994年、細川政権で小選挙区比例代表並立制の導入が決まった。

　1996年に小選挙区比例代表並立制のもとではじめて衆議院議員選挙が実施されました。その後2021年10月までに9回の選挙が行われましたが、この間にどのような変化がみられたのでしょうか。

　1つ目は政治資金を政党が管理するようになったことで、党幹部の影響力が増した点です。中選挙区制において批判を集めたのは「政治とカネ」の問題でした。そのため選挙制度改革と同時に政治資金規正法が改正され、政治資金の取り締まりが強化されました。この結果、企業や団体からの献金は減少しました。

　その代わりに導入されたのが政党交付金です。これは政党助成法に基づき、国民1人当たり年間250円の計算で合計約320億円を各政党の議席数と得票率に応じて分配するものです。この政党交付金は党幹部が管理するため、その影響力は非常に大きなものになっています。各候補者は選挙の際に公認をもらえなければ資金源を断たれることになるためです（なお日本共産党は、個人が納めた税金が支持していない政党にも分配されるのは思想の自由に反すること、また政党は国民と結び付いて自主的に形成されるべきといった理由から政党交付金を受け取っていません）。加えて1999年にはそれまで1つの団体から年間50万円まで認められていた個人献金が禁止され、政党が窓口となって政治献金を管理するようになりました。この点においても党幹部の力が強化されています。

　2つ目は後援会の数が減少し、派閥の影響力も衰退した点です。中選挙区制では「同士討ち」の問題がみられましたが（☞Ⅱ **2**）、小選挙区ではこれが起きないため候補者が強固な後援会を組織して選挙を戦う理由が薄れていきます。事実、**7-Ⅲ1**の図に示されるように、後援会の加入率は減少しています。

　また中選挙区制では派閥から支給される資金をもとにして戦う選挙が繰り広げられていましたが、小選挙区制ではこうした現象がみられなくなります。候補者にとって重要なのは政党から公認をもらい、政治資金を確保できるかどうかであるため、派閥がもつ資金供給の機能は衰退し、その役割は総裁選における協力、ポスト配分などに限定されていきました（☞**7-Ⅲ2**）。

　3つ目はいわゆる「選挙の風」の重要性が増したことです。中選挙区制では同じ自民党の候補者が並んでいたため、人柄などの個人の属性で選ばれることがありました。これに対し、1名しか当選しない小選挙区制では各政党がそれぞれの候補者を擁立するため、どの政党の候補者かということが大きな判断材料となります。比例代表選挙でも政党名が重要なのは同様です。その結果、政党が与えるイメージ、特に党首の人気・不人気に選挙結果が左右されやすくなるため、これが追い風、逆風という「風」を起こすことになります。右の

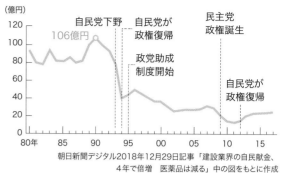
↓自民党の政治資金団体・国民政治協会（国政協）への企業・団体献金

（億円）

自民党下野　　自民党が政権復帰　　民主党政権誕生

106億円

政党助成制度開始

自民党が政権復帰

朝日新聞デジタル2018年12月29日記事「建設業界の自民献金、4年で倍増　医薬品は減る」中の図をもとに作成

↓2022年分の政党交付金

自民党	160億3617万9000円
立憲民主党	67億8680万7000円
公明党	30億928万1000円
日本維新の会	30億2728万円
国民民主党	17億7364万1000円
れいわ新選組	4億1301万7000円
社民党	2億7904万3000円
NHK受信料を支払わない国民を守る党	2億1127万3000円

（注）所属国会議員数の順

総務省HPをもとに作成

新聞記事に「後援会いらない」、「風頼み」という見出しがありますが、後援会を作っても作らなくても、結局は風次第で当落が決まる話が引用されています。

　小選挙区制では最多得票者だけが当選します。中選挙区制のように特定の支持基盤をもっていれば当選できるわけではなく、より広い層から票を集めなければなりません。とりわけ無党派層の票を獲得するには政党のイメージ、党首の人気・不人気が重要になります。これは比例代表選挙を勝ち抜くうえでも重要です。それゆえ、政党も選挙コンサルティング会社と契約するなどしてメディアを通じたイメージ戦略に力を入れています。その結果、選挙区での地道な活動には重きが置かれなくなり、候補者と有権者とのつながりは希薄になっていきました。

↓「選挙の風」について論じる新聞記事

いまどき自民議員「後援会いらない」

「チルドレン」世代6割 多くは風頼み

朝日新聞2015年11月29日

問5　政党助成法により、政党は議席数と得票率に応じて政党交付金を受け取ることができる。
問6　今日でも政治家が組織する後援会に加入する人は増えている。

Ⅳ　改革の時代

1　橋本行政改革

1990年代後半から2000年代にかけて大きな改革が行われました。1つ目は橋本龍太郎政権による行政改革（橋本行革）です。当時、選挙制度改革を通じて政治の指導力を確立することがめざされたのに加え、官僚主導から政治主導による政策立案への転換を実現するための行政改革が必要であると広く議論されていました（☞Ⅱ2）。また橋本首相も行政改革のプロを自認し積極的な姿勢をみせていました。

しかし自民党から行政改革が唱えられたのには、選挙対策上の理由も影響していたようです。1996年当時、小沢一郎（☞Ⅱ1・2）が党首を務める新進党が看板政策として行政改革を掲げていました。小選挙区制での最初の選挙を前にして、新

↓橋本龍太郎

wikimedia commons
（内閣官房内閣広報室、撮影日不明）

↓橋本行革の主な内容

- ☑ 中央省庁の再編：1府22省庁から1府12省庁へと整理・統合
- ☑ 閣議における首相の発議権を明記
- ☑ 内閣府の設置：各省庁よりも一段上に位置し、首相が立案する政策が実現するよう、省庁横断的に調整する。またその内部に特命担当大臣、「経済財政諮問会議」などの重要政策会議が置かれる
- ☑ 内閣官房の機能強化：首相が行う基本政策の立案を補助、支援する。内外から首相により選ばれた人材を起用できる

筆者作成

進党の政策よりも目立つ印象を残さない限り、票は自民党から新進党に流れることが予想されました。そこで自民党も行政改革を打ち出し、新進党以上に改革に熱心であるというイメージを有権者に与えることが必要だと考えたわけです。

橋本行革の主な内容は上表に示されています。特に内閣府の設置、および内閣官房の機能の強化にみられるように、首相の権限が強化されています。また内閣府に設置される経済財政諮問会議は首相を議長に据え、経済閣僚のほか、財界人、日本銀行総裁を委員にして政策を形成する機能が与えられています。

2　小泉内閣の「聖域なき構造改革」

もう1つの大きな改革は小泉純一郎政権が掲げた聖域なき構造改革です（右表参照）。この改革には、市場における規制を緩和し、企業の活動を円滑にする新自由主義の考え方に基づく特徴が見受けられます。小泉首相はトップダウン型で政策を提示して族議員（☞7-Ⅲ4）の抵抗を抑え込むことに成功しており、特にそれは郵政民営化法案にみることができます。

↓小泉純一郎

wikimedia commons
（内閣官房内閣広報室、2003）

小泉首相がこのように強い指導力を発揮できたのは、過去の2つの改革の効果によるものと考えられています。1つ目は1でみた橋本行革の成果です。小泉首相は経済財政諮問会議を活用し、官邸主導で郵政民営化法案をまとめました。しかし自民党総務会はこの中身を了承せず、国会提出だけを2005年4月に認めました。その後、6月の総務会で法案の修正案が審議されましたが、最終的には異例の多数決で了承されました。

2つ目は選挙制度改革です。郵政民営化法案は自民党から「造反議員」が出たものの2005年7月に衆議院を通過しましたが、翌月、参議院では否決されました。これを受けて小泉首相は衆議院を解散し、造反議員には公認を与えず、別の候補を「刺客」として同じ選挙区に立てました。党の公認を得られない候補者は極めて不利な状況に置かれるという小選挙区制の特徴を大い

↓小泉改革の主な内容：「聖域なき構造改革」

- ☑ 道路公団の民営化：道路関係4公団の民営化
- ☑ 郵政事業の民営化：郵便、貯金、保険の3業務を4社に分割
- ☑ （地方交付税の見直しなど）三位一体の改革（☞14-Ⅱ3）
- ☑ 労働者派遣法の緩和：派遣労働者の採用枠、期間を拡大
- ☑ 公共事業費の削減：10.7%削減（2002年度）、その後も3〜4%削減
- ☑ 不良債権処理：破綻金融機関の処理、大手金融機関への資本注入
- ☑ 社会保障制度改革：医療費における自己負担分の引き上げ

筆者作成

↓2005年の郵政選挙

読売新聞2005年9月12日

に利用した対抗措置がとられたのです。9月11日に実施された選挙の結果、自民党は296議席（公明党と合わせて327議席）を獲得して大勝し、その後、郵政民営化法は国会を通過しました。

★〇✕問題でチェック★

問7　橋本行革により、経済財政諮問会議が設置された。
問8　小泉首相は郵政民営化法案を作成する際、経済財政諮問会議を活用しなかった。

1　民主党政権の誕生

　2009年8月の衆議院議員選挙で民主党が第一党になり政権交代が起きました。しかしその政権運営は混乱します。原因の1つは民主党内部の結束の弱さでした。小選挙区制では少数政党が乱立していては自民党候補に勝てないため、異なる主張を掲げる政治家が「反自民」という名のもと民主党に集まりました。政権交代という目的が達成され

↓2009年に起きた政権交代

読売新聞2009年8月31日

↓マニフェストの例

毎日新聞社／アフロ

たのち、議員間の意見のばらつきが表面化することになったのです。

　またマニフェストで掲げた政策を実現できなかったことも、政権運営の混乱を招いた要因でした。マニフェストとは、国政に関する重要政策を記載したパンフレットのことです。2003年、公職選挙法が改正され、選挙期間中のマニフェスト配布が可能になりました。

　民主党がマニフェストに基づく政策転換を実現できなかった理由は選挙前にさかのぼって考えてみる必要があります。選挙において「政党のイメージ」を明確にすることが有権者の関心を引くことになるため、民主党は「自民党ではできないこと」をアピールしていました。確かにこの戦術には効果があり、たとえば2007年の参院選の際、（当時、民主党に籍を移していた）小沢一郎代表は「国民の生活が第一」とい

うフレーズを掲げ、小泉政権の新自由主義に基づく改革が格差社会を生んだと批判して、無党派層の支持を集めることに成功しました。

　しかし、自民党との違いを意識するあまり、2009年の民主党のマニフェストには大きな政策が並ぶことになりました。民主党は選挙で子ども手当の給付、高校無償化、八ッ場ダム（群馬県）の建設中止、在日米軍基地のあり方の見直しといった政策を掲げましたが、政権獲得後、その実現困難、財源不足という問題に直面しました。とりわけ在日米軍基地のあり方に関しては、鳩山由紀夫首相が選挙中に沖縄の普天間飛行場を「最低でも県外」に移設すると述べたにもかかわらず最終的に断念しています。このことは鳩山本人の辞任や連立政権を組んでいた社民党の離脱の原因になりました。

2　ねじれ国会

　参議院は衆議院とは異なる選挙制度を採用しているため、必ずしも衆議院と類似した議席配分になるわけではありません（☞24-Ⅳ）。また、衆議院とは異なるタイミングで選挙が行われ、3年ごとに参議院議員の半数が改選されます。これが衆議院と参議院で異なる政党が多数を占めるねじれ国会を生む原因になっています。

　ねじれ国会になると政権運営は困難になります。首相の指名、予算の承認、条約の承認については、衆議院の議決が参議院の議決に優越します。しかし、法案については、衆議院が可決した法案を参議院が否決した場合、衆議院において3分の2以上の多数で再可決しないとその法案は成立しません。加えて参議院は法案を最大60日間据え置くことできるため、法案審議を大幅に遅らせることで政権運営に影響を及ぼすことができます。

　ねじれ国会は過去にも問題になっています。1998年の参議院選挙で自民党は過半数を確保できませんでした。この選挙後に誕生した小渕恵三政権は自由党、翌年には公明党と連立を組むことで「ねじれ」を解消しています。これが今日の自公連立の起源となっています。

　2007年の参議院選挙でも自民党は過半数を確保できなかったため、再びねじれ国会が福田康夫政権、麻生太郎政権に降りかかりました。しかし当時はまだ小泉政権期の「郵政選挙」の結果により、自民党、公明党の衆議院での議席数は3分の2を超えていたため、内閣提出法案は参議院で否決されても衆議院で再可決することができました。

　民主党政権の誕生により衆参両院での多数派は同一政党になりまし

たが、2010年の参院選で民主党が多くの議席を失ったため、再び「ねじれ」が生じました。この時、民主党の衆議院での議席は3分の2には達していなかったため、衆議院での再可決は困難な状況にありました。こうしたねじれ国会による政治の停滞は「決められない政治」とよばれました。

↓「ねじれ国会」について論じる新聞記事

朝日新聞2010年9月15日

問9　日本の民主党には、小選挙区制での勝利をめざして意見の異なる政治家が集っていた。
問10　参議院議員選挙の結果次第で、ねじれ国会になる可能性がある。

VI　第2次安倍政権

1　集団的自衛権の容認

　2012年12月の衆議院議員総選挙で民主党が下野し、第2次安倍晋三政権が発足しました。野党が分裂して弱体化し、かつ官邸の影響力が強化されたことを背景に、第2次安倍政権は7年8か月の長期政権となりました。2006年の第1次政権と同様、安倍政権は戦後レジームからの脱却というスローガンを掲げ、日本の文化、伝統に価値を置くとともに、憲法改正、安全保障政策の強化といった保守色の強い主張を前面に打ち出しました。

　こうした政策は安倍首相個人の思想に帰する部分もありますが、幅広い支持層を引き付ける理念として採用された側面もありました。2000年代前半に民主党が台頭してくると、自民党も「他党との違い」を鮮明にして選挙を戦うようになりました。

↓安全保障関連法案に反対して起きたデモ

アフロ

また小泉政権の構造改革により全国特定郵便局長会をはじめとする団体の支持を失い、公共事業の削減により地方の支持基盤が弱体化しました。このような事情から自民党らしさを前面に出すことで旧来の支持者をつなぎ止め、無党派の中でも保守的な思想に共鳴する層に支持を広げていく必要がありました。それが戦後レジームからの脱却に集約される政策でした。

　第2次安倍政権は民主党時代の外交を弱腰とよび、「強い外交」を唱えていました。その一例が集団的自衛権の容認でした。集団的自衛権とは自国は直接攻撃されていないものの、密接な関係にある外国が攻撃された際、武力をもってそれを阻止する権利のことです。日本政府はそれまで、集団的自衛権は自国の防衛（個別的自衛権）のみを認めた憲法9条の範囲を超えるため、行使できないという解釈をとってきました。しかし、安倍政権は2014年7月の閣議で従来の憲法解釈を変更し、集団的自衛権の行使は憲法上容認されるとしたのです。

　翌年9月にはその法整備のために安全保障関連法（平和安全法制）が成立しました。この時、国会周辺では集団的自衛権の容認は憲法違反であるとして、日本の平和主義の危機を唱える大規模なデモが起こりました。

2　アベノミクス

　経済面においてはアベノミクス（2013年）とよばれる政策が掲げられました。右の図のように、その内容は3本の矢という表現で説明されました。第1の矢の大胆な金融政策とは、日本銀行が市場に流れる資金の量を大幅に増やすことで、企業や家計に対する銀行の貸し出しを促し、景気を良くしようとするものです。また物価の番人である日本銀行が2%のインフレ目標の達成を宣言することで、物価が上がる可能性を示しました。もし物価が上がるのであればその前にモノを購入したり事業に投資したりした方が得だという期待を人々にもたせ（デフレマインドの払拭）、現在の消費活動を促進することが狙いでした。

　第2の矢は約10兆円規模の経済対策予算を盛り込み、政府が公共投資を増やすことで景気を上向かせようとするものです。東日本大震災の経験を踏まえ、2013年に政府は大規模災害への対策として公共事業を行う国土強靱化基本法を成立させました。

↓「アベノミクス」3本の矢

市場のお金を増やしてデフレ脱却！

政府支出でスタートダッシュ‼

規制緩和でビジネスを自由に‼️

持続的な経済成長（富の拡大）
国内総生産※1
成長率3％※2

第1の矢	第2の矢	第3の矢
大胆な金融政策	機動的な財政政策	民間投資を喚起する成長戦略
金融緩和で流通するお金の量を増やし、デフレマインドを払拭	約10兆円規模の経済対策予算によって、政府が自ら率先して需要を創出	規制緩和等によって、民間企業や個人が真の実力を発揮できる社会へ

※1 国内で生み出された付加価値の総額
※2 物価変動の影響を含めた値の今後10年間の平均

首相官邸HPより転載

　第3の矢は生産面での長期的な経済成長を実現しようとするものです。具体的には①法人税を下げることで企業の負担を減らし経済活動への投資を促す、②女性の活躍による人材の活躍強化、③農業、医療などの分野での新たな市場創出、④環太平洋経済連携協定（TPP）への参加を通じた成長戦略を掲げました。

★○✕問題でチェック★

問11　集団的自衛権とは自国への攻撃があった際、実力をもってこれを阻止する権利である。
問12　アベノミクスの内容は「3本の矢」という表現で説明される。

↓戦後内閣の一覧

内閣発足	首相	衆院選	与党議席【衆議院定数】	国際関係、国内情勢
1945.8	東久邇宮稔彦			
1945.10	幣原喜重郎			46.1 第1次公職追放
1946.5	吉田茂①	1946.4	自由140・進歩94【466】	46.3「鉄のカーテン」冷戦開始 46.11 新憲法公布
1947.5	片山哲	1947.4	社会143・民主124・国民協同31【466】	47.3「トルーマン・ドクトリン」共産主義封じ込め
1948.3	芦田均			
1948.10 1949.2	吉田茂② 吉田茂③	1949.1	民自264・民主犬養派33【466】	50.6 朝鮮戦争 51.9 サンフランシスコ平和条約
1952.10 1953.5	吉田茂④ 吉田茂⑤	1952.10 1953.4	自由240【466】 自由199【466】	53.7 朝鮮戦争休戦協定
1954.12 1955.3 1955.11	鳩山一郎① 鳩山一郎② 鳩山一郎③	1955.2	民主185【467】	55.10 社会党統一 55.11 保守合同 56.10 日ソ共同宣言
1956.12	石橋湛山			
1957.2 1958.6	岸信介① 岸信介②	1958.5	自民287【467】	60.6 日米安保改定
1960.7 1960.12	池田勇人① 池田勇人②	1960.11	自民296【467】	62.10 キューバ危機 60.12 所得倍増計画発表
1963.12	池田勇人③	1963.11	自民283【467】	62.10 全国総合開発計画発表 64.8 北ベトナムへの米軍事行動 64.10 東京オリンピック
1964.11	佐藤栄作①			65.6 日韓基本条約
1967.2	佐藤栄作②	1967.1	自民277【486】	67.4 美濃部亮吉東京都知事就任
1970.1	佐藤栄作③	1969.12	自民288【486】	71.7-8 ニクソンショック 72.5 沖縄返還
1972.7 1972.12	田中角栄① 田中角栄②	1972.12	自民271【491】	72.9 日中共同声明 73.2 変動相場制 73.10 第1次石油危機
1974.12	三木武夫			76.2 ロッキード事件
1976.12	福田赳夫	1976.12	自民249【511】	78.8 日中平和友好条約
1978.12	大平正芳①			78.12 第2次石油危機
1979.11	大平正芳②	1979.10	自民248【511】	79.11 自民党40日抗争
1980.7	鈴木善幸	1980.6	自民284【511】	81.3 第二臨調設置
1982.11 1983.12	中曽根康弘① 中曽根康弘②	1983.12	自民250・新自8【511】	85.4 電電公社民営化
1986.7	中曽根康弘③	1986.7	自民300・新自6【511】	85.9 プラザ合意 87.4 国鉄民営化
1987.11	竹下登			88.12 消費税法成立
1989.6	宇野宗佑			
1989.8 1990.2	海部俊樹① 海部俊樹②	1990.2	自民275【511】	89.12 マルタ会談、米ソ冷戦終結 90.10 東西ドイツ統一 91.1 湾岸戦争 91.3 バブル崩壊
1991.11	宮沢喜一			91.12 ソ連崩壊 92.6 PKO協力法成立 92.9 東京都佐川急便事件で金丸信略式起訴
1993.8	細川護熙	1993.7	社会70・新生55・公明51・日本新党35・民社15・さきがけ13・社民連4【511】	94.1 政治改革法成立
1994.4	羽田孜			
1994.6	村山富市			95.1 阪神淡路大震災
1996.1	橋本龍太郎①			
1996.11	橋本龍太郎②	1996.10	自民239【500】	97.7 アジア通貨危機 97-98 金融機関破綻
1998.7	小渕恵三			99.12 政治資金規正法改正
2000.4 2000.7	森喜朗① 森喜朗②	2000.6	自民233・公明31・自由7【480】	01.1 中央省庁再編
2001.4	小泉純一郎①			01.9 米同時多発テロ 01.10 テロ特措法成立 03.3 イラク戦争 03.7 イラク特措法成立
2003.11	小泉純一郎②	2003.11	自民237・公明34・保守4【480】	05.9 郵政民営化法成立
2005.9	小泉純一郎③	2005.9	自民296・公明31【480】	
2006.9	安倍晋三①			
2007.9	福田康夫			
2008.9	麻生太郎			08.9 世界金融危機
2009.9	鳩山由紀夫	2009.8	民主308・社民7・国民3【480】	
2010.6	菅直人			11.3 東日本大震災
2011.9	野田佳彦			12.8 社会保障と税の一体改革成立
2012.12	安倍晋三②	2012.12	自民294・公明31【480】	13.4 日銀異次元緩和 13.12 国土強靭化基本法制定
2014.12	安倍晋三③	2014.12	自民281・公明29【475】	14.5 内閣人事局設置 15.9 安全保障関連法成立
2017.11	安倍晋三④	2017.10	自民291・公明35【465】	19.12 新型コロナウイルス中国で報告
2020.9	菅義偉			
2021.10	岸田文雄	2021.10	自民261・公明32【465】	

木寺元編『政治学入門〔第2版〕』(弘文堂・2020年)
16-18頁の表を参考に情報を追加して編者作成

↓戦後の主な政党の変遷図（2022年12月現在）

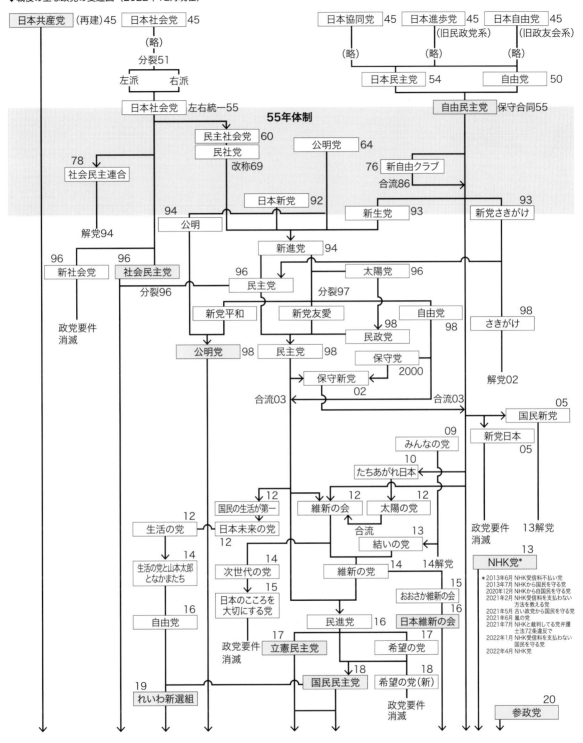

『2021　新政治・経済資料〔三訂版〕』（実教出版・2021年）
113頁の図をもとに情報を追加して編者作成

9 民主主義の歴史

Ⅰ 民主主義と議会制

1 民主主義の起源

民主主義の起源をどこに求めるかについては様々な考え方がありますが、古代ギリシアのアテネ民主政が有力な候補であることは間違いありません。紀元前6世紀末に開始されたクレイステネスの改革からエフィアルテスの改革を経て、紀元前5世紀中頃のアテネでは民主政が理念的にも制度的にも確固たるものとして構築されました。民主政はギリシア語でデモクラティアといいます。それは、民衆を意味するデモスと支配を意味するクラトスの合成語、すなわち民衆の支配を意味する言葉でした。

アテネ民主政には、民衆の支配の理念を徹底的に実現するための様々な制度が整備されていました。具体的には成人男性からなる市民が、立法・行政・司法のすべての部門に直接参加するしくみが整備されていたのです。まず、アテネ民主政の立法機

関に相当するのが民会です。それはプニュクスの丘で、月（当時は35日ほど）に4回ほど開催されていたと考えられています。民会では主に外交軍事問題が審議され、市民は誰でも平等に参加し、発言し、投票することができました。次に、常設の行政機関が評議会です。評議会は主に国家の財政業務全般や公共建築物の管理を担ったほか、民会で審議される議案をあらかじめ作成して提案するという重要な役割も果たしました。これを「先議の原則」といいます。評議員は市民の中から抽選で選出されました。そして司法機関として、ほとんどの訴訟の最終審を担当したのが民衆裁判所です。ここで判決を下す裁判官の役割を果たしたのも、やはり市民の中から抽選で選出された陪審員でした。ちなみにソクラテスに死刑判決を下したのも民衆裁判所です。アテネの民主化に献身した将軍ペリクレスは、アテネ民主政をギリシアの都市国家の理想として誇る演説を行っています。ただし、女性や奴隷、在留外国人などは市民の範疇から除外され、政治参加の道を閉ざされていたことには留意が必要です。

↓ペリクレス

Bridgeman Images／アフロ

↓古代アテネ民主政のしくみ

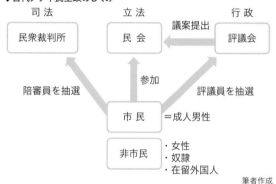

筆者作成

2 直接民主主義に対する批判

アテネ民主政は、直接民主主義をめぐる理念と制度の確固たるモデルを確立した一方で、同時代から多くの批判を受けました。その代表的な批判者が、ソクラテスの弟子であったプラトンです。プラトンは『国家』において、政体の堕落過程を次のように描写しました。政体は、理性的な哲人王の支配する王政や貴族政を頂点として、統治の主体と支配的な魂の変遷に伴い、名誉政、寡頭政、民主政、僭主政へと転落していくとされます。民主政は、多数の無制制な貧者にも政治参加と公職就任の道を開く、下から2番目のほとんど最悪の政体として位置づけられました。そこでは多数の貧者の欲望が無制限に追求されますが、無制限であるがゆえに人々は常に不満な状態に置かれているとされます。そこで、富者の財を貧者に再分配することを約束した扇動者が人々の支持を獲得し、僭主政を確立するというわけです。僭主政は人々を恐怖によって支配する最悪の

政体です。民主政における過度な自由は、容易に過度な隷属に転化すると考えられたのです。プラトン以降、民主主義という言葉は一般的に、長らく否定的な意味で用いられることになりました（☞3-1 2）。

↓プラトン『国家』の国制分類論

	統治形態	統治の主体	支配的な魂
優劣↑↓	王政	哲人王（単独）	理性
	貴族政	哲人王（複数）	理性
	名誉政	戦士	気概
	寡頭政	生産者（富者）	欲望（節制）
	民主政	生産者（貧者）	欲望（無節制）
	僭主政	僭主	恐怖

筆者作成

★○×問題でチェック★

問1　古代アテネのデモクラティアとは、民衆の支配を意味する。
問2　プラトンは民主政を最悪の統治形態として批判した。

3 議会制の起源

議会制の起源は、13世紀から14世紀の中世ヨーロッパで成立した身分制議会に求めることができます。イギリスの模範議会やフランスの全国三部会などが、その代表的な事例です。身分制議会に出席したのは、主に聖職者、貴族、および都市の市民といった特権的身分層の代表でした。したがって、近代的な国民議会とは異なって、身分制議会は少なくともその発足当初は民主的組織であったとはいえません。身分制議会の役割は、国王が自身の提案した課税案件などについて、各身分の代表者から同意を取りつけることにありました。しかし、各身分の代表者も一方的に同意させられていたわけでは必ずしもなく、各々の苦情案件を国王に対して訴えるようになり、次第に立法機能を有する議会も登場してきます。フランスでは国王の権力が強大で、全国三部会は1614年に招集が停止されて以降、1789年まで開催されることはありませんでした。全国三部会が開催されるや蓄積された不満が爆発し、フランス革命が勃発したのです。対照的にイギリスでは、国王は戦争遂行の財源を確保するために頻繁に議会を開催しました。その過程で議会は、身分

↓1789年に開催されたフランスの全国三部会

GRANGER.COM／アフロ

的特権の確認を国王に迫り、王権に対する統制を強化していきます。そして名誉革命を経て、イギリスでは議会主権の原則が確立されるに至りました。

4 議会制民主主義の展開

イギリスでは名誉革命を経て議会主権の原則が確立されましたが、議会は依然として民主的組織とはいえませんでした。議会は庶民院と貴族院からなる二院制で、庶民院の選挙制度はこれまでと同様に財産資格を必要とする制限選挙であったからです。ルソーはイギリスの議会政治を全面的に否定して、直接民主主義の復活を提唱するに至りました（☞3-V 3）。

とはいえ、18世紀のイギリスでは、議会政治の民主的基盤を強化しようとする試みも登場してきます。その代表的な人物のひとりがペインでした。ペインは『コモン・センス』において、民主主義という言葉こそ用いませんでしたが、アメリカ独立革命を積極的に擁護しました。ペインによれば、イギリスの庶民院は唯一の共和政的部門ですが、それはいまや国王や貴族院などの専制的部門によって抑圧されているとされます。アメリカはそうした専制国家イギリスから独立し、人民が自らの統治者を選出できる真の共和政国家を樹立すべきだと考えたのです。ペインはまた、頻繁な議会選挙によって人民が統治者を統制す

る必要性も訴えました。

19世紀前半に、国王や貴族院を「邪悪な利益」の追求者として批判する一方、議会制民主主義を明確に擁護したのが功利主義の哲学者ベンサムでした。ベンサムは『憲法典』において、議会が最大多数の最大幸福を追求するためには、頻繁な選挙だけでなく世論の役割が重要だと主張しました。ベンサムにおいて世論は、特定の争点をめぐる賛同者と批判者が論争を繰り広げる言論空間として捉えられています。したがって、論争が適切に行われるためには、統治者の責任としてのアカウンタビリティと情報の公開性、また情報を的確に伝え論争の場を提供するマスメディアとしての新聞が整備される必要があるとされました。こうした言説を経て、19世紀中頃からは、普通選挙権が欧米を中心に広がっていきます。

↓トマス・ペイン

public domain

↓ジェレミー・ベンサム

public domain

↓選挙権拡大の歴史

1792年	（仏）初の男子普通選挙権（実施は1回のみ）
1830年代	（米）各州で白人男子普通選挙権
1832年	（英）第1次選挙法改正
1848年	（仏）男子普通選挙権
1870年	（米）男子普通選挙権（黒人男子に投票権）
1893年	（ニュージーランド）初の男女普通選挙権*
1918年	（英）男子普通選挙権（第4次選挙法改正）
1919年	（独）男女普通選挙権
1920年	（米）男女普通選挙権**
1928年	（英）男女普通選挙権（第5次選挙法改正）
1944年	（仏）男女普通選挙権

*当時のニュージーランドはイギリスの植民地
**黒人の普通選挙権の実質的実現は1965年の投票権法

川出良枝＝谷口将紀『政治学〔第2版〕』（東京大学出版会・2022年）
20頁を参考に筆者作成

★○×問題でチェック★
問3　議会制の起源は、古代ギリシアの都市国家にさかのぼる。
問4　ベンサムは世論が適切に機能するためには、統治者のアカウンタビリティや情報の公開性が担保される必要があると論じた。

5 議員は何を代表すべきか

　議会制と民主主義の関係が強化される中で、議員は何を代表すべきかという根本問題が改めて問われることになります。その象徴的な出来事が、18世紀後半のイギリスにおいて、2人の対照的な議員を選出したブリストルの選挙戦でした。当選者のひとりは急進主義的な立場のクリューガーです。彼は当選の演説で、選挙民は自分たちの選出した議員に指令する権利をもつこと、また、議員は選挙民の主人ではなく召使であることを強調しました。こうした議員を特定選挙区の代表とみなすクリューガーの考え方は、委任代表とよばれます。もうひとりの当選者は保守主義的な立場のバーク（☞4-Ⅱ1）でした。彼は、当選の演説でクリューガーに反対して、議員は有権者の意見に耳を傾けつつも、有権者からは独立した存在だと主張します。バークによれば、議員は自らの理性と判断力に基づいて行動すべきであり、その際の指針となるのは選挙区の利益ではなく国民全体の利益でした。議員は選出されれば、「ブリストルの議員ではなくイギリス議会の議員となる」というわけです。こうした議員を国民全体の代表とみなすバークの考え方は、国民代表とよばれます。両者の代表観は、議員のあり方をめぐる異なる視点を提供しました（☞11-Ⅱ2）。

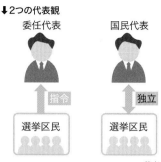

↓2つの代表観

委任代表　　　　国民代表

指令　　　　　　独立

選挙区民　　　　選挙区民

筆者作成

Ⅱ　自由主義の成立

1 基本的人権

　民主主義と重複する部分がありつつも、独自の起源と内容を有する思想として自由主義があります（☞4-Ⅰ1）。自由主義とは、国家の権力行使の範囲を個人の自由と権利の保障に限定しようとする思想です。民主主義が、権力行使の主体を重視する思想だとすれば、自由主義は、権力行使の範囲を重視する思想だといえます。自由主義の名称自体はフランス革命後に登場しますが、その基本的発想は、絶対王政や宗教戦争と対峙する中で16世紀以降に本格的に展開されました。17世紀後半のイギリスで、個人の自然権を基礎として最も自由主義的な国家論を展開したのが、ロックの『統治二論』でした（☞3-Ⅴ2）。ロックによれば、自然権の核となる生命・身体・財産は、各人に固有の権利としてプロパティともよばれています。プロパティを侵害する政府に対しては抵抗権の発動も認められました。ロックはまた、『寛容についての手紙』では、信仰が他人や国家から強制されることの無意味さを説き、寛容と自発

↓16世紀後半のフランスの宗教戦争で生じたサン・バルテルミの虐殺

public domain

的な信仰の意義を強調しました。こうしたロックの考え方は、いかなる権力も侵害しえない不可侵の権利として、基本的人権の確立に寄与することになります。

2 経済的自由

　18世紀になると、自由主義が擁護する自由と権利のリストに、経済的自由が追加されることになります。市場の発達したイギリスにおいて、経済活動の自由を最も体系的に擁護したのが、アダム・スミスの『国富論』でした。それまではホッブズに典型的にみられたように、人間の利己的活動は対立や紛争をもたらすという見解が支配的でした。しかしスミスは、人間が利己的活動に専念したとしても、「見えざる手」が働いて市場は自動的に調整されるのだと主張します。その際、「見えざる手」の秘密を解く鍵として、スミスが注目したのが分業のシステムでした。私たちが日々の食事をとることができるのは、肉屋や酒屋やパン屋から商品を購入するからですが、彼らは博愛の精神で商品を提供しているわけではありません。そうではなく、彼らは需要に合致する良い商品を供給することで、利潤が増大するからこそ仕事に励むのだ、というわけです。こうして様々な職業を通じて各々

↓アダム・スミスの国富論

商品　　　　貨幣

商品　　　　貨幣

商品

貨幣

筆者作成

が経済活動に専念することは、社会を豊かにすると考えられました。政府の仕事は国防・司法・公共事業に限られます。こうしたスミスの立場は、経済的自由主義ともよばれています。

★○✕問題でチェック★

問5　委任代表とは、議員を国民全体の代表とみなす考え方である。
問6　17世紀のイギリスで、自然権に基づいて最も自由主義的な国家論を展開したのはホッブズである。

3 権力分立

　個人の自由や権利を保障するための政治制度として、自由主義の陣営が重視したのが権力分立という立憲主義的なしくみでした（☞ **11-1**）。統治者が権力を濫用しないためには、権力を複数の個人や集団に配分して、諸権力の抑制と均衡を確立すべきだというわけです。こうした考え方を広めたのが18世紀フランスのモンテスキューでした。モンテスキューは『法の精神』において、イギリスの国制を極めて高く評価します。その秘密は、庶民院と貴族院の担う立法権と国王の担う執行権が相互に抑制し合っていること、さらには、陪審員の担う司法権が立法権や執行権から分離されていることにあるとされました。司法権の独立と自由の密接な関係を打ち出した点が、モンテスキューの重要な視点だといえます。とはいえ、モンテスキューの権力分立論は、国王や貴族などの身分制を前提とするものでした。身分制を否定し

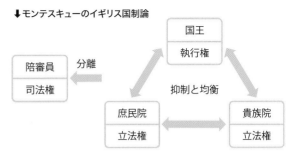

↓モンテスキューのイギリス国制論

筆者作成

たアメリカ独立革命において、フェデラリストは権力をさらに機能的に分立することで、権力分立論の近代化を推し進めていくことになります。

III　自由主義と民主主義の結合──自由民主主義

1 「多数者の専制」に対する危機感

　19世紀になると、統治者による権力の濫用を防止するという、それまでの自由主義陣営の問題関心に変化が生じてきます。すなわち、普通選挙権が拡大して民主化が進展する中で、喫緊に防止すべきは多数者の専制ではないかという問題意識が浮上しました。こうした問題意識を最も鮮やかに示したのが、トクヴィルの『アメリカのデモクラシー』です。フランス貴族の出身であるトクヴィルは、1830年代初頭のアメリカを訪問し、多数の人々が伝統的な権威を否定して世論（☞ **17**）を唯一の権威として服従する様子を観察しました。そこでは、誰もが似たような平等な存在であるため、多数者の声が唯一の指針になるのだというわけです。こうした平等な民主的社会においては、少数者や異質な人々の声は排除されがちです。とはいえ、トクヴィルはデモクラシーを否定したのではありませんでした。トクヴィルにとってデモクラシーは「摂理」であり、不可避的な動向として捉えられています。そこで、デモクラシーの病理を克服する鍵は、デモクラシーそのものに求められました。具体的にトクヴィルがアメリカ社会の中に見出したのは、活発な地方自治と自発的結社の慣行でした。こうした慣行を通じて、身近な問題をめぐって様々な背景や立場の人々が出会い、異なる利害を調整する経験を積むことが期待されたのです。

↓トクヴィル『アメリカのデモクラシー』の草稿

public domain

2 自由の擁護と市民の政治参加

　19世紀イギリスのミルは、ベンサムの功利主義とともに、トクヴィルからも大きな影響を受けました。ミルは『自由論』において、社会の専制を防止するために危害原理という考え方を提示します。それによると、社会が個人の自由に強制的に干渉できるのは、個人の行為が他者に危害を及ぼす場合のみだとされます。すなわち個人の行為は、他者に危害を及ぼさない場合には、いかに奇抜にみえようと個人の絶対的自由だというわけです。このようにしてミルは、多数者の同調圧力にさらされない自由の領域を確保することで、個人が個性を確立することを期待しました。個人の自由と多様な個性が尊重されることは、個人にとって望ましいだけでなく、社会全体の進歩にもつながると考えられたのです。ミルはさらに、『代議制統治論』では、そうした自由な社会を実現するための制度を構想しています。具体的には、市民が陪審員などの公務に携わることで、公共精神を

育成することが期待されました。ただし、ミルはトクヴィル以上に、知識人などの知的エリートの影響力を確保することにも腐心しました。それはたとえば、法案の作成を担当する専門的な立法委員会の提案や、優れた官僚制の擁護などにみられます。市民の積極的な政治参加と知的エリートの影響力というミルにみられた2つの側面は、20

↓ジョン・スチュアート・ミル

public domain

世紀以降の民主主義論においても激しくせめぎ合うことになります。

筆者作成

★○✕問題でチェック★
問7　トクヴィルは、デモクラシーの問題として「多数者の専制」を見いだした。
問8　ミルは『自由論』において、他者に危害を与えない限り、個人は自由に自らの個性を陶冶すべきだと説いた。

10 現代の民主主義

Ⅰ 議会制民主主義

1 エリートの競争と交代

　長く評価の低かった民主主義が望ましい政治体制として幅広く受け入れられたのは、20世紀半ば以降のことです。もちろん、ここでの民主主義は古代とは異なり、選挙に基づく近代の議会制民主主義、立憲主義的な制約を設けた自由民主主義をさします。ファシズムや共産主義との対決を経て、自由民主主義は安定した支持を獲得するに至りました。

↓ヨーゼフ・シュンペーター

アフロ

治は能力のあるエリート（＝政治家）が担い、市民の政治参加は、より優れた者を見定めて選抜する機会にとどめるべきだと考えられます。そして選挙は、有権者の支持を求める複数のエリートたちを競い合わせることで統治の質を向上させやすいしくみです。シュンペーターの民主主義観は市民の役割を投票に限る点でエリート主義的なものですが、選挙がエリートの統制手段となることや、市民参

↓ロバート・ダール

アフロ

加に伴うコストを抑制する面があることを理解させてくれます。

　シュンペーターは、選挙に基づく議会制の特徴を、古典的な民主主義観との対比で描き出します。ルソーの人民主権論は、一般意志に基づく政治を通じて公共的利益の実現を求めるものでした。しかしシュンペーターからみれば、現実の市民は無知で非合理的で、そもそも明確な意見をもっていません。実現すべき人民の意志や公共的利益があらかじめ存在するわけではないのです。したがって統

　ダールのポリアーキー概念も、市民の参加とともに異なる勢力間の競争を重視するものでした（☞6-Ⅰ）。定期的な選挙を通じて代表者が選抜されるなら、有権者はエリートが自分たちの利益を気にかけてくれると期待できます。さらに政治的な自由が保障されており、政権と対立する勢力（野党）の活動が制限されていなければ、有権者は複数の選択肢を比べて、より自分たちの利益を実現してくれそうな方に投票できます。こうした競争を通じて政権交代が起こりうるのであれば、エリートは有権者の利益実現に努めるでしょう。またダールは、有権者は利益集団への加入によっても利益実現をはかれるとする多元主義の立場を示しました。多元主義では、異なる利益を追求する多数の集団が政治的影響力を争うプロセスを通じて、様々な私的利益の集計と均衡に基づく公共的利益を見いだせると考えます（☞2-Ⅲ3、21-Ⅲ1）。

↓シュンペーターによる民主主義の再解釈

	古典的モデル	シュンペーター・モデル
市民像	あらゆる問題について合理的で確固たる意見をもつ市民	政治に関する思考や判断の能力が低く、明確な意見をもたず、非合理的な偏見や衝動にとらわれやすい市民
代表選出の性格	民意を実現するために最適な人を選ぶ機会	市民が誰に統治されるかを決める機会
民主主義の意義	市民が政治的決定権をもち、自ら統治すること	市民の票を集めるという競争を通じて政治的決定権が獲得されること

筆者作成

2 委任と責任

　日本国憲法の前文では、「そもそも国政は、国民の厳粛な信託によるものであって、その権威は国民に由来し、その権力は国民の代表者がこれを行使し、その福利は国民がこれを享受する」と述べられています。こうした信託は、主権者という「本人」（プリンシパル）の利益を実現するために政治家や官僚という「代理人」（エージェント）に仕事を委任する関係として理解できます。代理人は本人のためによく働いていると示す責任（アカウンタビリティ）を負いますが、患者が医者の腕前を判断することが難しいように、本人・代理人関係には情報の非対称性があるため、代理人は本人の目をごまかして適切な仕事をしないおそれがあります。このため本人は何らかの手段で監視したり制裁を加

えたりすることで、代理人を統制できなければなりません。自由民主主義において参加と競争が重要なのは、患者が別の医者を選べるように、有権者が別の政治家に投票できるしくみをつくることで、アカウンタビリティを果たすように促せるからです。

↓民主主義における委任と責任の連鎖

待鳥聡史『代議制民主主義』（中央公論新社・2015年）13頁をもとに一部改変のうえ作成

★○×問題でチェック★

問1　シュンペーターは、選挙を通じたエリートの競争に議会制民主主義の意義を求めた。
問2　ダールの多元主義は、様々な利益集団による競争を重視する立場である。

3 制度の多様性

ダールは自由民主主義の要件をポリアーキーとして定式化することで政治体制レベルの各国比較を可能にしましたが、民主主義国の中でも現実に行われている政治の姿は様々な部分で異なり、著しく多様です。そこで、民主主義国間の差異を明らかにするためには、多くの国に共通して存在する主要な制度の特徴に着目することが求められます。こうした分析を行ったのが、レイプハルトです。レイプハルトは議院内閣制の国を中心とする36か国の比較を通じて、民主主義の制度的差異は、多数決型と合意型という対照的な2つの方向性に大別できることを明らかにしました。

多数決型はイギリスを典型例としているため、同国の議会がある地名をとってウェストミンスター・モデルともよばれます。ほかの例は、カナダ、オーストラリアなどです。政府・政党次元では、小選挙区制など得票と議席配分の比例性が低い（得票の差と比べて議席配分の差が大きくなりやすい）選挙制度が主に採用され、二党制となる傾向がみられます。また、議会の単独過半数を占める多数派が構成する内閣に権力が集中しやすく、少数派は政権に加われません。政党執行部の所属議員に対する統制は強く、内閣を率いるのは議会多数派のリーダーであるため、行政部である内閣は立法部である議会に対して優越し、安定的に法案を成立させることができます。政府と社会の利益媒介は、多種多様な利益集団の自由な競争を通じて多元主義的に行われます。連邦制次元では、単一で集権的な中央政府のもとで、一院制の議会（または上院の権限を限定した二院制の下院）に立法権が集中しやすく、裁判所（司法部）は立法活動を審査する権限をもちません。憲法の改正も比較的容易です。地方政府、司法部、中央銀行の独立性は低い傾向にあり、行政部からの介入を拒絶しにくいと考えられます。

他方、合意型の典型例はスイス、ベルギー、オランダなどです。政府・政党次元では、主に比例代表制が採用され、多党制のもとで連立政権となる傾向がみられます。いくつかの主要政党が内閣を構成して行政権を共有するため、少数派でも政権に加わることが可能であり、政党間の合意を抜きにしては政権運営ができません。政党の議員に対する統制や首相の権力も相対的に弱く、内閣と議会の関係は対等です。利益媒介は、労働者団体や経営者団体など各部門を独占的に代表する大規模な利益集団と政府の協議（コーポラティズム）を通じて、対立する利益を調整する形で行われます（☞21-Ⅲ**1**）。連邦制次元では、連邦制であるか地方分権の程度が高く、州政府や地方政府が大きな権限をもちます。人口の少ない州など少数派にも代表される機会を与えるため、異なる選挙制度に基づいて選ばれる上下両院が、同等に近い権限を認められる傾向にあります。裁判所は立法の合憲性を審査する権限をもち、憲法改正には通常より多数の賛成が必要です。地方政府、司法部、中央銀行の独立性は高くなりやすく、行政部とは異なる決定を下すことが比較的容易だと考えられます。

多数決型は民主政治を相対的な多数派による統治と解釈し、競争の勝者に権力を集中させることで責任も明確化し、迅速な意思決定や安定した政権運営を可能にするモデルです。その反面で多数者の専制におちいる危険性は高くなります。合意型はできるだけ最大化された多数派による統治が民主政治だと解釈し、複数の勢力間で権力を共有することで協調をはかり、少数派の包摂や多様な民意の反映を可能にするモデルです。その裏返しとして、政治的停滞におちいったり責任があいまいになったりするおそれは大きくなります。

両モデルは各国の社会がもつ特徴と関連して形成されたものであるため、好きな方を簡単に選べるわけではありません。均質性が相対的に高く、政治的対立軸が限られている社会では、多数決型の政治でも統一を維持しやすいでしょう。これに対して、言語や宗教などの差異に基づく亀裂を数多く抱える社会では、合意型のように複数の勢力が政権に携わる可能性をもてなければ、国家が決定的な分断へと至りかねません。民主政治において望ましい制度は、その制度を用いる社会の特徴を考えることなしに論じられないのです。

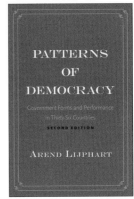

↓レイプハルト『民主主義対民主主義』原著第2版

イェール大学出版局HP

↓民主政治における2つの方向性

		多数決型	合意型
政府・政党次元		単独過半数内閣への行政権の集中	広範な多党連立内閣による行政権の共有
		行政部の首長が圧倒的権力をもつ行政部・議会関係	均衡した行政部・議会関係
		二党制	多党制
		単純多数制	比例代表制
		集団間の自由な競争に基づく多元主義的利益媒介システム	妥協と協調をめざしたコーポラティズム的利益媒介システム
連邦制次元		単一国家で中央集権的な政府	連邦制・地方分権的政府
		一院制議会への立法権の集中	異なる選挙基盤から選出される二院制議会への立法権の分割
		相対多数による改正が可能な軟性憲法	特別多数によってのみ改正できる硬性憲法
		立法活動に関して議会が最終権限をもつシステム	立法の合憲性に関して最高裁または憲法裁判所の違憲審査に最終権限があるシステム
		政府に依存した中央銀行	政府から独立した中央銀行

アレンド・レイプハルト（粕谷祐子＝菊池啓一訳）『民主主義対民主主義〔原著第2版〕』（勁草書房・2014年）2–3頁をもとに一部改変のうえ作成

★○×問題でチェック★
問3　多数決型民主主義において、内閣と議会は対等な関係にある。
問4　合意型民主主義では、小選挙区制に基づいて二党制や単独政権になりやすい。

1 参加民主主義

　シュンペーター・モデルは選挙に基づく議会制の特徴をよく捉えていますが、市民の役割を限定しすぎているとの見方もありえます。そもそも各種の不平等が存在する社会では、低所得者や女性、文化的マイノリティなど、不利な立場にある集団が選挙を通じて自分たちの利益を実現するのは、決して容易でありません。経済的余裕がなかったり、十分な教育を受けられなかったりすることで、政治から疎外されやすいからです。このため1960～70年代には、職場や地域など、選挙以外の場で市民が積極的に参加することを求める参加民主主義が盛り上がりをみせます。ペイトマンは、日常生活における参加は社会への帰属意識を高めるとともに、自らの要求を実現したり他者の利益も考慮に入れたりする経験を通じて政治的な能力をはぐくみ、

↓キャロル・ペイトマン

wikimedia commons (Marcelo Camargo/Agência Brasil, 2015)

より大きな単位への参加を促す効果をもつと主張しました。

　自由民主主義体制が確立されている国でも、実際はどこまで政治に民意が反映されているか、疑問に感じる人は多いでしょう。民主主義を機能させるには、特定の制度（形式）を設けるだけでは足りず、その実態を問い、さらなる民主化を求めつづける姿勢が必要になります。その手段となるのが市民の直接参加による意思表明です。20世紀の後半は、公民権運動や女性運動、消費者運動、平和運動、環境運動、障害者運動など、様々な社会運動が政治を動かしてきた時代でもありました（☞22-Ⅰ）。また、住民投票など直接民主主義のしくみも、議会制を補完する意義があります（☞14-Ⅳ）。日本でも1990年代から住民投票の実施例が増えました。

↓新潟県巻町での住民投票（1996年）

毎日新聞社／アフロ

2 ポピュリズム

　2010年代には、アメリカでのトランプ大統領誕生、イギリスのEU離脱、フランスやドイツでの極右政党の躍進など、ポピュリズムに基づくとされる出来事が目立ちました（☞6-Ⅳ、20-Ⅴ）。ポピュリズムに共通する特徴は、腐敗したエリートが牛耳る政治を普通の人々の手に取り戻すと訴えて、既成政治に不満をもつ有権者の支持を集めることにあります。従来は非合理的な大衆迎合主義であるとして批判的に論じられる傾向にありましたが、近年はポピュリズムの意義を肯定する見解も増えています。たとえばムフは、人民主権の理念に照らせばポピュリズムこそが本来の民主政治の姿であると主張します。ムフによれば、ポピュリズムは政治から疎外されてきた人々の主権者としてのアイデンティティを呼び覚まし、参加を促して抑圧されてきた不満を噴出させることで、民主政治の再活性化をもたらすのです。

　ただし、活発で大規模な参加は民主政治の安定性を脅かすおそれもあります。もともとシュンペーター（☞Ⅰ1）のように市民参加を一部に限定しようとする立場は、大衆動員に支えられたファシズムへの反省に基づいていました。現在でもポピュリストが政権を獲得した国では、政府への集権化、任期制限の撤

廃、自由の制限、野党の弾圧などを通じて、自由民主主義体制が弱体化しやすいと考えられています。ポピュリズムは非自由主義的な民主主義を志向するため、権力の分立と抑制均衡を求める立憲主義的なしくみを、自分たち「真の人民」が望む政治にとっての障壁であるとして攻撃する傾向にあるのです。

↓アメリカ大統領選で勝利したトランプ（2016年）

ロイター／アフロ

★〇✕問題でチェック★

問5　ペイトマンの参加民主主義は、職場や地域での市民参加を重視する立場である。
問6　ムフはポピュリズムを大衆迎合主義だと批判し、活発な市民参加を危険視している。

III 可能性と課題

1 熟議民主主義

　1990年代以降は、市民の熟慮と討議に基づく熟議民主主義を求める声も高まりました。その前提には、社会内の私的利益を選挙や利益集団の活動を通じて集計し、異なる利益の均衡をはかることで公共的な決定が可能になる、という多元主義的な民主政治観への反発がありました。社会が複雑化して価値観も多様化する中では、ただ利益を集計するのでなく、他者との対話を通じて自らの意見や立場を反省するプロセスが重要であり、そうした熟議から幅広い市民が受け入れられる理由を見いだして決定につなげるべきだとする見方が強まったのです。

　熟議民主主義の基本的発想を示したハーバーマスは、国家や市場と切り離された市民社会（公共圏）では制約が少ないため自由で理性的な議論が可能であり、そこから生み出された公共的な意見（世論）を議会における決定と適切に接続することで、権力の民主的統制が可能になると考えました（二回路モデル）。同様の発想に基づき、無作為に選ばれた一般市民が特定のテーマに関して熟議するミニ・パブリックスが、様々な手法で実践されています。たとえばフィシュキンは、学習や討論を行う前後に参加者の意見を調べる討論型世論調査により、人々の意見は熟議

↓ユルゲン・ハーバーマス

wikimedia commons (Wolfram Huke, 2008)

を経て変容しうることを明らかにしました。日本でも2012年に政府がエネルギー政策に関する討論型世論調査を実施しています。

　民主政治における情念や対立の意義を重視するムフは、理性的議論を通じた合意を志向する熟議は、社会内の抑圧や不満を覆い隠してしまうという批判を向けました。近年の熟議民主主義論では感情の表現や非言語的コミュニケーションも反省を促しうると認められていますし、合意できない部分の確認も重要だと考えられています。それでも、表面的には対等な議論に社会内の不平等がひそかに反映される危険性には、常に注意を払う必要があるでしょう。

　より近年では、公共圏と議会を区別していた二回路モデルを超えて、無作為抽出の市民からなる「市民議会」を公式の制度として位置づける動きもみられます。フランスやイギリスの気候市民会議がその例です。「議員」を無作為に選ぶのは突飛に思えるかもしれませんが、古代ギリシアでは、くじ引きで選出された市民が交代で行政や司法の公職を務めていました（☞9-1❶）。現代の日本でも裁判員はくじで選ばれています。くじ引きの活用は、市民の政治参加を拡大すると同時に、選挙型とは異なる抽選型の議会制民主主義の可能性を示すものだと考えられます。

↓2012年に日本で実施された討論型世論調査

朝日新聞2012年8月22日

2 国境を越える民主政治

　グローバル化が進むと、気候変動、感染症、移民・難民、金融危機など、国境を越える課題に対処する必要性も高まります。こうした対処の枠組み（グローバル・ガバナンス）では、国際機関やNGO、企業など国家以外のアクターも大きな役割を果たしますが、そこでは民主政治との矛盾が生じかねません。選挙されたわけでもないグローバル・エリートが過大な影響力をもち、各国の政策も制約するようになれば、市民による統制は難しいからです（民主主義の赤字）。原理的にいえば人民主権は地理的境界に縛られませんが、従来の民主政治は主権国家を前提としてきたため、国境を越える民主政治の方法は未確立です。EU加盟国から議員を直接選挙する欧州議会は稀有な制度化の例ですが、一般的に利用可能な手段はグローバルな社会運動を繰り広げることでしょう。

↓欧州議会

AP／アフロ

★ ○×問題でチェック ★
問7　熟議民主主義の主張は、多元主義的な民主政治観に基づいている。
問8　討論型世論調査は、市民の熟議が行われるミニ・パブリックスの一種である。

11 権力分立と議会

Ⅰ 立法部と行政部の関係

1 権力分立の考え方

　古典古代から今日に至るまで、権力を単一の制度的な主体に集中させておくことの危険性が、繰り返し指摘されています。仮に民主政治が実現している場合でも、権力が特定の主体に集中すれば独裁と同じ弊害を生むという危惧が抱かれているのです。そこで、民主政治を適切に機能させるために、権力を制度的に分立させようとする権力分立の考え方が登場し、実践されています（☞ **9**-Ⅱ**3**）。

　権力分立を最初に制度化したのはアメリカ合衆国憲法です。その起草者のひとりであるマディソンは『ザ・フェデラリスト』（☞ **3**-Ⅳ**3**）の中で、効果的な統治を行うためには政府権力にある程度の強さが必要なものの、強くなりすぎれば市民による統制が効かなくなるというジレンマを示しました。そしてマディソンが提案したのが、立法部、行政部、司法部を分立させ、それぞれに権力を分有させることで単一の制度的主体が権力を独占することができない状態を制度的に作るという大統領制のしくみでした。

　立法部と行政部の関係については大統領制、議院内閣制、半大統領制という類型があります。まずはそれらについて検討しましょう。

↓『ザ・フェデラリスト』。マディソンの権力分立論が収められている。

public domain

2 大統領制と議院内閣制

　大統領制と議院内閣制の違いがあらわれるのは、①行政部の長を誰が選ぶのか、②それを辞めさせることができるのか、の2点です。大統領制における大統領は有権者から直接選ばれるのが原則です。その任期は憲法で規定されていて、弾劾裁判で有罪となる場合などを除けば議会によって罷免されることはありません。他方、議院内閣制における首相は議会から選ばれます。議会は内閣不信任案を可決することによって首相を辞めさせることができます。

　ただし、同じく大統領制、議院内閣制といっても国により違いがあります。大統領制における大統領の選び方については、相対多数の票を得た候補者が当選する場合もあれば、絶対多数の獲得を勝利の条件として必要に応じて2回目の投票を行う国もあります。アメリカでは形式的には有権者が州ごとに選挙人団を選び、彼らが正・副大統領の候補者に投票することになっていますが、実際には有権者の投票用紙には正・副大統領候補の名前が書かれているため、大統領制の国に分類されます。

　議院内閣制の国の中でも、ドイツや日本では議会が首相を選び、首相が組閣することになっています。イタリアやベルギーでは、議会内の政党の交渉で組閣が完了した時点で、首相が正式に権限を与えられます。イギリスでは、第一党の党首を国王が首相に任命するという手続きも必要です。首相や閣僚を更送する方法についても違いがあり、ドイツやイスラエルでは日本とは異なり、新たな首相と閣僚を同時に選出しておかないと更送できないという、建設的不信任の制度が導入されています。

　権力分立との関連でいえば、大統領制の場合は行政部と立法部の構成員が独立した選挙で選ばれ、一方が他方を選出したり辞めさせたりすることができないため、権力は分立しているといえます。他方、議院内閣制の場合は立法部が大統領を選出、罷免することができるため、行政部のパフォーマンスに立法部も責任を負っています。つまり両者の権力は融合しているのです。議院内閣制の国ではイギリスや日本のように閣僚の多くを議員が兼職する場合も多く、それも権力の融合度合いを高めています。

↓大統領制（アメリカ）

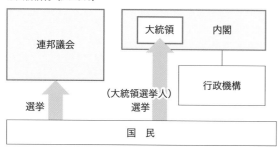

筆者作成

↓議院内閣制（日本）

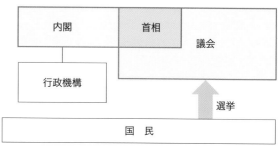

筆者作成

★○✕問題でチェック★
問1　アメリカでは内閣不信任案を決議させることで、大統領を罷免することができる。
問2　ドイツでは新たな首相と閣僚を選出しておかないと首相を更送することができない。

3 半大統領制

　半大統領制とは、有権者から選出されて議会から罷免されることのない大統領と、議会の支持により成立する首相・内閣の両方が存在する制度です。半大統領制にもバリエーションがあり、フランスは大統領が首相を任命します。大統領も首相を罷免できる国もあります（台湾、ロシアなど）。なお、イタリアなど大陸ヨーロッパを中心に、大統領と名の付く人がいても儀礼的な国家元首としての任務を与えられているにすぎず、実際は議院内閣制の国である場合があります。また、韓国は大統領と首相が両方存在しますが、首相を罷免することができるのは大統領のみなので、半大統領制ではなく大統領制の国に分類されます。

　1960年代は議院内閣制を採用する国が大半でしたが、70年代以降におこった「民主化の第3の波」（☞6-Ⅱ）を受けて中南米の大統領制諸国が民主主義国入りを果たし、大統領制の国が急増しました。半大統領制の国は、冷戦終結後に独立

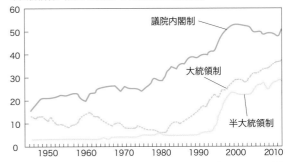

↓大統領制、議院内閣制、半大統領制の数の推移

粕谷祐子『比較政治学』（ミネルヴァ書房・2014年）
202頁の図11-1をもとに作成

した旧共産圏諸国の多くが半大統領制を採用したことなどにより、1990年以降に増大しています。

↓大統領制、議院内閣制、半大統領制の国々の例

議院内閣制	大統領制	半大統領制
アイルランド、イギリス、イスラエル、イタリア、オランダ、ギリシャ、スウェーデン、スペイン、チェコ、デンマーク、ドイツ、トルコ、ノルウェー、ベルギー、カナダ、オーストラリア、インド、タイ、ニュージーランド、日本、バングラデシュ、マレーシア、南アフリカ	アメリカ、アルゼンチン、ウルグアイ、エクアドル、コロンビア、チリ、ブラジル、ベネズエラ、インドネシア、韓国、フィリピン、ガーナ、ナイジェリア	オーストリア、スロバキア、フランス、ポーランド、ポルトガル、ウクライナ、ベラルーシ、モンゴル、ルーマニア、ロシア、ペルー、スリランカ

粕谷祐子『比較政治学』（ミネルヴァ書房・2014年）203頁の表11-1より一部抜粋し、作成

4 立法部と行政部の関係はどうあるべきか

　では立法部と行政部の関係はどうあるべきでしょうか。評価の基準をどう定めるか──民主的正統性を重視するか、政策過程の効率性を重視するか──で議論は変わってきます。また同じく大統領制といっても、大統領の権限が大きい韓国の場合と、権限が限定されているアメリカの場合とでは、政治への影響も異なります。抽象的に制度間比較をすることには限界があります。

　アメリカの大統領制について検討することで具体的に考えてみましょう。同国では、大統領の政党、上院多数党、下院多数党のすべてが同じ状態を統一政府、1つでも異なれば分割政府とよびます。日本では上下両院の多数党が異なる場合に「ねじれ」国会という表現を使いますが、分割政府は行政部と立法部の間のずれを意識した概念です。実は、分割政府の時と統一政府の時とでは重要案案の成立数はさほど違わないようです。アメリカでは日本式の党議拘束が存在しないため、分割政府下でも超党派的な立法が可能だといわれています。そうなると、アメリカの大統領制のパフォーマンスは、政党の性格が変われば変化すると

↓アメリカの統一政府と分割政府（太字は大統領選挙実施年。網掛けは分割政府の時期）

選挙年	大統領	大統領の政党	上院多数党	下院多数党
1980	ロナルド・レーガン	共和党	民主党	共和党
1982			民主党	共和党
1984	ロナルド・レーガン	共和党	民主党	共和党
1986			民主党	民主党
1988	ジョージ・H・W・ブッシュ	共和党	民主党	民主党
1990			民主党	民主党
1992	ビル・クリントン	民主党	民主党	民主党
1994			共和党	共和党
1996	ビル・クリントン	民主党	共和党	共和党
1998			共和党	共和党
2000	ジョージ・W・ブッシュ	共和党	共和党	民主党
2002			共和党	共和党
2004	ジョージ・W・ブッシュ	共和党	共和党	共和党
2006			民主党	民主党
2008	バラク・オバマ	民主党	民主党	民主党
2010			共和党	共和党
2012	バラク・オバマ	民主党	共和党	共和党
2014			共和党	共和党
2016	ドナルド・トランプ	共和党	共和党	共和党
2018			共和党	民主党
2020	ジョー・バイデン	民主党	民主党※	民主党
2022			民主党	共和党

※2020年の上院議員選挙の結果、上院の構成は50対50となったが、合衆国憲法の規定上、副大統領が上院議長を兼ねることになっているため、民主党が実質的な多数党となった。

筆者作成

いえそうです。政治制度を評価する際には、制度以外の要因についても考察する必要があるのです。

★○×問題でチェック★
　問3　イタリアには大統領が存在するが、同国は議院内閣制の国である。
　問4　アメリカの大統領は韓国の大統領と比べて大きな権力を与えられている。

1 政治家の再選動機

　議会は法律を制定するなどの活動を行う機関であり、貴族や選挙で選ばれた議員などによって構成されます。では、議会の構成員である議員＝政治家は、どのような原理に基づいて行動しているのでしょうか。選挙で選ばれた人について考えてみましょう。

　ヴェーバーは、政治家には政治のために生きる人と政治によって生きる人がいると述べています。しかし実際には、政治のために生きる人の多くは、政治によって生きる人でもあります。崇高な理念の実現を志す人も、まずは、選挙で勝利しない限りはその理念を実現することが難しいので、選挙で当選する、そして再選することをめざす必要があります。それゆえ、政治家の行動を理解するためには、選挙で再選するという動機をもっていることを前提に議論する必要があります。東海道新幹線を岐阜羽島駅に誘致したことでも知られる元自民党副総裁の大野伴睦は、「猿は木から落ちても猿だが、代議士（＝衆議院議員）は選挙に落ちればただの人だ」という名言を残したことでも知られていますが、このような意識が政治家の行動を特徴づけているのは間違いありません。

↓大野伴睦・自由民主党元副総裁。「猿は木から落ちても猿だが、代議士は選挙に落ちればただの人だ」という名言を残した

近現代PL／アフロ

2 委任代表か国民代表か

　議員に求められる役割とは何でしょうか。選挙区の代理人としてその意向をそのまま議会に届けることだ（委任代表）と考える人もいれば、有権者からの信任をもとに自らが国益にかなうと信じることを実現することだ（国民代表）と考える人もいるでしょう（☞9-1 5）。政治家の実際の行動は、彼らの再選動機や制度によって左右されます。たとえば、任期が短い場合や解散が近いと想定される場合、議員は選挙を強く意識するため、選挙区の代理人として行動する可能性が高まります。また、多様な人々を選挙区に含む場合の方が、政治家の行動の独立性は高まるかもしれません。

　一般に有権者は、地元の政治家には地元利益を代表する代理人として振る舞うよう期待する一方で、他の政治家には地元利益にこだわらず国益を実現するよう求めます。その結果、政

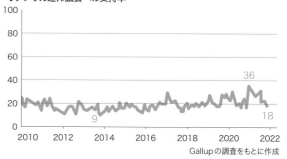

↓アメリカ連邦議会への支持率

Gallupの調査をもとに作成

治不信が強く議会全体に対する不満が強い場合でも、自らの選挙区選出の議員は強く支持し、政治家の再選率が高くなる（アメリカの下院では9割を越えます）傾向が生まれるのです。

3 一院制か二院制か

　世界には議会が一院で構成される国と二院で構成される国があります。かつては貴族などから構成される身分制議会（上院）と市民の代表からなる近代議会（下院）の二院からなる国が多数派でした。しかし民主化に伴い、上院議員も選挙で選ぶようになったり（日本）、上院の権限を縮小したり（イギリス）、一院制に変更した国（スウェーデン、デンマーク、ノルウェー）があります。新しく民主化した国は一院制にすることが多く、世界では一院制の国が6割を占めますが、先進国では二院制が主流です。

↓二院制の国の例（上が上院、下が下院）

	下院の解散	下院の優越	正式名称	定数	任期	議員選任方法
日本	あり	あり	参議院	248	6年	選挙区制と比例代表制で選出
			衆議院	465	4年	小選挙区比例代表並立制で選出
アメリカ	なし	なし	元老院	100	6年	州ごとに小選挙区制で選出
			代議院	435	2年	小選挙区制で選出
イギリス	あり	あり	貴族院	不定	終身	国王による任命
			庶民院	650	5年	小選挙区制で選出
フランス	あり	なし	元老院	348	6年	間接選挙で選出
			国民議会	577	5年	二回投票制で選出
ドイツ	あり	あり	連邦参議院	69	なし	各州政府による派遣
			連邦議会	598	4年	小選挙区比例代表併用制で選出

筆者作成

　二院制の国では両院間で調整ができない場合の対応が問題となります。イギリスでは下院の優位が定められており、貴族院には庶民院が通過させた法案の成立を最長で1年遅らせることしかできません。他方、連邦制を採用するアメリカやドイツのように、上院が州や邦を代表する国では、上院にも大きな権限が与えられています。日本では予算や条約締結に関しては下院（衆議院）が優越することになっていますが、一般の法律に関しては参議院が否決した法案を衆議院で再可決するには3分の2以上の賛成が必要とされます。世界的にみれば上院の権力が相対的に大きいのです。

★ ○×問題でチェック ★

問5　バークは、政治家には政治のために生きる人と政治によって生きる人がいると述べた。
問6　政治家は自らが国益にかなうと信じることを実現すべきだという考え方を委任代表という。

4 変換型とアリーナ型

議会に期待される役割も、国によって異なります。アメリカで上下両院で審議が膠着状態になって予算が成立せず、政府が一時閉鎖されたという報道を見たことがある人もいるかもしれません。それはアメリカの議会では、二大政党が審議を通して実質的に法案を修正して作り上げていくからこそ発生する現象です。他方、イギリスでは首相や閣僚と野党の議員が激しく議論をぶつけ合いますが、政府が提出した法案がほとんど修正されることなく通過します。ポルスビーは、前者のように具体的に国民の要求を政策に変換していくタイプの議会のことを変換型議会、後者のように法案の提出や修正ではなく各政党が自らの立場をアピールする場となっている議会のことをアリーナ型（競技場型）議会とよんで区別しています。アメリカでは議会に提出される法案のすべてが議員提出法案ですが、その成立数は

↓アメリカの法律案提出数および成立率			
年	提出数	成立数	成立率
2009	7423	125	1.7
2010	3355	260	7.7
2011	5917	90	1.5
2012	4695	194	4.1
2013	5837	72	1.2
2014	3260	224	6.9
2015	6836	115	1.7
2016	3387	214	6.3
2017	7164	100	1.4
2018	4252	239	5.6
年平均	5212	163	3.1

高澤美有紀ほか「データで見る議会：欧米主要国の議会と我が国の国会」調査と情報1065号（2019年）3頁の表をもとに作成

↓イギリスの政府提出法案の提出数および成立率			
会期	提出数	成立数（全法律案成立数）	成立率
2007-08	32	30(33)	93.8
2008-09	26	22(27)	84.6
2009-10	23	23(30)	100.0
2010-12	46	46(49)	91.3
2012-13	34	34(38)	82.4
2013-14	31	31(30)	80.6
2014-15	26	26(36)	100.0
2015-16	26	26(29)	88.5
2016-17	27	27(32)	88.9
年平均	27	27(30)	89.7

高澤美有紀ほか「データで見る議会：欧米主要国の議会と我が国の国会」調査と情報1065号（2019年）3頁の表をもとに作成

1割にとうてい及びません。他方、イギリスでは大半が政府提出法案で、その成立率は平均すると9割程度となっています。立法部門である議会に期待される役割は、国によって異なるのです。

5 委員会制

各国の議会の審議手続きをみると、法案などの審議を本会議を中心に行う本会議中心主義の国と、委員会での審議を中心とする委員会中心主義の国があります。前者の代表がイギリスで、後者の代表がアメリカです。日本も委員会中心主義をとっており、議案は原則として委員会であらかじめ審議されることになっています。しかし、緊急を要する案件については議院の議決で委員会審議を省略することが可能ですし、委員会で議案が否決されても本会議で可決することも可能です。衆参両議院にそれぞれ17の常任委員会が設置されているのに加えて、各院で必要と認められた場合に特別委員会が設置されることもあります。議員は原則として1つの常任委員会に割り当てられます。また、常任委員および特別委員は、各会派の所属議員数に応じて割り当てられることになっています。

6 日本の議会は機能しているのか

日本で成立する法律の大半は内閣提出法案であり、そのほとんどが官僚によって作られています。これを踏まえて、日本の議会は単なるパフォーマンスの場にすぎないという国会無能論が主張されることもあります。

しかし日本には審議を始めるとその会期中に終了しなければならないという会期不継続の原則があり、審議時間が限定されています。にもかかわらず、委員会と二院制という法案を通過させるために経なければならない段階が複数存在します。議事運営方法については全会一致で定めるという慣行も重視されてきました。ブロンデルは、法案に反対する党が議会の手続きを利用して法案成立を妨害する能力のことをヴィスコシティ（粘着性）とよんでいますが、モチヅキは、日本の国会はヴィスコシティが高く、実質的に機能しているという国会機能論を提起しています。

↓2007年10月15日、参議院予算委員会における福田康夫首相

首相官邸HP

↓参議院本会議での首相問責決議案の投票で、数珠を持ち、1人で牛歩戦術をする、生活の党と山本太郎となかまたち（当時）の山本太郎議員

AP／アフロ

★〇×問題でチェック★

問7 イギリスの議会では法案審議より政党がその立場をアピールすることが重視されている。
問8 日本の議会の会期不継続の原則は、法案に反対する党のヴィスコシティを高めている。

12 主要国の政治制度

Ⅰ 日本

1 政治制度の基本情報

日本は議院内閣制を採用しており、議会（国会）で指名された首相が内閣を形成し、行政部を担います。国会の多数派が内閣を形成するため、制度上、与党と内閣の意思が乖離(かいり)しにくいのが特徴です。国会は二院制であり、衆議院議員は小選挙区比例代表並立制、参議院議員は選挙区制と比例代表制で選出されます。国会は行政部をチェックする役割を担い、内閣不信任を決議する権限を有します。

↓国会議事堂

マリンプレスジャパン／アフロ

↓政治制度の基本情報

政治体制	議院内閣制	
憲法	日本国憲法	
元首	明文規定はない	
議会	議会制度	二院制（衆議院、参議院）
	定数	衆議院（465議席）、参議院（248議席、3年ごとに半数改選）
	任期	衆議院（4年）、参議院（6年）
	選挙制度	衆議院（小選挙区比例代表並立制）参議院（選挙区制、比例代表制）
	主な権限	首相の指名、内閣不信任決議、法律の制定（衆議院の優越）、予算の議決（衆議院の優越）、条約の承認（衆議院の優越）
内閣	首相（岸田文雄）	
	主な権限	国会の召集、衆議院の解散、条約の締結、予算の作成・提出

『世界年鑑2022』（共同通信社・2022年）112-113頁、初宿正典＝辻村みよ子編『新解説世界憲法集〔第5版〕』（三省堂・2020年）405-413頁、古賀豪＝奥村牧人＝那須俊貴『主要国の議会制度』（国立国会図書館調査及び立法考査局・2010年）46頁をもとに筆者作成

2 立法過程

内閣提出法案の場合、所管省庁が作成した原案が内閣法制局において審査され、閣議決定の後、内閣総理大臣からいずれかの議院の議長に提出されます。法案は議院運営委員会を通じて各委員会に付託され、各委員会での審議を経て、本会議において採決されます。もう一方の議院も同様の手続きを行い、両議院で可決されれば、法律が成立します。その後、法律は内閣から天皇に奏上され、裁可・公布されます。

↓立法過程（内閣提出法案、衆議院先議の場合）

川出良＝谷口将紀編『政治学〔第2版〕』（東京大学出版会・2022年）112頁、図6-3、岩井奉信『立法過程』（東京大学出版会・1988年）57-81頁、内閣法制局HPを参考に筆者作成

3 セクショナリズムの弊害とその対応

日本の行政では、しばしばセクショナリズムが指摘されます。これは、各部局が自らの仕事を中心に考え、組織をまたいだ調整が困難になることであり、所掌事務の分業や各省別採用制度などが背景にあるといわれます。セクショナリズムは縄張り主義に発展し、種々の弊害を生む可能性があるため、その対策として内閣機能の強化や内閣による幹部人事の管理などが行われています。

↓セクショナリズムの弊害とその対応

セクショナリズム（分立割拠性）とは
「各部局がつねに自分のところの所掌事務を中心にものごとを考え、他部門との調整・協調に努めようとしない、『部局の哲学』というべきものを発達させること」（西尾勝『行政学〔新版〕』（有斐閣・2001年）235頁）
セクショナリズム発生の諸要因
・所掌事務の分業、各省別採用制度、集団的意思決定

縄張り主義に発展
・厄介な業務は、できるだけ自分のところの所掌事務でないと解釈し、責任を回避
・やりがいのある業務は、自己の所掌事務のうちに取り組もうとして、他部門と争う

セクショナリズムへの対応
・内閣機能の強化（内閣府の設置、内閣官房の拡充）
・内閣による幹部人事の管理（内閣人事局の設置）

西尾勝『行政学〔新版〕』（有斐閣・2001年）148頁、235頁、314-315頁および笠京子『官僚制改革の条件』（勁草書房・2017年）154-157頁、198-201頁をもとに筆者作成

★〇×問題でチェック★

問1　日本は議院内閣制のため、制度上、与党と内閣の意見が対立しやすい。
問2　内閣機能の強化には、セクショナリズムの解消が期待されている。

1　政治制度の基本情報

↓ホワイトハウス

AGE FOTOSTOCK／アフロ

↓政治制度の基本情報

政治体制		連邦制国家、共和制、大統領制
憲法		アメリカ合衆国憲法
元首		大統領（ジョー・バイデン）、任期4年（3選禁止）
	主な権限	条約の締結。政治任用職の任命（上院が承認）。法案の承認（法案拒否権）
議会	議会制度	二院制（下院［代議院］、上院［元老院］）
	定数	下院（435議席）、上院（100議席、各州2名）
	任期	下院（2年）、上院（6年、2年ごとに1/3を改選）
	選挙制度	下院（小選挙区制）、上院（小選挙区制）
	主な権限	法案の提出、法律の制定、予算の決議、条約締結の承認（上院）、
内閣		閣僚は、大統領が指名、上院が承認。首相なし

『世界年鑑2022』（共同通信社・2022年）301-307頁、野坂泰司「アメリカ合衆国」初宿正典＝辻村みよ子編『新解説世界憲法集［第5版］』（三省堂・2020年）57-87頁、古賀豪＝奥村牧人＝那須俊貴『主要国の議会制度』（国立国会図書館調査及び立法考査局・2010年）46頁をもとに筆者作成

連邦制国家のアメリカでは、連邦政府の権限は憲法に規定されたものに限定され、その他の権限は州政府または人民に留保されています（☞13-II）。連邦政府は大統領制を採用しており、国民の意思が大統領と議会によって代表されます。内閣は大統領によって形成され、議会との間に信任関係はなく、閣僚と議員の兼職もできません。議会は上院と下院の二院制であり、両院とも議員は小選挙区制で選出されますが、上院には各州2名ずつの定数があります。大統領には法案提出権はありませんが、上下両院で可決された法案に拒否権を行使でき、議会に対して強い影響力を有しています。

2　統治機構

連邦政府の統治機構には、三権分立の原則が反映されています。立法部（議会）、行政部（大統領）、司法部（裁判所）は相互に抑制均衡の関係にあり、権力の濫用を防ぐしくみになっています。憲法制定時には立法部の専制が懸念されていたため、大統領の選出も議会が行うのではなく、国民が大統領選挙人団を介して行うことになりました。また、行政部の法案拒否権や司法部の法令審査権も、立法部を抑制するための制度として設けられました。一方、行政部には法案や予算案の提出権を与えず、立法部が官職任命・条約批准の同意権、また司法部が命令・処分の審査権を行使することにより、行政部の暴走も防ぐしくみになっています。アメリカが今日まで安定した政治体制を維持できているのは、こうした統治機構によるところが大きいといえるでしょう。

↓統治機構

```
                    法令審査権
        判事任命権
                              教書送付、
                              法案拒否権
┌──────────┐          ┌──────┐        ┌──────┐
│連邦最高裁判所│          │大統領  │        │連邦議会│
├──────────┤          ├──────┤        ├──┬──┤
│連邦控訴裁判所│          │内閣    │        │上院│下院│
│連邦地方裁判所│          │大統領府│        └──┴──┘
└──────────┘          │独立諸機関│
                        └──────┘
            選挙              官職任命同意権
                            条約批准同意権
        ┌──────────┐
        │大統領選挙人団│
        └──────────┘
            選挙              選挙  選挙
┌────────────────────────────────┐
│              国    民              │
└────────────────────────────────┘
```

阿部齊＝久保文明『国際社会研究I　現代アメリカの政治』（放送大学教育振興会・2002年）22頁、図1-1を参考に筆者作成

3　連邦政府の行政機構

連邦政府の行政機構は大きく3つに分けられます。第1は内閣に属する各省組織であり、現在、15の省が存在します。第2は大統領府であり、大統領直属のスタッフが大統領の執務を補佐しています。第3は内閣に属さない独立諸機関であり、大統領が直轄する独立行政機関と政府公社のほか、準立法的・準司法的性格をもつ行政委員会が存在します。

↓連邦政府の行政機構

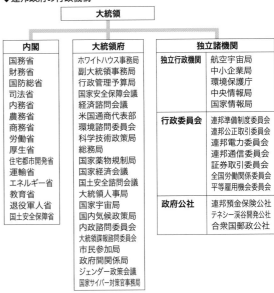

久保文明「大統領」久保文明編『アメリカの政治〔新版〕』（弘文堂・2013年）50頁図1、米国ホワイトハウスHPを参考に筆者作成

★○✕問題でチェック★

問3　アメリカの連邦議会は、内閣不信任決議権をもたない。

問4　アメリカの統治機構では、行政部が排他的な権力をもちやすいしくみになっている。

III イギリス

1 政治制度の基本情報

イギリスでは元首の国王は象徴的役割にとどまり、議会主権のもと、議会が他の機関に比して優位な権限を有しています。議会は議院内閣制を採用し、庶民院第一党の党首が首相に任命されます。庶民院議員は小選挙区制によって選出されますが、貴族院議員は非公選であり、貴族・聖職者などから選ばれます。内閣は、首相が両院の議員から指名した閣僚によって構成されます。

↓ウェストミンスター宮殿

ONLY FRANCE／アフロ

↓政治制度の基本情報

政治体制	立憲君主制、議院内閣制	
憲法	成文憲法典はない（憲法の法源は、議会制定法、判例法、憲法習律から構成）	
元首	国王（チャールズ3世）	
議会	議会制度	二院制（下院［庶民院］、上院［貴族院］）
	定数	下院(650議席)、上院(定数なし、2022年11月時点で774人)
	任期	下院（5年）、上院（聖職貴族を除いて終身）
	選挙制度	下院(小選挙区制)、上院(非公選、貴族・聖職者等)
	主な権限	法案の提出、法律の制定（下院の優越）、予算の議決、条約の承認、政府不信任決議
内閣	首相（リシ・スナク）	
	主な権限	閣僚の任免、下院の解散

『世界年鑑2022』(共同通信社・2022年)372-375頁、江島晶子「イギリス」初宿正典＝辻村みよ子編『新解説世界憲法集〔第5版〕』(三省堂・2020年)15-56頁、古賀豪＝奥村牧人＝那須俊貴『主要国の議会制度』(国立国会図書館調査及び立法考査局・2010年)46頁をもとに筆者作成

2 レファレンダムの役割

1970年代以降、イギリスでは国や地域政府の行方を左右する重要事項については、レファレンダムを実施したうえで決める傾向がみられます。レファレンダムとは、国民や地域住民が提案された事項について直接投票を行い、可否を決定する制度です。これまで、スコットランドの独立、選挙制度の変更などをめぐり、レファレンダムが行われました。2016年にはEU残留の是非に関するレファレンダムが実施され、反対多数の結果になり、これを受け、2020年にイギリスはEUから離脱することになりました。

↓レファレンダムの実施状況

1975年	EEC加盟存続の是非を問うレファレンダム
1979年	ウェールズへの権限移譲の是非を問うレファレンダム
1999年	スコットランドへの権限移譲の是非を問うレファレンダム
2011年	選好順位指定投票制導入の是非を問うレファレンダム
2014年	スコットランド独立の是非を問うレファレンダム
2016年	EU残留の是非を問うレファレンダム

成廣孝「選挙：政治と政治を繋ぐしくみ」梅川正美＝阪野智一＝力久昌幸編『現代イギリス政治〔第2版〕』(成文堂・2014年)104-105頁、阪野智一「加盟国・加盟候補国とEU政治―3　イギリス」坂井一成＝八十田博人編『よくわかるEU政治』(ミネルヴァ書房・2020年)124-125頁を参考に筆者作成

IV フランス

1 政治制度の基本情報

↓エリゼ宮殿

Photononstop／アフロ

↓政治制度の基本情報

政治体制	共和制、半大統領制	
憲法	フランス第5共和制憲法	
元首	大統領（エマニュエル・マクロン）、任期5年、直接選挙制	
	主な権限	首相の任免、国民議会の解散、国民投票の施行
議会	議会制度	二院制（下院［国民議会］、上院［元老院］）
	定数	下院（577議席）、上院（348議席）
	任期	下院（5年）、上院（6年、3年ごとに半数改選）
	選挙制度	下院：直接選挙。小選挙区2回投票制 上院：国民議会議員、県議会議員、市町村代表からなる選挙人による間接選挙
	主な権限	政府不信任決議（下院）、法律の制定（下院の優越）、予算の議決、条約の承認
内閣	首相（エリザベット・ボルヌ）	

『世界年鑑2022』(共同通信社・2022年)380-382頁、辻村みよ子＝山元一「フランス共和国」初宿正典＝辻村みよ子編『新解説世界憲法集〔第5版〕』(三省堂・2020年)209-249頁、古賀豪＝奥村牧人＝那須俊貴『主要国の議会制度』(国立国会図書館調査及び立法考査局・2010年)46頁をもとに筆者作成

フランスは大統領を元首とする共和制国家ですが、議会には議院内閣制の枠組みが採用されており、大統領と首相が共存する形で政府が運営されています。こうした制度は半大統領制と呼ばれます（☞11-Ⅰ**3**）。大統領は国民の直接選挙で選ばれますが、第1回投票で過半数の票を得た候補者がいない場合、上位2名による決選投票が行われます。議会は二院制であり、下院議員は小選挙区2回投票制によって選出され、上院議員は下院議員、県議会議員、市町村代表からなる選挙人団による間接選挙によって選出されます。

★○×問題でチェック★

問5　イギリスでは、上院議員は小選挙区制によって選出される。
問6　フランスの大統領選挙では、1回の投票で当選者が決まるとは限らない。

2 コアビタシオン

　1980年代以降、フランスではコアビタシオン（大統領と首相の党派が異なる状態）がみられました。大統領は首相の任命権をもち、通常、同じ党派の人物を任命しますが、下院は政府不信任決議権をもつため、下院の多数派が大統領とは異なる党派の場合、自らとは異なる党派の人物を首相に任命せざるをえなくなります。なお、2000年の憲法改正により、大統領の任期が下院の任期と同じ5年になったため、2002年以来、コアビタシオンは生じていません。

↓コアビタシオン出現の背景

| コアビタシオン（大統領と首相の党派が異なる状態）はなぜ出現するのか？ |

総選挙 → 大統領と異なる党派が下院の多数派に → 下院多数派の支持する人物を首相に任命し、首相との協働をはかる

大山礼子『フランスの政治制度〔改訂版〕』（東信堂・2013年）42-44頁、66-71頁を参考に筆者作成

V　ドイツ

1 政治制度の基本情報

↓ドイツ連邦議会議事堂

SIME／アフロ

　ドイツは連邦制国家であり、各州が地域の政治・行政に関する基本的権限を有し、連邦政府の権限は原則として基本法に規定されたものに限定されます。大統領は連邦議会議員と各州議会選出の議員からなる連邦会議によって選ばれ、その権限は儀礼的なものにとどまります。議会制度は連邦議会と連邦参議院による二院制であり、連邦議会では小選挙区比例代表併用制（比例代表選挙で各党に議席を配分したうえ、小選挙区での当選者を優先する制度）によって議員が選出され、連邦参議院では各州政府が人口に応じた数の政府構成員を議員に任命

↓政治制度の基本情報

政治体制	連邦制国家、共和制、議院内閣制
憲法	ドイツ連邦共和国基本法
元首	大統領（フランク＝ヴァルター・シュタインマイヤー）、任期5年（再選は1回のみ）
	主な権限　首相の任命
議会	議会制度　二院制（連邦議会、連邦参議院）
	定数　連邦議会（基本定数598人）、連邦参議院（69人）
	任期　連邦議会（4年）、連邦参議院（各州政府の在任期間による）
	選挙制度　連邦議会：小選挙区比例代表併用制　連邦参議院：各州政府が所定の数の政府構成員を議員に任命する
	主な権限　首相の選出（連邦議会）、首相不信任決議（連邦議会）、法律の制定、予算の議決、条約の承認
内閣	首相（オラフ・ショルツ）
	主な権限　閣僚の指名

『世界年鑑2022』（共同通信社・2022年）387-389頁、初宿正典＝毛利透「ドイツ連邦共和国」初宿正典＝辻村みよ子編『新解説世界憲法集（第5版）』（三省堂・2020年）145-207頁、古賀豪＝奥村牧人＝那須俊貴『主要国の議会制度』（国立国会図書館調査及び立法考査局・2010年）46頁をもとに筆者作成

します。議会は議院内閣制を採用し、連邦議会には首相選出や首相不信任決議などの権限が付与されています。

2 歴史の教訓から学んだ政治制度

　戦後ドイツの政治制度には、過去の過ちを繰り返さないための工夫がみられます。第1に、かつては首相解任後も後任が決まらず政治混乱を招いたため、議会による首相の更迭は、後任が選出された後でなければ認められないことになりました（建設的不信任☞11-I 2）。第2に、戦前には小政党が乱立し、安定した政権の維持が困難であったため、全国での比例代表の得票率が5％未満の政党には議席を与えないことになりました（阻止条項）。第3に、かつて大統領が大統領緊急権を濫用し、議会の形骸化が進んだため、大統領の権限を大幅に縮小したうえ、国民による直接選挙ではなく、議会による選出に変更しました。第4に、ナチスが憲法で保障された政治的自由によって権力を掌握したことの教訓から、「自由で民主的な秩序」を破壊する政党には政治的自由を認めないという理念（戦闘的民主主義）が取り入れられました。

↓歴史の教訓から学んだ政治制度

ヴァイマル共和国の崩壊とナチスの台頭

歴史の教訓に学び、新たな政治制度を構築

①建設的不信任	連邦議会による首相の解任は、後任の首相が選出された後でなければ認められないこと。→次の首相が決まらないことによる政治混乱を回避するため
②阻止条項	全国での比例代表の得票率が5％未満の政党には議席を与えない制度。→小政党の乱立によって多数派を形成できず、政権が不安定化することを防ぐため
③大統領権限の縮小	大統領の権限を大幅に縮小し、大統領は国民が直接選ぶのではなく、議会が選出。→大統領が大統領緊急権によって議会を迂回し、政治決定を行うような事態を防ぐため
④戦闘的民主主義	「自由で民主的な秩序」を破壊しようとする政党には政治的自由を認めないこと。→ナチスが憲法で保障された政治的自由によって権力を掌握したことの教訓から

西田慎＝近藤正基「序章　現代ドイツ政治とは何か─歴史と政治制度」西田慎＝近藤正基編『現代ドイツ政治』（ミネルヴァ書房・2014年）13-16頁をもとに筆者作成

★○×問題でチェック★
問7　フランスの大統領は首相の任命権をもつため、常に自分と同じ党派の人物を任命する。
問8　ドイツの大統領は、議会によって選出される。

1 政治制度の基本情報

ロシアは連邦制国家であり、共和国や州などの連邦構成主体から構成されています。元首は大統領ですが、連邦政府も執行権力を担い、半大統領制に区分されます。連邦

↓クレムリン

Jose Fuste Raga／アフロ

議会は、国家会議と連邦会議による二院制です。国家会議は、小選挙区制と比例代表制によって半数ずつが選出されます。連邦会議は、連邦構成主体の執政府と立法府から1名ずつが選出されるほか、大統領が7名以下の終身議員を含む30名以下の議員を任命します。大統領は首相の任免や法案拒否などの権限をもち、議会に対して強い影響力を保持しています。

2 大統領権限の拡大

ロシアでは1993年憲法制定以来、3回の憲法改正が行われ、そのつど大統領権限が拡大されました。この間、大統領の法案拒否権が強化され、広範な大統領令の発令が可能になったほか、一部上院議員の任命権、検事任免権、首相解任権なども付与されました。また、2008年の憲法改正では大統領任期が6年に延長されたうえ、2020年の憲法改正では大統領経験者のこれまでの任期が任期制限の適用外となり、新たに2期、大統領職につくことも可能になりました。

↓政治制度の基本情報

政治体制	連邦制国家、共和制、半大統領制	
憲法	ロシア連邦憲法	
元首	大統領（ウラジーミル・プーチン）、直接選挙制、任期6年（2期まで）	
	主な権限	首相の任免、検事の任免、連邦会議において7名以下の終身議員を含む30名以下の議員を任命する権限
議会	議会制度	二院制（下院［国家会議］、上院［連邦会議］）
	定数	国家会議（450議席）、連邦会議（200議席）
	任期	国家会議（5年）、連邦会議（6年／終身）
	選挙制度	国家会議（小選挙区制と比例代表制によって半数ずつ選出） 連邦会議（連邦構成主体の執政府と立法府から1名ずつ選出。そのほか、大統領による直接任命）
	主な権限	首相の任命への同意（国家会議）、政府不信任（国家会議）、中央銀行総裁の任免（国家会議）、連邦構成主体間の境界変更の承認（連邦会議）、憲法裁判所・最高裁判所の裁判官の任命（連邦会議）
内閣	首相（ミハイル・ミシュスチン）	

『世界年鑑2022』（共同通信社・2022年）440-442頁、溝口修平「ロシア連邦」初宿正典＝辻村みよ子編『新解説世界憲法集（第5版）』（三省堂・2020年）281-341頁をもとに筆者作成

↓憲法の改正と大統領権限の拡大

1993年憲法の制定	法案拒否権が強化され、広範な大統領令の発令が可能に
2008年の憲法改正	大統領の任期が4年から6年に延長
2014年の憲法改正	上院議員を追加で任命する権限（連邦構成主体定数の1割まで）、検事任免権などの獲得
2020年の憲法改正	大統領経験者のこれまでの任期が任期制限の適用外に。不逮捕特権が現職に加え、大統領経験者にも適用。首相解任権の獲得。大統領経験者は終身上院議員になることを規定。大統領による上院議員の任命枠が30名（終身議員7名以下を含む）まで拡大

溝口修平「ロシア連邦」初宿正典＝辻村みよ子編『新解説世界憲法集（第5版）』（三省堂・2020年）281-293頁をもとに筆者作成

1 政治制度の基本情報

中国は社会主義国家であり、共産党の実質的な一党支配を特徴としています。憲法上も社会主義体制が中国の「根本的なシステム」であり、共産党による指導

↓人民大会堂

三枝輝雄／アフロ

が中国の社会主義の「最も本質的な特徴」であると明記されています。憲法では人民主権を謳い、人民が国家権力を行使する機関として、省や自治区などの代表からなる全国人民代表大会と、地方各クラス人民代表大会を位置づけています。元首である国家主席は全国人民代表大会において選出されますが、共産党総書記の兼任が通例となっています。

↓政治制度の基本情報

政治体制	人民民主主義独裁の社会主義国家	
憲法	中華人民共和国憲法	
元首	国家主席（習近平）、任期5年（多選の制限なし）	
	主な権限	全国人民代表大会の決定および全国人民代表大会常任委員会の決定に基づく、法律の公布、国務総理、副総理、国務委員、各部部長、各委員会主任、会計検査長、秘書長の任免。戦争状態の宣布、動員令の発令
議会	議会制度	一院制（全国人民代表大会）
	定数	第13期2953人（2021年3月）
	任期	5年
	選挙制度	省、自治区、直轄市、特別行政区、軍の代表から構成
	主な権限	憲法改正、法律の制定・改正、国家主席・副主席の選出・免職、国家主席の指名に基づく首相の任命および免職、首相の指名に基づく閣僚の任命および免職、中央軍事委員会主席の選出・構成員の任免、最高人民法院院長と最高人民検察院検察長の選出・免職、国民経済計画、国家予算の承認など
内閣	国務院。国務総理（首相）は、李克強	

『世界年鑑2022』（共同通信社・2022年）136-140頁、鈴木賢「中華人民共和国」初宿正典＝辻村みよ子編『新解説世界憲法集（第5版）』（三省堂・2020年）343-374頁をもとに筆者作成

★○×問題でチェック★

問9　ロシアの大統領は、上院議員の任命権を有している。
問10　中国の国家主席は、国民の直接選挙によって選出される。

2 国家機構

　憲法上、全国人民代表大会は最高国家権力機関に位置づけられ、憲法の改正、法律の制定・改正、国家主席と副主席の選出と免職、国家主席の指名に基づく首相の任命および免職、中央軍事委員会主席の選出と構成員の任免、最高人民法院院長と最高人民検察院検察長の選出・免職などの権限を有しています。行政を担う国務院や裁判を担う最高人民法院は、全国人民代表大会のもとに位置づけられ、相互に抑制均衡の関係にはありません。一方、これら国家機構の重要人事は、共産党によって管理されており、事実上、国家機構全体が共産党の指導下にあります。

↓中国の国家機構

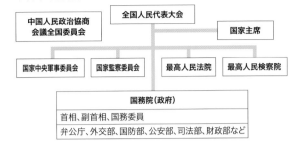

外務省HP、『世界年鑑2021』(共同通信社・2021年)136-140頁、鈴木賢「中華人民共和国」初宿正典=辻村みよ子編『新解説世界憲法集〔第5版〕』(三省堂・2020年)343-374頁を参考に筆者作成

VIII 韓 国

1 政治制度の基本情報

↓青瓦台

アフロ

　韓国は大統領制を採用しており、大統領は国民の直接選挙によって選ばれます。大統領は、首相（国務総理）の任命、法案・予算案の提出、法案の拒否などの権限を有します。議会（国会）は一院制であり、議員は小選挙区制と比例代表制によって選出されます。国会は国政調査・国政監査の権限によって政府

↓政治制度の基本情報

政治体制		共和制、大統領制
憲法		大韓民国憲法
元首		大統領（尹錫悦［ユン・ソギョル］）、直接選挙制、任期5年（重任禁止）
	主な権限	首相の任命、首相の推薦に基づく閣僚の任命、法案・予算案の提出、法案の拒否
議会	議会制度	一院制
	定数	300議席
	任期	4年
	選挙制度	小選挙区制（253議席）、比例代表制（47議席）
	主な権限	法案の提出、法律の制定、予算の議決、国勢調査・国政監査、条約の締結・批准、弾劾訴追
内閣		首相（国務総理）は、韓悳洙［ハン・ドクス］

『世界年鑑2022』(共同通信社・2022年)123-125頁、水島玲央「大韓民国」初宿正典=辻村みよ子編『新解説世界憲法集〔第5版〕』(三省堂・2020年)375-403頁をもとに筆者作成

への強いチェック機能を果たし、大統領の弾劾を訴追する権限も有します。なお、従来、大統領府は青瓦台に置かれていましたが、2022年5月、龍山（ヨンサン）に移転されました。

2 体制変動と政治制度の変遷

　戦後の韓国は、北朝鮮との分断、朝鮮戦争、軍のクーデターなどを背景として、独裁政治や軍政から民主政へと移行する中、目まぐるしい体制変動を経験しました。韓国では新体制の発足ごとに時期が区分され、建国期の第一共和国に始まり、現在の第六共和国に至っています。度重なる体制転換を反映して現在までに9回の憲法改正が行われ、そのたびに統治機構に関する制度が改変されました。独裁政権の時代には、その時々の権力者の意向にそう形に憲法が改正され、大統領の任期、重任規定、選出方法などに変更が加えられました。一方、1980年代半ば以降、民主化運動が活発になり、1987年には「民主化宣言」が出されたことを受け、現行憲法への改正が行われました。現行憲法では大統領は国民による直接選挙で選出されることになり、任期は5年に短縮されました。また、国会には国政調査・国政監査の権限が付与され、政府に対するチェック機能も強化されました。

↓憲法の改正と政治制度の変遷

時期区分	憲法	政治制度の特徴
第一共和国 （1948～1960年）	1948年憲法	大統領任期4年（1回のみ重任可能）。国会は任期4年の一院制に
	1952年憲法	大統領を国会での選出から、国民の直接選挙へ
	1954年憲法	大統領の任期制限の撤廃
第二共和国（1960~1961年）	1960年6月憲法	法律の違憲審査を行う機関として憲法裁判所を導入
	1960年11月憲法	
軍政（1961~1963年）		1963年、民政に移管
第三共和国 （1963～1972年）	1962年憲法	大統領は国民の直接選挙で選出
	1969年憲法	大統領任期を3期まで可能に
第四共和国 （1972～1980年）	1972年憲法	統一主体国民会議が、大統領と国会議員の3分の1を選出 大統領任期6年（重任制限の規定なし）
第五共和国 （1980～1987年）	1980年憲法	大統領を間接投票制を採用。大統領任期7年（重任禁止） 国会議員は国民の選挙で選出され、任期4年
第六共和国 （1988年～）	1987年憲法	大統領任期5年（重任禁止）。国会議員任期4年

磯崎典世「体制移行の政治」新川敏光=大西裕編『日本・韓国』(ミネルヴァ書房・2008年)173-199頁、水島玲央「大韓民国」初宿正典=辻村みよ子編『新解説世界憲法集〔第5版〕』(三省堂・2020年)375-384頁を参考に筆者作成

★○×問題でチェック★
　問11　中国では、憲法改正の権限は全国人民代表大会が有している。
　問12　韓国では、法案の提出は議会のみに与えられた権限である。

地方自治

Ⅰ　地方自治の意味

1　地方自治とは

　国家の領域を地方自治体に区分し、各自治体およびその住民が一定の範囲内でそれぞれの地域を統治することを地方自治とよびます。地方自治には、どのような意義があるでしょうか。第1に、国家という広い領域では考慮されにくい利益や要求を実現できるという意義があります。第2に、一定の地域住民にとって政治を経験する機会となるという意義があります。自分の生活と距離のある外交や社会保障のようなテーマで国政の意思決定に参加するのは、ハードルが高いでしょう。その点、地方自治は、住民の直接的な政治参加とニーズの表明、それに合った公共サービスを可能にします。各地域の気候や人口構成にそったインフラ整備や公共施設の建設など、人々に身近な問題を扱う地方政治に参加することによって、住民はすべての市民が影響を受ける決定を行う訓練を受けることができるのです。イギリスの政治学者ブライスは、「地方自治は民主主義の学校」といって、政治参加の基礎と位置づけました。また、フランスの思想家トクヴィルは、「地方自治は自由の小学校にあたる」として、個人がバラバラになりがちな民主社会において一

↓ブライス　　　　　↓トクヴィル

public domain　　　　　public domain

人ひとりが自由であるためにも自治の経験が不可欠であると主張しました。身の回りの問題を中央政府に頼らずに地域の隣人と協力して自主的に解決していくことではじめて、個人が自由になるという考え方です。

2　地方自治の意味

　日本国憲法92条の定める「地方自治の本旨」は、住民自治と団体自治に分けられます。住民自治は、各地域の問題を住民自身の参画と責任のもとで処理することです。団体自治は、地方自治体の国家からの自律性を重視し、自治体が自らの責任において国家の干渉を受けずに問題を処理することです。日本では、1999年の地方分権一括法制定、2010年代以降の第2次地方分権改革により、国と地方の役割が明確にされるとともに、地方政府は自らの判断と責任により、地域の実情にそった行政を行うことが期待されました。その結果、国や公共団体から都道府県知事、市町村長、各種行政委員会に委任される事務が廃止され、行政サービスにあたっての様々な基準を、国の法律ではなく自治体の条例で決定できるようになりました。府中市のコミュニティバスは、市内の交通不便地域の解消や幅広い社会参画を実現するために、「痒い所に手が届く」公共サー

ビスが実現した一例です。他方、新型コロナウイルス感染症まん延に伴って日本政府が給付した特別定額給付金は、国が自治体にその執行を「丸投げ」したにもかかわらず、執行過程で生じる必要経費や人員を供出しませんでした。そのため、給付金の配分については自治体間で大きく差が出ました。自治体が独自の行財政運営を行うには、必要な財源を自主的に確保することが必要ですが、住民への負担増を求めることへの合意を作ることが難しく、課題は残っています。

↓府中市コミュニティバス　　　↓特別定額給付金

東京都府中市HP

アフロ

↓住民自治と団体自治

団体自治

独立　　　参加

国　　　地方公共団体　　　住民自治

筆者作成

★○✕問題でチェック★

問1　ブライスは、「地方自治は民主主義の学校」とし、政治参加の基礎と位置づけた。
問2　日本の地方自治で想定されているのは、住民自治と団体自治である。

Ⅱ　単一制と連邦制

1　分権のモデル

　権力の分割を実現する重要な制度の1つに、連邦制があります。世界の連邦国家は、少なくとも2つ以上の独立した政府をもっています。連邦制の特徴は、連邦政府と連邦を構成する州政府（あるいは自治区）が対等であることです。国家が連邦制を採用する理由には大きく分けて、独立した性格の強い地域が一緒になって連邦国家を形成する場合と、地方分権を進めた結果として連邦制を採用するに至る場合の2つがあります。前者は、もともと強かった地方政府の権限を政府が留保する形態をとり、後者は政府が地方政府に権限を委譲して連邦制へと移行した場合です。連邦政府と州政府の地位と権限は、憲法に規定されています。したがって、連邦政府と州政府の間に競合が生じた場合、憲法に規定された原則に基づいて調停がなされます。

　他方、地方政府が中央政府の法律によって創り出され、その地位や権限が中央政府の影響下にある制度を単一制といいます。連邦制と異なり、単一制における自治の根拠は中央政府の法令に依拠しています。単一国家でも

▶連邦制と単一制

	連邦制	単一制
中央政府と州の関係	連邦政府、州それぞれの地位と権限が憲法に規定されている	地方政府は中央政府の法律により創り出されており、その地位と権限は中央政府によって定められている
決定と思考の関係 ○：決定者 ●：執行者 □：自立した組織 ↓：命令系統	連邦政府 州 連邦政府、州それぞれにおいてその決定は最終決定であり、執行に移される	中央政府 地方政府 1：地方政府の決定権は中央政府の影響下にある 2：中央政府は地方政府の起案する決定を地方政府に執行させる
主要な国	アメリカ、カナダ、オーストラリア、ドイツ、ロシア、ベルギー、マレーシア	イギリス、フランス、日本、韓国、イタリア

岩崎美紀子『分権と連邦制』（ぎょうせい・2010年）5頁の表に加筆修正して作成

憲法で中央政府と地方政府の機能を明確に割り当てている場合がありますが、その機能を果たすために両者が競合した場合、最終的に判断する権力は中央政府に留保されているのです。

2　連邦国家の特徴

　連邦国家では、連邦憲法の中に連邦と州の立法権限や財産資源の分配のあり方、紛争の調停に関する手続きが定められています。また、連邦憲法の改正には州政府による承認が必要です。連邦政府だけでなく、州政府も独自の憲法と法体系を構築し、それに基づいた裁判が行われます。単一制のように、1つの憲法のもとで設立される裁判所が地方に支部を置くのとは異なり、それぞれの州の領域のみで適用される法体系が存在しているのです。2020年に公開され、高い評価を得たアメリカ映画、『17歳の瞳に映る世界』は、予期せぬ妊娠をしたペンシルヴァニアに住む17歳の少女が、保護者の承認なしで中絶手術を受けられるニューヨーク州へと旅をする物語です。州政府が独自の憲法と法体系を有することをよく示しています。

　連邦制は、2つの点で効果があるとされています。第1に、グローバル化や多様化の中で、中央集権的な政策運営は非効率になる傾向がありますが、中央政府よりも小さな政府に政策決定や実施の権限を認めることで、地域が主体的かつ効果的に公共政策をアウトプットできることです。第2に、国家が少数派を抑圧することや、国家の分裂を防ぐことです。国内に多様な民族・宗教・言語などを抱える国家においては、国家への反発や、集団間の対立から生じる紛争を抑制する必要があります。たとえば、イギリス植民地当初から、カトリック系が人口の

多数を占めていてフランス語が使われていたカナダのケベック州は、州権を根拠にフランス民法やカトリック教育など独自の制度を維持しました（☞27-Ⅱ1）。州旗にはフランス王家の紋章があしらわれています。他方、ベルギーのように、もともと単一国家だったのが、オランダ語系の北部とフランス語系の南部の社会的亀裂を反映して、地方政府に強い権限を委譲し、連邦制を採用した例もあります。

▶『17歳の瞳に映る世界』　　▶ケベック州旗

編集部撮影　　wikipedia

★○×問題でチェック★
問3　連邦制のもとでは、州政府の権限は連邦政府の管理下にある。
問4　連邦国家では、連邦憲法によって連邦政府、州政府の両方それぞれに憲法と法体系が確立している。

1 足による投票

↓足による投票のイメージ

筆者作成

↓首都圏駅広告PR

母になるなら、流山市。

駅前 送迎保育ステーション

ともに流山市HP

地方自治体の選挙の投票率は、国政レベルの選挙の投票率を大きく下回ります。しかし、地方自治体に対する満足度は、中央政府に対する満足度よりも上回ります。これはなぜでしょうか。ある地方自治体に住む住民には、別の地方自治体に移動するという権利（選択肢）があります。住民は、税負担と行政サービスのバランスに不満があれば移動する（引っ越す）ことができます。逆に、地方自治体には住民を選ぶことはできません。住民は行政サービスの質と税負担のバランスを考えて移動し、自治体はそうした住民の需要を満たすように行政運営を行います。いわば「足による投票」が行われる結果、人々にとって望ましい政策が実施される可能性が高くなるのです。

投票箱の前の有権者は、どんなに情報をもっていても選挙結果に大きく影響を与えることは不可能です。したがって、積極的に情報収集を行わないのが合理的です。他方、自ら「足による投票」を行う人々は、他の行政区の経済状況や行政サービスなどの便益についての情報を、インターネットなどで自ら集めるインセンティブをもちます。当然ながら引っ越すことにもコストがかかります。それでも「足による投票」が行われるのは、投票による政治参加だけでは個人の問題解決にとって不十分だからです。

実際の「足による投票」の例を見てみましょう。千葉県流山市は、2021年の調査で人口増加数全国1位、人口は20万人を突破しました。流山市は、東京都内から北東部に位置し、都心から約30km、つくばエクスプレスで秋葉原まで30分の場所に位置しています。2005年のつくばエクスプレス開通によって、もともと人口は増加傾向にありましたが、急激な人口増加の背景には、市による行政サービスの拡充とマーケティングの成功があります。流山市は、特に都内に職場がある共働きの子育て世帯をターゲットにして認可保育園を拡充し、駅前送迎保育ステーションを設置しました。この施設は、各保育園とバスでつながっており、親は出勤前に子どもを預け、出勤後に駅前ステーションに子どもを迎えに行けばよいしくみです。移住者の中には、このサービスに最も魅力を感じて流山市に引っ越したという意見が多いのです。ほかにも、共働きの児童に対して夏休みに学校を一部開放する「夏休みこども教室」などの取り組みもなされています。流山市マーケティング課は、こうした取り組みを『母になるなら、流山市』として都心の地下鉄の駅などに市のPR用のポスターを張るなどするほか、人口増を見すえて住宅供給などのインフラを整備し、「流山中央」から「流山おおたかの森」といった駅名の変更など、ブランディングに成功しました。

流山市は、「流山ウェルカムガイド」の発行や各種イベントの開催など、関心のある潜在的な移住者層に多くの情報提供を行っています。実際に移住者は、インターネットなどの情報のほか、そうした必要な情報獲得の機会を捉えて移住を決めています。

↓人口増加率上位の自治体

	人口の2015年比増減率	出生率（2013〜2017年）
千葉県流山市	14.7%	1.58
福岡県福津市	14.2	1.66
沖縄県中城村	14.0	1.86
沖縄県北中城村	11.4	1.91
千葉県印西市	10.8	1.39
福岡県久山町	10.4	1.52
福岡県新宮町	8.6	1.85
埼玉県滑川町	8.1	1.61
北海道占冠村	7.9	1.28
沖縄県南風原町	7.9	2.22
福岡県苅田町	7.8	1.91
神奈川県開成町	7.8	1.54
埼玉県八潮市	7.7	1.49
愛知県幸田町	7.4	1.76
山梨県昭和町	7.2	1.78
【参考】全国平均	−0.7	1.43

※総務省、厚生労働省のデータから作成。原発事故の災害自治体、政令指定都市と出生率データが欠損した一部自治体を除く

nikkei.com 2021年6月26日記事「人口増300市町村、子育て支援が効果　千葉・流山14％増」をもとに作成

★〇✕問題でチェック★

問5　住環境に不満のある住民が別の自治体に移動することを「足による投票」という。
問6　「足による投票」の結果、自治体の行政サービスの質は下がる。

2 福祉磁石論と底辺への競争

　もしあなたがこれから家族と住む一軒家を立てるとします。あなたなら、福祉サービスが充実している自治体と不十分な自治体のどちらを選ぶでしょうか。多くの人が最初に考えるのは、子育てや介護にかかる費用をどれだけ自治体が負担してくれるか、という点でしょう。認可保育園が整備されていること、中学3年生まで医療費が無料、学校給食の費用の半分を自治体が負担、介護サービスの充実していることなどを、安心して暮らすための条件と考える人々は多いでしょう。当然のことながら、所得が低ければ低いほど、生活の維持に関わる福祉サービスが充実している自治体に魅力を感じます。他方、あなたが高所得者である場合はどうでしょうか。民間の高額な医療保険に加入でき、子育てや介護にかかる費用も十分に賄えますから、自治体のお世話になる必要はありません。その場合、生活にかかる費用の削減よりも高額な税金負担を減らすことの方が重要でしょう。福祉サービスが不十分であっても、税負担の少ない自治体を選択するでしょう。もし自治体が税金の値上げを検討しているとすれば、より負担の少ない自治体に移動することを考えるかもしれません。

　他方、自治体側はその地域の経済力や財政力を高めようと切磋琢磨しています。自治体は企業誘致や観光資源保護などの開発政策には力点を置きますが、福祉サービスの給付に代表される再分配政策への取り組みには消極的な場合が多くなります。なぜなら、開発政策は企業、税負担能力の高い高所得者を惹きつけるために、地方自治体財政にとってプラスに作用しますが、再分配政策は税負担の能力が低く、公共支出を増大させる低所得者・貧困者を引き寄せるため、地方自治体財政にとってマイナスに作用するからです。福祉サービスの拡充は、高所得者＝高額納税者を地域から流出させ、低所得者を引き寄せる効果をもつのです。磁石が砂鉄を引きつけるように、福祉が貧困者を引き寄せるこのような現象を、ピーターソンは、福祉磁石論とよびました。福祉政策の立案・執行を地方政府に委ねれば、地方政府がこぞって企業誘致のために減税を行い、低所得者層を寄せつけないように社会福祉政策の水準を切り下げていこうとする底辺への競争が生じる可能性が高まります。これは、自治体が財源を独自に確保する必要性が高く、高位の政府からの財政移転が望めない場合はとりわけ深刻な問題になる可能性があります。解決方法としては、国が自治体の提供すべき福祉サービスの水準を集権的に決定するか、あるいは福祉サービスにかかる費用を国が直接負担することがあげられます。

　連邦制を採用するアメリカでは、州政府や地方政府が社会福祉政策の対象や給付額について多くを決定することになっています。特に、人口の多い都市政府にとって主たる財源は高所得者や民間企業の納税にならざるをえません。世界の経済と金融の中心であり続けるニューヨーク州ニューヨーク市は、1910年代

▶財政破綻危機におちいったニューヨーク市に対する救済を行わないと宣言するフォード大統領

wikipedia

には積極的に開発政策を行うとともに、貧困者や失業者への救済といった社会福祉政策を実施することができました。交通手段が今日ほど発達していない時期には、ニューヨーク市の高額納税者たる民間企業が去ることは想定されませんでした。貧困者の救済は、労働力の確保および社会の安定に寄与し、長期的には民間企業の利益にもかなう面があったのです。1960年代から70年代のリンゼイ市長の時代、ニューヨーク市の社会福祉受給者は人口の16%にまで増加しました。しかし、経済成長が止まり、市政府の財政がひっ迫すると、ニューヨーク市は社会福祉の受給者数を大幅に減少させる政策転換を行いました。財政破綻直前のニューヨーク市経済の中心は製造業からサービス業に変わり、担税力のある人口比率も低下し、連邦政府からの援助削減がされました。圧倒的な財力をもつニューヨーク市ですら財源を確保するために福祉支出を削減する必要があるのです。

▼福祉磁石論のイメージ

筆者作成

▼福祉拡充の結果財政破綻危機におちいったニューヨーク市。犯罪率も上昇し富裕層の郊外転出が進んだ

TopFoto／アフロ

14 日本の地方政治

I 日本の地方自治制度

1 地方自治の担い手たち

日本の地方自治の担い手は、どのような人々でしょうか。まず、最も大きな役割を果たしているのは、首長です。首長は、住民による直接選挙で選ばれ、地方自治体の執行機関

▶実際の議場の一例（京都府議会）
京都府議会HP

として、地方行政の事務に関係する意思決定を行います。そして、首長と同じく選挙で選ばれるのが、地方議員です。地方議員は、議会において首長等が提案する議案を審議・議決するとともに、住民の声を代弁します。首長が独任制とよばれる、1人で構成される機関であるのに対し、地方議会は複数の地方

▶首長・地方議員・地方公務員の選出方法・組織構成

	首長	地方議員	地方公務員
選出方法	選挙	選挙	試験
組織構成	独任制	合議制	官僚制
役割	予算案・条例案等の提案・首長機関の管理・運営、規則・命令の制定等	予算案・条例案等の議決、条例案等の提案、住民の意見の代表	行政事務の執行、首長・行政委員会・地方議会の補佐、住民サービスの提供

筆者作成

議員からなる合議制の機関です。首長・地方議員以外に、日々の行政運営において欠かせないのが、地方公務員です。地方公務員は、法律・条例や首長の指揮命令に基づいて行政事務をとり行い、首長や地方議会の活動を支えています。上記3者に加えて、住民も重要な地方自治の担い手です。

2 二元代表制──議院内閣制との違い

日本の地方自治体では、二元代表制という制度が採用されています。中央政府で採用されている議院内閣制では、国民が選挙で選んだ国会議員によって内閣総理大臣が指名されます。国会の多数派が内閣総理大臣を選ぶ形になるため、行政権と立法権の融合が起きます（☞11-1 2）。これに対し、二元代表制では、首長と地方議員がともに住民による選挙で選ばれます。首長と地方議員は、それぞれ別個に住民から付託を受けているので、行政権と立法権の分立が生じます。そのため、自治体の政策をめぐって首長と議会が対立することもあります。この二元代表制は、同じく権力分立を重視した制度であるアメリカの大統領制によく似ていると評されることもあります。

▶二元代表制（左：地方自治体）と議院内閣制（右：中央政府）の比較

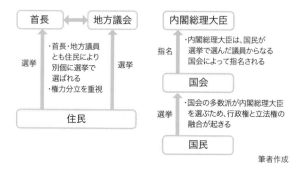

筆者作成

3 地方政治における意思決定

住民の選挙で選ばれた首長と地方議員は、それぞれ異なる立場で地方自治体の運営に携わります。まず、首長の主な権限としては、自治体の「首長」部局の指揮監督、予算案・議案の作成等があります。これに対し、地方議会の権限は、予算案・議案の審議、地方自治体の事務の調査権（100条調査権）等があります。首長の議案が否決された場合、首長は議会に再議の請求ができます。また、地方議会は、首長に対する不信任の議決を行うこともできます。不信任の議決は、出席議員の3分の2以上の特別多数で可決されますが、その後、首長は失職か地方議会の解散を選択することになります。

▶地方政治における住民・首長・地方議会の意思決定

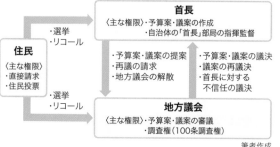

筆者作成

★○×問題でチェック★

問1　首長と地方議員はともに住民による直接選挙で選ばれる。
問2　地方議会は予算案の作成を行う。

1 地方分権改革

近年、日本では大規模な地方制度改革が相次いで行われています。その中でも、最も早い時期から行われているのが、地方分権改革です。戦後の占領期に行われた地方自治制度改革により、国と地方の関係は制度上対等なものへと変わりました。ですが、やはり権限や財源の面では地方よりも国の力が強く、集権的であるとの批判が自治体関係者や地方自治を専門とする研究者からなされてきました。特に、地方自治体の首長が国の指揮命令を受けながら事務を執行する機関委任事務制度について、地方自治の発展を阻むものであるとの批判がなされました。また、国による補助金や通達を用いた地方自治体への統制についても、問題視されました。

これを受けて、第1次地方分権改革が始まりました。まず1999年7月に地方分権一括法が成立し、機関委任事務が廃止されました。従来、機関委任事務に区分されていた事務のうち、存続することとなった事務は、法定受託事務と自治事務に再構成されることとなりました。法定受託事務は、国が本来処理すべき事務だがその適正な処理を確実にするために国から地方自治体へ委任されている事務と位置づけられ、それ以外の事務が自治事務とされました。また、国による地方自治体への関与についてもルール化され、従来の機関委任事務で認められていたような包括的な指揮監督権は廃止されて助言や協議といった関与の基本類型が定められました。このほかに、国が地方自治体に関与する際には一般的ルールを確実に守るようにするために、国と地方の係争処理制度が創設されました。地方自治体の側に国の関与について不服がある場合、総務省に設置された国地方係争処理委員会に審査の申し出ができるようになりました。同委員会は審査の結果に基づき、国に勧告を行い、国は勧告に対して必要な措置をとりますが、地方自治体の側にさらに不服がある場合、高等裁判所に提訴できます。

2000年代後半からは、第1次分権改革で不十分とされていた国から地方自治体への事務・権限の移譲に関する改革が進められ、第2次地方分権改革が始まりました。国から地方自治体への事務・権限移譲の例として、2014年に成立した第4次一括法に基づく、各種資格者の養成施設等の指定・監督に関する事務・権限の移譲があります。これにより、国が有していた看護師等の各種資格者の養成施設の指定・監督の事務・権限が、都道府県へ移譲されました。また、地方への規制緩和として義務づけ・枠づけの見直しも行われました。義務づけ・枠づけは、国が法令等により自治体に特定の活動を一律に義務づけたり、その実施方法を定めたりすることをさします。義務づけ・枠づけの見直しにより、自治体が独自に条例で自らの活動の内容や実施方法を決定できることとなりました。このほかに、国と地方の協議の場の法制化が実現しました。これにより、国が進める政策が地方自治に影響を及ぼす可能性がある場合、政策の企画・立案・実施について国と地方の協議が行われることとなりました。

↓地方分権改革のこれまでの成果

第1次地方分権改革

地方分権一括法の概要
（H11.7成立、H12.4施行。475本の法律を一括して改正）
○ 機関委任事務制度（知事や市町村長を国の機関と構成して国の事務を処理させるしくみ）の廃止と事務の再構成
○ 国の関与の新しいルールの創設（国の関与の法定化等）
○ 権限移譲 例：農地転用（2～4ha）の許可権限（国→都道府県）

第2次地方分権改革

項目	成果
地方に対する規制緩和（義務づけ・枠づけの見直し）	見直すべきとされた1316条項に対し、975条項を見直し（74%）※
国から地方への事務・権限の移譲等	検討対象とされた96事項に対し、66事項を見直し（69%）※
都道府県から市町村への事務・権限の移譲等	検討対象とされた169事項に対し、113事項を見直し（67%）※
国と地方の協議の場の法制化	「国と地方の協議の場に関する法律」の成立（H23.4）

※第1次一括法から第4次一括法等により対処

内閣府HP

↓機関委任事務の廃止とそれに伴う事務区分の再構成

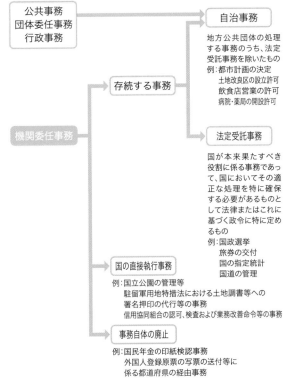

公共事務
団体委任事務
行政事務 → 自治事務

自治事務
地方公共団体の処理する事務のうち、法定受託事務を除いたもの
例：都市計画の決定
　　土地改良区の設立許可
　　飲食店営業の許可
　　病院・薬局の開設許可

機関委任事務 → 存続する事務

法定受託事務
国が本来果たすべき役割に係る事務であって、国においてその適正な処理を特に確保する必要があるものとして法律またはこれに基づく政令に特に定めるもの
例：国政選挙
　　旅券の交付
　　国の指定統計
　　国道の管理

国の直接執行事務
例：国立公園の管理等
　　駐留軍用地特措法における土地調書等への署名押印の代行等の事務
　　信用協同組合の認可、検査および業務改善命令等の事務

事務自体の廃止
例：国民年金の印紙検認事務
　　外国人登録原票の写票の送付等に係る都道府県の経由事務

総務省HP

★◯×問題でチェック★
問3　従来の機関委任事務のうち存続する事務は、自治事務と法定受託事務に再構成された。
問4　第2次地方分権改革により国地方係争処理委員会が新たに設置された。

2 市町村合併

　近年の大規模な地方制度改革の2つ目の例として、「平成の大合併」とよばれる市町村合併があげられます。地方分権改革が進展する中で、地方自治体の権限・財源は強化されました。ですが、小規模な地方自治体を中心に、権限に見合う職員数や施設数が十分でないところが多くありました。また、農村部では人口流出による少子高齢化が続いており、将来的な自治体運営の見通しに悲観的な見方もなされていました。これらに加えて、バブル崩壊後の不況が長期化したことにより、国と地方の財政は悪化し、支出の削減を迫られる状況に至りました。こうした流れを受けて、与党の自民党により「市町村合併後の自治体数について1000を目標とする」という方針が出され、「平成の大合併」が行われることとなります。市町村の自主的な判断に基づく合併が強調されましたが、合併推進のための政策が政府によって打ち出されました。

　まず、市制移行に必要な人口の要件が5万人から3万人に緩和されました。また、合併を行った自治体にのみ認められる合併特例債が導入されました。合併特例債は、合併に関係する公共施設の建設費等の95%に充当できるとされ、合併特例債の償還にあたっては、元利合計額の70%を交付税で措置することとされました。地方自治体が自前で支出する必要があるのは、費用の5%分と特例債償還分の30%のみであり、合併を考える地方自治体にとって有利な制度といえます。

　このほかに、地方交付税についても特例措置がとられました。新たに合併によって誕生した自治体では、事務の重複部分の削

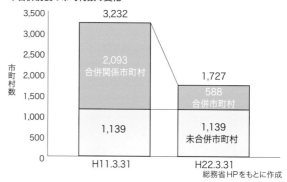

↓合併前後の市町村数の変化

総務省HPをもとに作成

減や、人口や面積の拡大に伴い様々な経費の節約が見込まれるので、交付される地方交付税の額は、合併前の旧自治体の地方交付税の合計額に比べて減少すると考えられます。そのため、2005年までに合併した自治体には、合併後10年間は合併する前の旧市町村が別個に存在するものとみなし、それぞれの地方交付税の合計額を交付するという地方交付税の合併算定替が行われました。

　これらの合併促進策に加えて、同時期に行われた三位一体の改革（☞ 3 ）により地方交付税の大幅な削減が行われたことにより、多くの自治体が合併を選択することとなります。最終的に合併前に3232あった市町村数は、「平成の大合併」が終わったとされる2010年3月31日時点で1727まで減少しました。

3 三位一体の改革

　近年の地方制度改革として3つ目にあげられるのが、地方財政に関わる三位一体の改革です。地方自治体の歳入は3つに分けられます。地方税は、地方自治体による住民への課税をさします。使途（つかいみち）は自由ですが、人口規模や都市化の程度等によって自治体間に税収格差が存在します。地方交付税・国庫支出金は、移転財源とよばれるものです。自治体間の地方税収格差に関係なく、最低限の行政サービスを維持することを目的としています。地方交付税は使途が限定されていないのに対し、国庫支出金は使途が特定事業への支出に限定されているのが特徴です。地方債は、地方自治体が特定の支出のために国や金融機関、住民などから行う借金を指します。地方債の償還（返済）は長期にわたって行われるので、将来世代にも負担が及びます。しかし、学校や道路・橋の建設等、事業の効果が長期に及ぶ場合、地方債による財源確保は正当化されます。右のグラフをみると、地方税の占める比率が最も多く、地方交付税、

国庫支出金が続いているのがわかります。

　2004年から始められた三位一体改革は、①中央から地方への税源移譲、②国庫支出金の削減、③地方交付税の見直しの3つを一体的に行おうとしたものです。地方の側は①と②を特に要求し、一定の成果が得られました。しかしながら、③については地方交付税の大幅な削減が行われたことで、多くの地方自治体の財政が多大な影響を受けました。

↓地方自治体の歳入とその特徴

項目	主な税財源	財源負担者	使途
地方税	住民税・固定資産税	自治体	自由
地方交付税	国税（所得税等）	国	自由
国庫支出金	国税（所得税等）	国	限定
地方債	自治体の借入	自治体	限定

筆者作成

↓地方歳入の推移

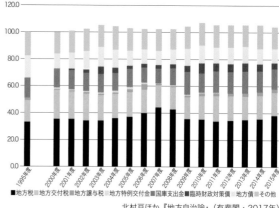

■地方税　地方交付税■地方譲与税■国庫特例交付金■国庫支出金■臨時財政対策債　地方債■その他

北村亘ほか『地方自治論』（有斐閣・2017年）
144頁より引用

★○×問題でチェック★

問5　合併にあたっては市町村の自主的な判断が強調され、国は積極的な措置を講じなかった。
問6　地方交付税は使途が特定事業への支出に限られるが、国庫支出金は使途が自由である。

Ⅲ　地方選挙

1　首長・地方議員に誰がなり、誰が選ぶのか

　地方選挙では、首長と地方議員をそれぞれ選ぶことになります。定められた任期はいずれも４年ですが、辞職・失職や、議会の場合は解散もありうるので、これより短くなることもあります。首長の被選挙権は、より広範囲にわたる行政を担当する都道府県知事の方が市区町村長に比べて年齢が高く設定されています。地方議員の被選挙権ですが、その地域に３か月以上住所があることが要件とされていて、住民代表としての位置づけが明確になっています。選挙権については国政選挙と同じ要件が課されていますが、地方選挙については外国人にも選挙権を認めるべきだという立場もあり、それに慎重な立場との対立がみられます。

↓首長・地方議員の任期・選挙権・被選挙権

	都道府県知事	市区町村長	都道府県会議員	市区町村会議員
任期	4年			
被選挙権	日本国民で満30歳以上の者	日本国民で満25歳以上の者	日本国民で満25歳以上の者、その地域に3か月以上住所があること	日本国民で満25歳以上の者、その地域に3か月以上住所があること
選挙権	日本国民で満18歳以上であり、引き続き3か月以上その市区町村に住所のある者			

筆者作成

2　首長選挙

　首長選挙の制度ですが、定数は１で、選挙区は自治体全域です。選挙制度として小選挙区制が採用されているため、最も多くの票を獲得した候補者が当選し、他の候補者は全員落選ということになります（☞24-Ⅳ 1）。首長は自治体全域を選挙区として、１人だけ選ばれることから、再選のために個々の地域の利益よりも、自治体全体の利益を重視して行動することが多いとされています。たとえば、自治体財政の健全化のために余分な支出をカットすることをめざし、選挙での公約とすることが考えられます。

　首長の前職をみると、都道府県知事では中央省庁官僚が最も多くなっています（22名）（2022年8月9日現在）。その中でも、地方行政を所管している総務省出身者が最多です（11

名）。続いて多いのが、国会議員（13名）です。近年では、知事を含む首長職に魅力を感じ、首長選挙に出馬する国会議員が相次いでいます。市長に目を転じると、都道府県議会議員、市町村議会議員、市町村職員が主たる供給源です。近年では都道府県議会議員・市区町村議会議員出身の市長が増加傾向にあり、市町村職員出身の市長よりも多くなっています。

　首長選挙で大きな役割を果たしうるのが政党（☞**19**）。です。政党は、首長選挙の候補者をリクルートし、選挙で支援もします。ただし、国政選挙と異なり、政党から公認を受けることは少なく、「推薦」や「支持」といった形で政党からの支援を受けるのが一般的です。また、候補者の中には政党からの正式な支援を一切受けない無党派候補とよばれる者も多くいます。国政レベルで対立している与野党が同じ候補者を推薦・支援することもあり、相乗り候補とよばれます。都道府県知事選挙における政党の存在感は総じて大きいといえますが、市町村レベルでは都市規模・人口規模による違いがみられます。一般に、農村部・小規模な市町村になるほど政党から正式な支援を受けない候補者が増え、都市部・大規模な自治体ほど政党の正式な支援を受けて選挙戦を戦う候補者が多くなります。近年は、都市部でも政党からの支援を受けない「無党派」首長が増えています。

↓市長の執務室

西宮市HP

↓議場で答弁を行う市長

毎日新聞社／アフロ

↓首長選挙の制度

定数	1
選挙区	自治体全域
選挙制度	小選挙区制

筆者作成

↓首長選挙の一例（芦屋市長選挙2019年4月21日）

芦屋市長選挙 開票速報結果【最終】

候補者氏名	所属党派	得票数
いとう　まい（いとう　まい）	無所属	18,555
しではら　みや（しではら　みや）	無所属	17,962
得票数計		36,517

芦屋市HPより転載

★○×問題でチェック★
問7　地方議員の被選挙権の要件には、その地域に3か月以上住所があることが含まれる。
問8　国政選挙と同様、首長選挙でも政党から公認を受ける候補者が多い。

3 地方議会選挙

地方議会選挙は、首長選挙と比べて複雑な制度になっています。まず、都道府県議会議員選挙の選挙区は、市区・郡単位で選挙区が分かれています。選挙区は1つの市区町村からなることが多いですが、複数の市区町村によって構成されている選挙区もあります。各選挙区で選ばれる議員の数（定数）は、選挙区の人口によって変わります。人口が少ない選挙区では、定数1の小選挙区制となる場合が多いのに対し、人口が多い選挙区は、定数が複数（2〜6人程度）の中選挙区制となる場合が多いです（一般に定数が複数の選挙制度を大選挙区とよびますが、日本では定数が2〜6のものを特に中選挙区とよんでいます）。中選挙区制の選挙区では、図表（地方議会選挙の一例）の通り、得票数の多い順に当選していき、定数番目（ここでは4番目）までの候補者が当選となり、それ以下の候補者は落選となります。小選挙区制の選挙区では、得票数が最も多い候補者が当選し、他の候補者は落選となります。政令市の市議会議員選挙は、行政区単位となっており、各行政区の人口規模に応じて定数が定められています。定数は複数となっており、選挙制度は中選挙区制が採用されています。

市区町村議会議員選挙で採用されているのが大選挙区制で、定数は中選挙区制よりも大幅に多くなります。2019年4月の西宮市議会議員選挙では、定数41名に対し、56名が立候補しました。有権者が厳密に全候補者の経歴や政策等を参照して投票しようとする場合、56名分の選挙公報や候補者HPを閲覧せねばならず、かなりの労力や時間を費やす必要があります。

中選挙区制・大選挙区制では、1つの選挙区から複数の候補者が選出されますが、有権者が投じられる票は1票です。同一選挙区に同じ政党から複数の候補者が立候補することもあるため、有権者としては政党よりも候補者個人を重視した投票をしがちになります。そのため、有権者からの支持をめぐる競争は、異なる政党に所属する候補者の間だけでなく、同じ政党に所属する候補者の間でも行われることになります。

国会と同様、地方議会でも政党が大きな役割を果たしています。ただ、地方議員には政党に所属せず、無所属で活動している議員も多くいます。都道府県議会議員には政党に所属して選挙を戦う議員が比較的多いのに対し、市議会議員ではどの政党にも所属しない無所属の議員がおよそ6割を占めています（町村議会議員では9割近く）。これは、議員・候補者と住民の距離が遠くなりがちな都道府県議会の場合、政党が投票選択の基準として重要である一方、議員・候補者と住民との距離が比較的近い市町村議会では、政党よりも議員・候補者本人が投票選択の基準となっているためと考えられます。

地方議員は、中・大選挙区制で選ばれた議員を中心に、地域全体の集合的利益よりも、地盤の地域や支持母体の個別利益を重視しやすいと考えられます。これは、中・大選挙区制では、当選に必要な得票数が少なく、個別利益を重視して活動した方が再選に有利だからです。首長は再選のために地域全体の集合的利益を重視しやすいことから、首長と議員の間で政策の優先順位をめぐって対立が起きることもあります。

地方議会選挙の制度

選挙の種類	都道府県議会議員	政令市議会議員	市区町村議会議員
定数（当選者数）	1〜複数	複数	複数
選挙区	市区・郡	行政区	自治体全域
選挙制度	小選挙区制・中選挙区制の場合	中選挙区制	大選挙区制

筆者作成

2019年統一地方選西宮市議選の選挙ポスター

筆者撮影

地方議会選挙の一例（兵庫県議会議員選挙・明石市選挙区2019年4月）

開票結果（明石市）

得票順	候補者氏名	党派	得票数（明石市）
1（当選）	北口　ひろと	無所属	18,535
2（当選）	松本　たかひろ	自由民主党	16,381
3（当選）	いとう　勝正	公明党	14,467
4（当選）	岸口　みのる	日本維新の会	13,511
5	中西　レオ	立憲民主党	10,844
6	福原　ゆかり	日本共産党	7,863
7	よこやま　しんご	無所属	3,258

明石市HPより転載

★ ○×問題でチェック ★

問9　都道府県議会議員選挙区では、都道府県全域が1つの選挙区となっている。
問10　市町村議会ではどの政党にも所属しない無所属の議員が多数を占めている。

IV　直接請求制度・住民投票

1　直接請求制度

　住民の政治参加には、選挙で選んだ代表者を通じて地方政治に関わること以外に、住民が直接地方政治に参加し、意思決定を行うことがあります。直接請求制度・住民投票がそれにあたります。まず、直接請求制度ですが、右下の表にある通り、5つに区分できます。

　議会解散請求は、議会が住民の意向を反映していないと考えられるときに行われ、首長・議会議員の解職請求は、首長・地方議員を不祥事等のため解職すべきと考えられるときに行われます。これらの直接請求は、必要数の署名が集まると、選挙管理委員会に請求が行われます。選挙管理委員会は、署名の確認をし、署名数が請求に必要な数に達したと認められた場合、解散や解職の是非を問う住民投票が行われます。請求に必要な署名数は有権者の3分の1以上とされていますが、人口規模が大きい自治体では集めるのが難しくなります。そのため、有権者数が40万人以上、80万人未満の自治体の場合は、40万を超える数に6分の1を掛けた数と、40万に3分の1を掛けた数を合計した数以上の署名が必要となり、80万人以上の自治体の場合は、80万を超える数に8分の1を掛けた数と、40万に6分の1を掛けた数と40万に3分の1を掛けた数を合計した数以上の署名が必要となります。

　住民投票では、議会の解散、特定の首長・議員を解職すべき

か否かが問われます。投票の結果、賛成票が過半数を占めた場合、議会の解散と選挙、首長・議員の解職とその補欠選挙が実施されます。主要公務員の解職請求については、請求が成立した場合、議会における議決で解職の是非が決められます。条例制定改廃請求は、住民が特定の条例の制定や改正、廃止を求める場合に行われます。請求は首長に対してなされます。首長は請求内容に関する自らの意見を付したうえで、地方議会に送付し、地方議会での議決によって条例の制定改廃の是非が決められます。最後の事務監査請求は、地方自治体が行った事務について監査を求めるものです。請求が成立すると、監査委員は監査を行い、監査結果を、請求を行った住民の代表と、議会、首長に報告します。

↓直接請求制度の種類

直接請求制度の種類	請求に必要な署名数	請求先
議会解散請求	有権者の1／3以上	選挙管理委員会
首長・議会議員の解職請求		
主要公務員の解職請求		首長
条例制定改廃請求	有権者の1／50以上	
事務監査請求		監査委員

法務省HP

2　住民投票

　住民投票には様々な種類があります。まず、先に説明した直接請求の手続きに基づく住民投票があります。地方自治法の規定に基づいて行われる住民投票で、過半数の賛成により議会の解散や首長・議員の解職が決定されます。また、憲法95条の規定に基づく住民投票は、特定の地方自治体にのみ特別法を適用する際に行われます。法律は国会の議決のみで制定されるのが原則となっていますが、憲法95条の規定はその例外と位置づけられます。特定の地方自治体にのみ特別法を適用する場合は、国会の議決に加えて法律が適用される地方自治体で住民投票を行い、過半数の同意を得ることが法律の成立要件となります。

　合併特例法に基づく住民投票は、1994年から2010年にかけて行われた「平成の大合併」の時期に多く実施されました。合併に首長や地方議会が前向きでないときに、住民の発議によって合併に向けた動きを後押ししようとするものです。直接請求制度に基づいて手続きが進められますが、首長や地方議会の同意がない場合でも、合併協議会設置の是非を問う住民投票の実施が可能なしくみになっています。大都市地域特別区設置法に基づく住民投票は、政令指定都市をはじめとする大都市地域内の関係市町村を廃止し、特別区を設置することの是非を問うものです。近年では、大阪において「大阪都構想」の是非をめぐって2015年、2020年に2回にわたって住民投票が実施されました（いずれも僅差で否決）。

　最後に、地方自治体の条例に基づく住民投票は、地方自治体が直面する様々な政策・課題の是非が問われるもので、個別型と常設型に分けられます。個別型では、原発や産業廃棄物処理施設等のいわゆる迷惑施設の建設の是非といった特定の政策・争点に応じて住民投票が実施されます。これに対し、常設型の場合、住民投票の対象となる事項・発議が事前に定められており、それらの要件に該当する政策・課題が生じた場合は住民投票を実施することができるというものです。

↓住民投票の種類

住民投票の種類	住民投票の争点	根拠となる法令
憲法95条の規定に基づく住民投票	1つの地方自治体だけに適用される特別法の是非	憲法95条、地方自治法262条
地方自治法の直接請求の手続きに基づく住民投票	議会の解散、首長・議員の解職の是非	地方自治法76～85条
合併特例法に基づく住民投票	合併協議会設置の是非	市町村合併特例法4条・5条
大都市地域特別区設置法に基づく住民投票	大都市地域における地域内の関係市町村の廃止・特別区の設置の是非	大都市地域特別区設置法
地方自治体の条例に基づく住民投票	地方自治体の政策・問題についての是非	条例

筆者作成

★○×問題でチェック★

問11　首長・議会議員の解職請求では、必要な署名数が集まると解職が行われる。
問12　地方自治体の条例に基づく住民投票は、個別型と常設型に分けることができる。

15 行政・官僚制の理論と政策過程

Ⅰ 行政・官僚制の理論とその展開

1 ヴェーバーの官僚制論

政府の活動は官僚制を通じて行われます。この官僚制の基本的性格を解明したのが、ヴェーバーの官僚制論です。ヴェーバーによれば、近代国家の行政は制定された規則（法律や行政規則）に従うことを正当性の根拠とするため（合法的支配）、個人的感情や恣意的側面などを排除し、形式的に規則に従って行うことが求められます。そのため、行政を担う官僚制は、規則によって定められた明確な権限、官庁相互の上位・下位の体系（階統制）、専門化した職務活動などの特徴をもつことになります。このようにヴェーバーは、官僚制とは形式的合理性（目的や価値とは無関係に手段や過程の論理一貫性と計算可能性だけを考慮した合理性）を最も純粋に表現した組織形態であることを指摘しました。

↓ヴェーバーの官僚制論

ヴェーバーにとっての行政とは？

「個人主義的動機や感情的影響の作用を受けることなく、恣意や計算不能制を排除して、〔……〕厳に形式主義的に、合理的規則にしたがって、『没主観的』な合目的性の見地にしたがって、処置するということ」

それを実現するための官僚制の特質とは？

①規則によって定められた明確な権限	②官庁相互の上位・下位の体系（階統制）
③文書による職務執行	④専門化した職務活動
⑤専業による活動	⑥規則に基づいた職務遂行

→ 官僚制は**形式的合理性**（目的や価値とは無関係に手段や過程の論理一貫性と計算可能性だけを考慮した合理性）を最も純粋に表現した組織形態

M・ウェーバー（世良晃志郎訳）『支配の社会学Ⅰ』（創文社・1960年）33-38頁、60-63頁および村松岐夫『行政学教科書〔第2版〕』（有斐閣・2001年）142-144頁をもとに筆者作成

2 スポイルズ・システムとメリット・システム

政府の活動では、そこで働く職員（公務員）をどのように選ぶかという点も重要になります。この点をめぐり、19世紀後半のアメリカでは2つの制度の対立がみられました。1つはスポイルズ・システム（猟官制）という制度であり、選挙で選ばれた行政府の長（大統領、州知事、市長など）が政府内の人事権を独占し、自らの裁量で職員を任用する制度です。もう1つはメリット・システム（資格任用制）という制度であり、公開の競争試験で客観的に判定された能力に基づいて職員を任用する制度です。両制度は右表のような特徴を有しており、スポイルズ・システムは政府の民主性を重視した制度として、またメリット・システムは政府の効率性・専門性を重視した制度として認識されていました。

↓スポイルズ・システムとメリット・システム

制度	スポイルズ・システム（猟官制）	メリット・システム（資格任用制）
任用の特徴	首長がすべての官職を政治任用 **政治任用**	欠員が出るたびに競争試験によって任用 **競争試験**
利点	選挙で選ばれた首長が職員を直接任用するため、民意を反映した人事が可能	公開競争試験によって職員を任用するため、客観的能力に優れた人材を登用可能
課題	政治的腐敗や汚職の温床になりやすい 政府の効率性や専門性を阻害	試験による採用のため、民意が反映されていない

今里滋『アメリカ行政の理論と実践』（九州大学出版会・2000年）169-182頁を参考に筆者作成

3 政治行政分断論

職員の任用において民主性を重視するか、効率性・専門性を重視するかという問題に1つの解答を提示したのが、19世紀末のアメリカで誕生した政治行政分断論です。この理論では、政府全体を、意思決定を担う部門（政治）とその決定に従って行動する部門（行政）に分けます。そのうえで「政治」部門の職員については意思決定に携わるため、民主的な方法（政治任用）によって任用するべきですが、「行政」部門の職員については「政治」の決定に従って行動することで民主性は保たれるため、効率性・専門性を高める方法（競争試験）によって任用するべきであると主張します。これにより、政府は民主性と効率性・専門性が満たされ、スポイルズ・システムとメリット・システムの間のディレンマも解消されます。

↓政治行政分断論

政府は、選挙で選ばれた人物、またはその人物が政治任用した人々が担う方が民主的。しかし、生産的・効率的な活動は困難

 ディレンマ

政府は、競争試験によって能力を認められた人々が担う方が生産的かつ効率的。しかし、民主的とはいいがたい

意思決定を担う部門（**政治**）が民主的に採用されていれば、実務を担う部門（**行政**）は「**政治**」の決定に従って行動するため、政府の活動は民主的

→ 「政治」を担う人々は民主的な手続きによって任用し、「行政」を担う人々は試験によって任用するべき

森田朗『新版 現代の行政〔第2版〕』（第一法規・2022年）29-31頁を参考に筆者作成

★ ○×問題でチェック ★

　問1　ヴェーバーは官僚制の特徴として「規則によって定められた明確な権限」を指摘した。
問2　スポイルズ・システムでは、競争試験を実施して公務員を任用する。

4 科学的管理法

　政治行政分断論の登場以降、政府の活動を効率的・生産的にするための方法が議論されるようになりました。こうした議論に大きな影響を与えたものとして、テイラーの科学的管理法があげられます。テイラーは企業経営において生産性の向上をはかるためには、従来のように現場作業員の経験や熟練に頼った生産活動ではなく、全体を管理するマネージャーと現場作業員が分業し、それぞれの仕事と責任を明確化したうえで科学的手法の原則に則って生産活動を行うことが必要であると主張しました。こうした科学的管理法は多くの企業に取り入れられ、生産性の向上に寄与したばかりでなく、政府の活動に重要な示唆を与えることになりました。

↓マネージャーの任務

①一人ひとり、一つひとつの作業について、従来の経験則に代わる科学的手法を設ける。

②働き手がみずから作業を選んでその手法を身につけるのではなく、マネージャーが科学的な観点から人材の採用、訓練、指導などを行う。

③部下たちと力を合わせて、新たに開発した科学的手法の原則を、現場の作業に確実に反映させる。

④マネージャーと最前線の働き手が、仕事と責任をほぼ均等に分け合う。かつては実務のほとんどと責任の多くを最前線の働き手に委ねていたが、これからはマネージャーに適した仕事はすべてマネージャーが引き受ける。

フレデリック W. テイラー（有賀裕子訳）『新訳　科学的管理法』（ダイヤモンド社・2009年）44頁の記述を引用し、作成

5 古典的組織論

　政治行政分断論以降、政府の組織と管理に着目する研究分野として古典的組織論が誕生しました。代表的論者であるギューリックは、行政組織の長が担うべき管理機能としてPOSDCoRBを提示しました。これは、企画、組織、人事、指揮監督、調整、情報提供、予算を意味する各英単語の頭文字から作られた造語であり、行政組織の長に必要な役割を簡潔に示した言葉として知られます。また、ギューリックは行政組織の原則としてライン・スタッフ理論を提唱しました。これは、管理者を頂点とした組織本来の命令系統（ライン）とは別に、管理者に助言・勧告する部門（スタッフ）を設置する理論です。ギューリックによれば、ラインとスタッフは明確に分離する必要があります。スタッフがラインの職員に直接命令を下すことになれば、おおもとの命令系統との間に齟齬が生じるためです。

↓ギューリックの組織論

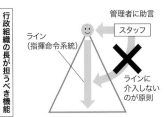

Luther Gulick, "Notes on Theory of Organization," Luther Gulick and L. Urwick eds., *Papers on the Science of Administration* (Institute of Public Administration, 1937), pp.11-31, 真渕勝『行政学〔新版〕』（有斐閣・2020年）206-207頁、西尾勝『行政学〔新版〕』（有斐閣・2001年）37頁、186-188頁を参考に筆者作成

6 人間関係論

　物理的作業条件が生産能率を決めるという科学的管理法の想定に対し、その反論として登場したのが人間関係論です。人間関係論では、生産現場における労働者の複雑な感情や人間関係の重要性を強調しました。人間関係論が生まれるきっかけとなったのが、メイヨーとレスリスバーガーによって行われたホーソン実験です。この実験では、科学的管理法が想定したように物理的作業条件ばかりが生産能率を決定しているのではなく、労働者の心理的要素や社会的関係が生産能率に大きな影響を与えていることが明らかになりました。

↓ホーソン工業の実験

科学的管理法の推論	実験の結果
照明を暗くしたら・・・ 作業効率が下がるはず	暗くなっても作業効率は上昇 →実験対象に選ばれ、いつも以上に張り切ったため
能力給を導入すれば・・・ 労働者の意欲は高まり、生産性は向上するはず	現場の労働者たちは自分たちで仕事量を決定 →それを上回る仕事をした労働者は仲間はずれに

物理的作業条件ではなく、人間の心理的要素や人間関係が生産能率を決定

村松岐夫『行政学教科書〔第2版〕』（有斐閣・2001年）146-148頁および真渕勝『行政学〔新版〕』（有斐閣・2020年）209-210頁を参考に作成

7 政治行政融合論

　政治行政分断論は民主性と効率性・専門性のディレンマに1つの解答を提示しましたが、20世紀半ば以降、「政治」と「行政」は分断できるという想定は徐々に現実に合わなくなりました。行政国家化を背景として「行政」を担う職員も意思決定に参加するようになり、「政治」との境界はあいまいになっていきました。こうした中、「政治」と「行政」は実質的に融合していることを指摘する、政治行政融合論が登場しました。これ以降、行政・官僚制研究にも変化がみられ、「政治」から分離された「行政」の効率性や専門性のみに注目するのではなく、官僚主導の弊害や官僚制と民主主義の関係など、多様な観点から研究がなされるようになりました。

↓政治行政融合論

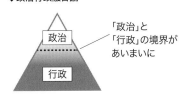

森田朗『新版　現代の行政〔第2版〕』（第一法規・2022年）32-35頁を参考に筆者作成

8 官僚制の逆機能

　20世紀後半、官僚組織の拡大に伴い、ヴェーバーの官僚制論に内在する問題点を指摘する研究も登場しました。マートンによれば、ヴェーバーの官僚制論では規則による規律を重視し、合理性の実現をはかりますが、実際には規則による規律は本来の目的に反し、「予期せざる結果」をもたらすということです。マートンは、これを官僚制の逆機能とよびました。本来、規則は官僚制を合理的に機能させる手段ですが、行政職員は規則に過剰に反応するようになり、その結果、規則を守ること自体が目的化してしまうということです。

↓官僚制の逆機能

ウェーバーの官僚制論
規則による規律を重視し、官僚制の形式的合理性を強調 →慎重な対応、規律の重視、方法の明確化

「予期せざる結果」を生み出す

・予測可能性は高まるが、柔軟な対応ができなくなり、市民との間に軋轢が発生 ・行政職員は規則に過剰に反応し、規則を守ることが目的化してしまう 　→「目的の転換」

ロバート・K・マートン（森東吾ほか訳）『社会理論と社会構造』（みすず書房・1961年）179-189頁および村松岐夫『行政学教科書〔第2版〕』（有斐閣・2001年）149-153頁を参考に筆者作成

II 現代組織論

1 限定合理性

　組織理論の研究はその後も発展し、1950年代後半には今日の組織研究における理論的基礎を構築した、現代組織論が誕生しました。その代表的論者であるマーチとサイモンは、従来の組織理論では「合理的人間」を前提としてきましたが、人間の知識には限界があるため、意思決定者があらゆる代替案とその結果を想定し、客観的に合理的な判断を下すことは困難であることを指摘しました。マーチとサイモンによれば、意思決定者は自らの主観的・相対的な合理性に基づき、限られた代替案の中から最適ではないにせよ、満足できる基準（満足基準）を満たす代替案を選択しており、その満足基準は限界改善（基準を上げたことによる改善効果）と限界費用（基準を上げたことによる費用の増加）が釣り合う水準に決定されるということです。

↓限定合理性と満足基準

限定合理性
古典的組織論の前提とする「合理的人間」モデルは、限定的な条件のもとでしか成り立たない。現実の意思決定は不確実性のもとで行われるため、限られた代替案からの選択となり、客観的な合理性を追求することは困難 →人間は知識の限界のために主観的・相対的な合理性しか語ることはできない

選択に適した代替案は
どのように見つけるべきか

満足基準による代替案の探索
現実の意思決定では、すべての代替案を比較し、その中から最適なものを選択することは困難 →多くの場合、満足できる基準（満足基準）を満たす代替案の中からの選択。最適な満足基準は、限界改善（基準を上げたことによる改善効果）と限界費用（基準を上げたことによる費用の増加）が釣り合う水準に決定

ジェームズ・G・マーチ＝ハーバート・A・サイモン『オーガニゼーションズ〔第2版〕』（ダイヤモンド社・2014年）174-214頁を参考に筆者作成

2 プログラム化の役割

　マーチとサイモンは、組織の活動におけるプログラム化の重要性を指摘しています。プログラム化とは対応や手順をあらかじめ定め、自動的に実行できるようにすることです。公的機関や企業を含め、現代の組織は膨大な業務を扱うため、意思決定者がそのつど代替案を探索し、選択することは困難です。そのため、ルーティン作業のような反復活動はプログラム化しておき、問題が発生した場合にのみ、代替案の探索・選択を行うことが必要になります。また、プログラム化によって組織メンバーの行動が予測できるようになり、組織の管理も容易になります。

↓プログラム化の役割

現代の組織は膨大な業務を扱うため、そのつど代替案を探索し、選択するのは困難 →**プログラム化**（対応や手順をあらかじめ定め、自動的に対応できるようにしておくこと）により、組織の管理は容易に

ジェームズ・G・マーチ＝ハーバート・A・サイモン『オーガニゼーションズ〔第2版〕』（ダイヤモンド社・2014年）180-191頁を参考に筆者作成

3 バーナードの組織論

　現代組織論の代表的論者であるバーナードは、組織内の命令と服従のあり方について、部下が上司の権威を認めるかどうかという点から説明しました。バーナードによれば、上司は通常、制裁ではなく、職務上の知識や信頼などから生じる権威により、部下に自発的に命令に従わせます。もし上司の権威が働かなくなった場合、上司は制裁によって命令に従わせようとします。しかし、部下はその後も上司の権威を認めなければ、最終的には組織を去ることになるということです。

↓権威の理論

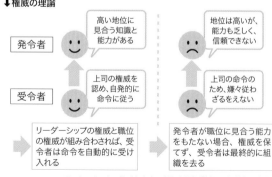

C・I・バーナード（山本安二郎ほか訳）『新訳　経営者の役割』（ダイヤモンド社・1968年）168-192頁および森田朗『新版　現代の行政〔第2版〕』（第一法規・2022年）100-101頁を参考に筆者作成

問5　官僚制の逆機能とは、ヴェーバーの官僚制論に内在する問題点を指摘したものである。
問6　プログラム化によって組織の活動は複雑化し、作業量は増える。

Ⅲ 行政改革の理論

1 ニューパブリック・マネジメント（New Public Management: NPM）

　1970年代以降、先進各国では景気低迷や財政難を背景として行政改革が実施されましたが、そうした改革において理論上の拠り所となったのが**ニューパブリック・マネジメント（NPM）**です。NPMの特徴として、管理者に広い裁量を与える代わりに業績によって統制し、アカウンタビリティ（☞ **2**）を要求すること、市場的誘因を行政の運営に活用すること、住民を顧客とみなして活動すること（顧客主義への転換）、部局の統廃合によって統制しやすい組織に変革することなどがあげられます。NPMの導入に伴い、政策に対する認識も変化しました。従来、実施後の政策は適切に評価されず、問題点が改善されないままに継続されることも多くありましたが、NPM導入後は実施後の政策を適切に評価し、問題点を改善したうえで次の計画に活かすという考え方（PDCAサイクル）が取り入れられ、有効性や効率性などの観点から政策の改善がはかられるようになりました。

↓NPMの特徴

NPM：行政の現場に民間企業の経営理念・手法を導入し、行政部門の効率化・活性化をはかる理論

①管理者に広い裁量を与える代わりに業績によって統制し、**アカウンタビリティ**を要求
②**市場的誘因**を行政の運営に活用　　例）民営化、民間委託など
③**顧客主義**への転換　　例）行政の透明性と参加の確保、行政評価
④統制しやすい組織への変革（ヒエラルキー構造の簡素化）

大住荘四郎『ニュー・パブリックマネジメント』（日本評論社・1999年）1頁を参考に作成

↓PDCAサイクル

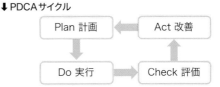

森田朗『新版　現代の行政〔第2版〕』（第一法規・2022年）195-196頁を参考に作成

2 アカウンタビリティ

　アカウンタビリティは、プリンシパル（本人）とエージェント（代理人）の関係から説明されます。たとえば、株式会社では経営者は株主からお金を預かり、企業を経営しているため、そのお金がどのように使われ、どのような結果になったかを株主に説明する責任があります。これがアカウンタビリティです。公的セクターも国民から税金を預かり、公共サービスを提供しているため、税金がどのように使われ、どのような結果になったかを国民に説明する責任があります。

↓プリンシパル・エージェント論によるアカウンタビリティの説明

白川一郎＝富士通総研経済研究所編『行政改革をどう進めるか』（日本放送出版協会・1998年）90-92頁、101-102頁を参考に筆者作成

3 行政改革の手法

　NPMに基づく行政改革は、市場原理を活用することが特徴であり、多様な手法によって行われます。第1に、**民営化**とは公的機関が行っていた事業を民間に売却し、民間による経営へと移行させることです。第2に、**民間委託**とは公的機関が施設を保有し、事業の責任を負いますが、その運営を民間に委託することです。第3に、**エージェンシー化**とは省庁の政策立案部門から業務実施部門を分離したうえで、業務実施部門を複数のエージェンシー（独立行政法人）に分け、独立採算で活動させることにより、効率的な運営をめざす手法です。第4に、**PFI**（Private Finance Initiative）とは事業の企画は公的機関が行いますが、施設の建設や運営は民間が行い、民間が提供する最終的なサービスを公的機関が購入する手法です。

↓エージェンシー化

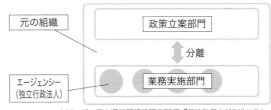

白川一郎＝富士通総研経済研究所編『行政改革をどう進めるか』（日本放送出版協会・1998年）95頁を参考に筆者作成

↓PFIによる給食センター運営

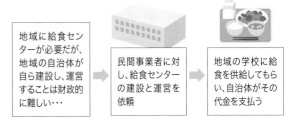

白川一郎＝富士通総研経済研究所編『行政改革をどう進めるか』（日本放送出版協会・1998年）142-144頁を参考に筆者作成

↓民営化、民間委託

筆者作成

★○×問題でチェック★

問7　NPMの特徴として、市場的誘因を行政の運営に活用することがあげられる。

問8　民間委託では、公的機関が事業を民間に売却し、民間による経営へと移行させる。

Ⅳ　政策過程

1　政策過程とは

政策過程とは、課題設定から政策の立案・決定を経て、その政策が実施され、評価されるまでの過程をさします。課題設定では種々の社会問題の中から公的な対応が必要な問題を抽出し、政府の取り組むべき課題（アジェンダ）を設定します。政策立案では各課題に対処するため、複数の政策案を作成します。政策決定では複数の政策案について有効性や効率性などの観点から検討し、議会での審議などを経て、1つの政策として決定します。政策実施では政策に予算を配分し、行政機関

↓政策過程の諸段階

| 課題設定 | 政策立案 | 政策決定 | 政策実施 | 政策評価 |

筆者作成

が具体的な基準や方針を定めたうえで、その政策を実施します。政策評価では実施後の政策を評価し、その成果や課題を明らかにします。政策を有効なものにするためには、一連の過程が適切に機能していることが重要になります。

2　課題設定と政策立案

政策過程は課題（アジェンダ）を設定する作業から始まります。世の中には多くの社会問題が存在しますが、資金・人員・時間などの資源は有限であり、審議できる法案の数も限られるため、政府が対応すべき問題に優先順位をつけ、重要なものからアジェンダとして設定することが必要になります。これらのアジェンダはその性格により、公衆アジェンダ、政策アジェンダ、決定アジェンダ、メディア・アジェンダに分けられます。アジェンダの設定後、それらに対する政策案が作成されます。政策立案には立法部の議員ばかりでなく、行政部の官僚も関わり、法案や予算案の作成に従事しています。

↓アジェンダの設定

アジェンダ設定の必要性	①政策に投入される財源、人員、時間等の資源は有限	
	②審議できる法案の数は限られているため、優先順位をつけることが必要	
アジェンダの種類	公衆アジェンダ	一般大衆が注目する課題のリスト
	政策アジェンダ	政策決定に関与する政府内部のアクターが注目する課題のリスト
	決定アジェンダ	政策アジェンダが意思決定に向けてさらに絞り込まれた短いリスト
	メディア・アジェンダ	マスメディアが報道する段階のアジェンダ

秋吉貴雄＝伊藤修一郎＝北山俊哉『公共政策学の基礎〔第3版〕』（有斐閣・2020年）
47-52頁をもとに作成

3　政策決定

政策決定の段階では複数の政策案を検討したうえで、より良い政策案を選択し、政策を決定します。しかし、サイモンらの研究以降、合理的な政策決定は困難であることを指摘する研究が多く発表されました。そのひとつが、リンドブロムの提唱した漸進主義です。漸進主義とは、意思決定者はあらゆる選択肢から最良のものを選択できるわけではなく、実際には限られた選択肢からより良さそうなものを選んでいるにすぎないため、従来の決定の蓄積に多少手を加える程度のことしかできない、ということです。たとえば、予算編成では、現行予算で配分が決定している部分は多くが法律によって支出が確定しているため、政府であっても配分を一から見直すことはできません。現

実には、次年度に新たに実施する政策について予算の配分を提案する程度しかできないということです。

マーチとオルセンの提唱したゴミ缶モデルも、合理的な政策決定の限界を指摘した研究です。これは、組織における決定は問題、解、参加者、選択機会が別々に現れる中、それらが偶発的に結合することによってなされる、というものです。政策決定の場には多くの参加者が出入りし、多様な問題とそれらへの解（政策）を提起しており、偶然それらが結合したときに政策が決定されるということです。ゴミ缶モデルは、組織における決定は合理性に基づいているとはいいがたいと主張しています。

↓漸進主義

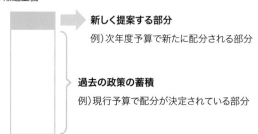

新しく提案する部分
例）次年度予算で新たに配分される部分

過去の政策の蓄積
例）現行予算で配分が決定されている部分

チャールズ・E・リンドブロム＝エドワード・J・ウッドハウス（藪野祐三＝案浦明子訳）『政策形成の過程』（東京大学出版会・2020年）38-47頁および森田朗『新版　現代の行政〔第2版〕』（第一法規・2022年）166-167頁を参考に筆者作成

↓ゴミ缶モデル

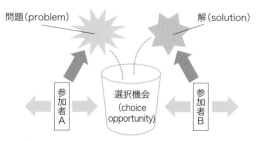

問題（problem）　　　解（solution）

参加者A　選択機会（choice opportunity）　参加者B

ジェームズ・G・マーチ＝ヨハン・P・オルセン（遠田雄志＝アリソン・ユング訳）『組織におけるあいまいさと決定』（有斐閣・1986年）31-33頁および秋吉貴雄＝伊藤修一郎＝北山俊哉『公共政策学の基礎〔第3版〕』（有斐閣・2020年）61-62頁を参考に筆者作成

★○×問題でチェック★

問9　日本では政治家ばかりでなく、各省庁の官僚も政策立案に関わっている。
問10　漸進主義とゴミ缶モデルは、合理的な政策決定を実現する方法を提示したものである。

4 政策実施

決定後の政策を実際のケースに適用する段階が、政策実施です。リプスキーは現業職員（ストリート・レベルの官僚制）には管理部門の職員とは異なる特徴がみられる点に着目し、その行動様式を考察しました。リプスキーによれば、現場の仕事が専門的になるにつれ、上司は現業職員を十分に監督できなくなり、現業職員は広い裁量をもつことになります。また、現場では限られた資源（資金、時間など）の中で市民の期待に応えざるをえないため、行政サービスの提供は現業職員の裁量に委ねられる部分が大きくなるということです。

↓ストリート・レベルの官僚制

| 現場での仕事が専門的・技術的になるにつれ、上司は現業職員を十分に監督できなくなり、現業職員は広い裁量を獲得 例）警察官、ケースワーカー |

ディレンマの発生

| 現場では市民が多様な役割を期待 | ⇄ | 使用できる資源（資金、人員、時間等）は有限 |

現業職員は、どのように資源を振り分け、市民の期待に応えるべきか、自ら判断しなければならない

マイケル・リプスキー（田尾雅夫訳）『行政サービスのディレンマ』（木鐸社・1986年）3-66頁および西尾勝『行政学〔新版〕』（有斐閣・2001年）207-210頁を参考に筆者作成

5 政策評価

政策過程では実施後の政策を評価し、改善すべき点を明らかにする必要があります。これが政策評価です。従来、政策評価は基本的には政策の実施後に行われてきましたが、今日では政策過程のあらゆる段階で行われるようになりました。政策評価はいくつかの種類に分けられ、政策過程の各段階において使い分けられます。政策の立案段階ではセオリー評価により、資源投入から改善効果に至るまでの過程が論理的に正しいかどうかを評価します。政策の実施段階ではプロセス評価により、政策が計画通りに実施されているか、計画に変更が必要かどうかを評価します。政策の実施後にはインパクト評価により、政策の実施によって改善効果があったかどうか、その効果はどの程度であったかを評価します。また、コスト・パフォーマンス評価により、政策による便益とそれに要した費用を明らかにし、費用対効果の点から評価します。

↓政策評価の種類

政策評価の種類	特徴
セオリー評価	目的に照らし、その政策が妥当かどうかの評価。資源投入が改善効果をもたらすまでの過程が論理的に正しいかどうかを評価する
プロセス評価	政策が計画通りに進んでいるかどうか、当初計画に変更が必要かどうかの評価。計画通りに資源投入と活動が行われ、政策による改善効果が現れていることを観察する
インパクト評価	政策の実施により、対象とする人々や社会状況に改善効果があったかどうか、またその効果はどの程度のものであったかを明らかにする
コスト・パフォーマンス評価	政策の実施による社会状況の変化を貨幣価値に換算した値（社会便益）と、政策の実施にかかった費用を貨幣価値に換算した値（社会費用）を明らかにし、政策の費用対効果の観点から評価する

龍慶昭＝佐々木亮『「政策評価」の理論と技法〔増補改訂版〕』（多賀出版・2010年）25-29頁、37-43頁、49-52頁、105-109頁を参考に筆者作成

V 行政統制と行政責任

1 フリードリッヒ・ファイナー論争

行政統制とは、行政機関が国民の意思に基づいて活動するよう統制することであり、従来、議会や裁判所がその役割を担ってきました。しかし、現代の行政は複雑化・専門化し、外部からの統制には限界があるため、業務に精通する行政機関が自ら責任をもって行動することも求められます。これが行政責任です。行政責任については、1930年代に行政官の自律的責任を重視するフリードリッヒと、議会への責任を強調し、行政官の自律的責任には懐疑的なファイナーとの間で論争が展開され、それ以来、学界で長く議論されてきました。

↓フリードリッヒとファイナーの論争

フリードリッヒの主張	行政官の自律的責任を強調。行政官の知識・技術を引き出すためには自由裁量の拡大が必要。ただし、行政官は裁量の行使にあたり、民衆の意思を反映させなければならず、事後に結果に関する合理的な説明が必要
ファイナーの主張	行政官は議会から権限を委任されて執務に携わっている以上、行政責任とは議会に対する責任のこと。行政官の自律的責任に対しては懐疑的

村松岐夫『行政学教科書〔第2版〕』（有斐閣・2001年）257-265頁をもとに筆者作成

2 ギルバートによる行政統制の分類

ギルバートは行政統制の形態について、「外在的－内在的」という軸と「制度的－非制度的」という軸によって分類しました。現代では議会などによる外在的・制度的統制だけでは不十分なため、会計検査院などによる内在的・制度的統制も不可欠です。一方、制度的統制にも限界があるため、マスメディアの報道などによる外在的・非制度的統制や同僚職員の評価などによる内在的・非制度的統制も必要になります。

↓ギルバートによる行政統制の分類

外在的統制

	制度的統制			非制度的統制
	議会、執政機関、裁判所による統制	専門家集団の評価、マスメディアの報道		
	会計検査院による統制 上司による職務命令	職員組合の要望・批判 同僚職員の評価・批判		

内在的統制

Charles E. Gilbert, "The Framework of Administrative Responsibility," *The Journal of Politics*,Vol. 21,No. 3（1959）, pp. 373-407および西尾勝『行政学〔新版〕』（有斐閣・2001年）383-386頁をもとに筆者作成

---

16 日本の官僚制

I 日本の社会経済行政の変遷

1 これまでの行政改革の経緯と理念

第2次世界大戦後、日本は疲弊した国土の再建と復興に向けて動き出しました。池田勇人内閣の国民所得倍増計画のもと、高度経済成長が本格化しました。政府主導の成長戦略を支える国家公務員が増加した一方、その弊害も現れました。行政の肥大化と硬直化です。また、1970年代に2度発生した原油価格の高騰（石油危機）と、日本円の変動相場制移行、増加しはじめた高齢人口にも対応する必要も出てきました。これらの取り組みのうち、特筆すべきものが以下の4つです（☞ 7-I **4**、II **1**・**2**）。

第1に、鈴木善幸内閣が発足させた第二次臨時行政調査会（第二臨調）です。増税なき財政再建の理念のもと政策提言を行い、官業民営化をすすめました。このとき、日本国有鉄道や日本電信電話公社が民営企業になったのです（☞ 7-II **4**）。第2に、中曽根康弘内閣から海部俊樹内閣での臨時行政改革推進会（行革審）です。行革審は、内需主導経済への転換、国際化対応・国民生活重視等の視点を導入し、第二臨調の深化をはかりました。背景に日米経済摩擦の激化と1985年のプラザ合意後の円高がありました。第3に、橋本龍太郎内閣から森喜朗内閣までの中央省庁等改革があります。1989年にソ連のゴルバチョフ書記長とアメリカのブッシュ大統領（父）による冷戦終結宣言後、グローバル化がすすむことが予想されました。日本国内の少子高齢化への懸念もあわせ、限られた資源の中で多様性を追求し、縦割り行政を打開するべく中央省庁の再編の道筋をたてました（☞ 8-IV **1**）。第4に、第1次安倍晋三内閣から始まった一連の行政改革です。バブル崩壊後の景気後退と長期不況がもたらす閉塞感を乗りこえようとしました。歳出削減と規制緩和が軸になっている点で、第1次政権の行政改革は、小泉純一郎前内閣の構造改革を踏襲していたとも考えられます。そこで、第2次安倍内閣では、金融政策も追加し、機動的な財政政策、民間投資を喚起する成長戦略を段階的にすすめていく方針に修正しました（アベノミクス ☞ 8-VI **2**）。

↓社会経済上の状況・課題と行政改革

	当時の社会経済上の状況・課題	当時の行政改革の理念
昭和40年代以降	高度経済成長の一方、国家公務員定員が増加の一途	✓ 肥大化・硬直性等の官特有の問題の克服
第二次臨時行政調査会（第二臨調） [鈴木善幸内閣]	老人医療費無料制度の導入、変動相場制への移行、石油ショック（S48） ⇨高度経済成長の終焉（S50〜） ⇨財政赤字の増大と財政の非常事態（S57〜S59）	✓ 増税なき財政再建のスローガンのもと、行政の守備範囲の見直しの視点を含めて検討
臨時行政改革推進会（行革審） [中曽根康弘内閣・海部俊樹内閣]	消費税の創設（H元） 日米経済摩擦激化 バブル経済の発生とその崩壊 証券不祥事の発生 冷戦終結、湾岸危機の発生	✓ 内需主導型経済への転換、国際化対応・国民生活重視等の新たな視点を提起し、第二臨調答申の深化・具体化をはかる
中央省庁等改革（H8〜H12） [橋本龍太郎内閣〜森喜朗内閣]	戦後50年が経過 グローバル化、少子高齢化、高度情報化など省庁横断的な課題が山積。一方で、縦割り行政の弊害が指摘 消費税の引き上げ（H9）	✓ 限られた資源の中で、国家として多様な価値を追求せざるをえない状況下では、内外環境に即応した政策展開は期待しえない ✓ 戦後型行政の問題点の打開 ✓ 中央省庁の看板の架け替えであってはならない
行政改革推進法（H18）などの改革の取り組み [第1次安倍晋三内閣〜]	大型景気対策により財政状況は急激に悪化 失われた10年を経て社会全体に閉塞感がまん延	✓ わが国の国際競争力を強化し、国民が豊かで安心して暮らせる社会の実現 ✓ 民間の主体性や自立力を高め、その活力が最大限に発揮されるようにすること ✓ 国・地方の事務・事業の透明性の確保 ✓ 国民生活の安全に配慮しつつ、実施する必要の減少した事務・事業を民間に委ねて民間活動の領域を拡大 ✓ 行政機構の整理・合理化その他の措置を講ずる

総務省行政管理局をもとに一部加筆して作成

★ ○×問題でチェック ★

問1 第二次臨時行政調査会は、増税なき財政再建を理念にあげた。
問2 臨時行政改革推進会はアベノミクスをすすめた。

2 行政府の肥大化／キャリア官僚の天下り

高度経済成長期に肥大化した行政府の中で、総合職試験（旧名称は、上級甲種試験・I種試験・外務I種試験）で採用された国家公務員は、キャリア官僚とよばれます。キャリア官僚は、昇進のスピードが早いことが特徴です。おおよその目安で、採用から約2〜3年で係長、約15年で課長に昇進します。そして、同期2〜3期に1人が官僚トップの事務次官となります。事務次官にならないキャリア官僚の多くは、定年前に退職します。そして、キャリア官僚の専門分野と近い産業の大企業に役員として再就職することもあります。これを狭い意味での天下りといいます。広い意味では、国家公務員が民間企業に再就職することを天下りということもあります。なお、改正国家公務員法が2008年に施行されて以降、狭い意味での天下りは全面禁止となりました。天下りしたOBを通じて、不必要と思われる事

↓行政府の肥大化と天下り

筆者作成

業が継続的に立案施行されていたからです。退職した国家公務員が民間企業に再就職する場合、内閣府に設置された官民人材交流センターを通じて民間企業への再就職の支援を受けることは可能です（国家公務員法106条の2）。

3 官僚の力の源泉

国家公務員（官僚）の力の源泉については、いろいろな考え方があります。ここでは1つの考え方として、許認可等と行政指導を取り上げます。申請者（事業者ら）が行政機関と関わる何らかの事業をするとき、行政機関にその内容を届け出ます。行政機関で働く官僚は、行政手続法に従って申請内容を審査し、許可ないし認可等を行います。これを許認可等といいます。また、官僚が指導、勧告、助言その他の行為を行うことを行政指導といいます。一定の形式にそって申請すれば、許認可等が自動的に下りると思う人もいるかもしれませんが、そうではない場合があります。行政機関が申請書を受け取ってくれなかったり、いつまでたっても返答がなかったりすることがあるからです。行政不服審査法に基づいて申し立てをすることもできますが、実際に申し立てをすることは簡単ではありません。官僚が意図的に許認可

↓許認可等と行政指導

申請に問題がある場合、行政指導

申請

許認可

事業者など　　　　　　　行政

申請

筆者作成

等と行政指導を使って優位な姿勢をみせているならば、申請者は日ごろから官僚と良好な人間関係を築き、官僚の意図をくんで従順に従うことも少なくありません。

4 官僚優位論と政党優位論

官僚優位論は、戦前からの慣行として官僚を「お上」と認識し、官僚が政治家より優位な立場にあるという日本政治を説明する考え方です。これまで説明してきたことをふりかえれば、日本政治において官僚が大きな権力をもっていることは理解できるでしょう。他方で、必ずしも官僚が優位とは限らないという考え方があります。日本国憲法の条文、与党議員の政策知識の蓄積から、政党ないし政党に所属する政治家が一定以上の役割をもっていることが明らかにされ、官僚優位論への批判がでてきたからです。このひとつが政党優位論です。国会議員は選挙を経ていない官僚よりも正統だという考え方、与党自民党の政務調査会などの決定が事実上の事前審査の役割を果たしている点、特定の政策分野と強く結びついた族議員（☞7-Ⅲ4）の増加などを根拠として、政党優位論は発展してきました。

↓官僚優位論

政治家　＜　官僚

筆者作成

↓政党優位論

官僚　＜　政党

筆者作成

もっとも、官僚と政治家の関係は単純ではありません。官僚優位論が1950年代の高度経済成長期に研究が進んだことに対し、政党優位論は族議員が増加した1970年代以降を対象として研究が発展してきました。官僚優位論で説明できるか、政党優位論で説明できるかは、政策分野、政治家ないし政党によって異なるといえるでしょう。

Ⅱ　国家公務員

1　国家公務員とは

　国家公務員は国に勤務する公務員で、日本国憲法で全体の奉仕者と定められています。具体的な職務については、国家公務員法が定めています。たとえば、国家公務員の職務には、内閣総理大臣をはじめとした国務大臣や国家安全保障局長のような特別職、特別職以外の国家公務員の一般職があります。この中で、行政執行法人は特殊な独立行政法人であり、役員のみが特別職、その他の職員が一般職に分類されます。具体的には、国立公文書館（内閣府所管）、統計センター（総務省所管）、造幣局（財務省所管）、国立印刷局（財務省所管）、農林水産消費安全技術センター（農林水産省所管）、製品評価技術基盤機構（経済産業省所管）および駐留軍等労働者労務管理機構（防衛省所管）の7法人が該当します（2022年現在）。なお、防衛省職員でもある自衛隊員のほとんどは特別職国家公務員です。防衛省事務に従事する一部の職員は、一般職国家公務員となります。

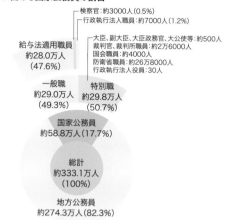

↓公務員全体に占める国家公務員の割合

- 検察官：約3000人(0.5%)
- 行政執行法人職員：約7000人(1.2%)
- 大臣、副大臣、大臣政務官、大公使等：約500人
- 裁判官、裁判所職員：約2万6000人
- 国会職員：約4000人
- 防衛省職員：約26万8000人
- 行政執行法人役員：30人

給与法適用職員　約28.0万人（47.6%）

一般職　約29.0万人（49.3%）

特別職　約29.8万人（50.7%）

国家公務員　約58.8万人(17.7%)

総計　約333.1万人(100%)

地方公務員　約274.3万人(82.3%)

人事院国家公務員試験採用情報（2021）NAVIをもとに作成

2　国家公務員試験のしくみ

　一般職国家公務員の採用は大きく3つあります。総合職（キャリア官僚）、一般職、専門職です。採用試験は、内閣におかれたものの独立した権限をもつ人事院が行います。ここでは最も採用数の多い一般職を中心に、採用までの流れをみていきます。着任の前前年度の2月くらいから受験案内がホームページに掲載されます。3月中旬から4月のはじめにインターネットによる受験申し込みができます。一次試験は6月中旬に実施され、7月初旬に合否がわかります。その後、各自で興味のある官庁を訪問し、7月中旬から下旬にかけて2次試験が実施されます。2次試験は人物中心の試験であり、面接等で各省庁との相性などを評価されます。8月中旬に最終合格発表があり、10月1日に採用内定となります。図中の総合職区分にある「教養」は、専門的な知識を必要としない20歳から受験できる秋の「教養区分」試験です。総合的な判断力、企画力、建設的な思考力、説明力が重視されます。

↓国家公務員試験の概要

2022年度	総合職	一般職	専門職
受験資格	大学卒程度	大学卒程度	大学卒程度
初任給	224,040円	218,640円	182,200〜250,560円
受付期間	教養除く　3/18〜4/4 教養　9/6〜9/13	すべて　3/18〜4/4	すべて　3/18〜4/4
1次試験	教養除く　4/24 教養　10/2	すべて　6/12	すべて　6/5
2次試験	教養除く5/22, 5/24〜6/10 教養　11/26〜11/27	すべて　7/13〜7/29	すべて　7/4〜4/20 航空管制官のみ三次
申込者数 ()内は女性	教養除く 12,790(5,308)人 教養 3,084(1,246)人	7,553 (12,910)人	法務　2,131(800)人 財務　2,503(993)人 国税13,163(5,370)人 労基　2,883(1,088)人
最終合格者 ()内は女性	教養除く1,220(370)人 教養　214(54)人	7,553 (12,910)人	法務　532(195)人 財務　597(231)人 国税 4,193(1,837)人 労基　496(190)人

人事院国家公務員試験採用情報（2021）NAVIをもとに作成

↓一般職採用の流れ（2022年度）

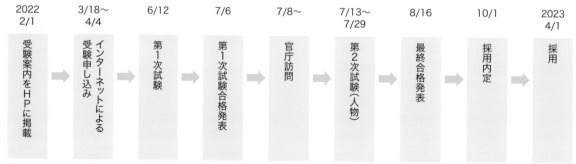

2022 2/1	3/18〜4/4	6/12	7/6	7/8〜	7/13〜7/29	8/16	10/1	2023 4/1
受験案内をHPに掲載	インターネットによる受験申し込み	第1次試験	第1次試験合格発表	官庁訪問	第2次試験（人物）	最終合格発表	採用内定	採用

採用までの流れは、大きく分けて①業務説明会等による情報収集、②採用試験、③官庁訪問の3つからなっている。

内閣官房HPをもとに作成

★○×問題でチェック★

問5　日本の国家公務員の職務には、特別職と一般職がある。
問6　日本の国家公務員の採用試験は年に1度しか行われない。

3 国家公務員の働く行政機関

国家公務員が働く主な省庁は、ここにあげた14省庁です。必要に応じて、各省の管轄と関連する庁が連なっています。たとえば、農水省には林野庁・水産庁が連なっています。これらの中で、連なる庁や部局が多いのが内閣府です。内閣府には、内閣官房、内閣法制局、人事院ほか、日本が直面する課題に対応する部局が設置されています。東京オリンピック競技大会・東京パラリンピック競技大会推進本部のように、臨時に設置された部局もあります。

ただし、国の歳入歳出の決算を検査する会計検査院だけは、独立した扱いになっています。国の活動は予算の執行を通じて行われます。予算は国会での審議を経て成立したのち、各府省等によって執行されます。その執行結果をチェックするには独立性が必要なのです。

↓2021年9月1日現在の行政機構図（内閣機関を除く）

内閣官房HPをもとに作成

↓2021年9月1日現在の内閣機関

内閣官房HPをもとに作成

4 内閣提出法案と議員提出法案

法律案は、内閣が提出することもできますし（日本国憲法72条）、国会議員が提出することもできます（国会法50条の2）。内閣が提出する法律案の原案は、それを所管する各省庁が作成します。原案は、内閣法制局が現行法との関係や立法内容の妥当性などを審査し、閣議決定を経て国会に提出されます（内閣提出法案）。これに対し、衆参両院の国会議員は、所属する委員会を通して法律案を提出します（議員提出法案）。委員会を開くには、衆議院で20人以上、参議院では10人以上の賛成者が必要です。また、予算を伴う法律案では、衆議院で50人以上、参議院で20人以上の賛成者が必要です。内閣提出法案と議員提出法案の違いは、法案可決数の違いにもあらわれています（第203〜207回）。

↓過去の法律案の提出・成立件数

区分／国会 会期	内閣提出法律案 提出件数	内閣提出法律案 成立件数	議員立法 提出件数	議員立法 成立件数	計 提出件数	計 成立件数
第207回（臨時会） 令和3年12月6日 〜12月21日	（継続0件） 2件	（継続0件） 2件	（継続1件） 14件	（継続0件） 2件	（継続1件） 16件	（継続0件） 4件
第206回（特別会） 令和3年11月10日 〜11月12日	（継続0件） 0件	（継続0件） 0件	（継続0件） 1件	（継続0件） 0件	（継続0件） 1件	（継続0件） 0件
第205回（臨時会） 令和3年10月4日 〜10月14日	（継続2件） 0件	（継続0件） 0件	（継続89件） 3件	（継続0件） 0件	（継続91件） 3件	（継続0件） 0件
第204回（常会） 令和3年1月18日 〜6月16日	（継続1件） 63件	（継続1件） 61件	（継続69件） 82件	（継続1件） 21件	（継続70件） 145件	（継続2件） 82件
第203回（臨時会） 令和2年10月26日 〜12月5日	（継続3件） 7件	（継続2件） 7件	（継続65件） 32件	（継続1件） 5件	（継続68件） 39件	（継続3件） 12件

内閣法制局HPをもとに作成

★ ○×問題でチェック ★

問7　日本の行政機構の中で会計検査院だけは、そのほかの省庁から独立した扱いになっている。
問8　日本では、法律案は内閣しか提出することができない。

5 情報公開制度と公文書管理

　情報公開制度は、行政文書・法人文書の開示を請求する国民の権利（情報公開法1条）に基づき、政府の活動を国民に説明する制度です。省庁によって少し手続きが異なりますが、文部科学省を例にあげると、開示請求者が請求をすると、文部科学省が審査のうえ、開示・不開示の通知を行うことになって

います。開示の場合、請求者は閲覧、写しの交付を受けることができます。不開示の場合は開示されませんが、申請者は不服申し立てをすることができます。不服申し立てがなされると、諮問・答申ののち、開示請求者は、文部科学省経由で情報公開・個人情報保護委員会の答申結果を知らされます。省庁が公文書を改ざんした可能性がある場合、国会において担当者が説明を求められたことがありました。公文書管理法では、官僚が行政文書を改ざんすることを想定していなかったからです。

↓情報公開制度の概要

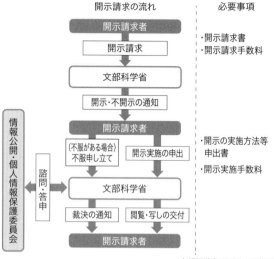

文部科学省HPをもとに作成

↓公文書の改ざんについて国会で答弁する佐川宣寿氏（財務省）

アフロ

6 デジタル化（DX）への対応

　Society 5.0という社会が提唱されたことに伴い、2021年9月1日、デジタル庁が創設されました。Society 5.0は、狩猟社会（Society 1.0）、農耕社会（Society 2.0）、工業社会（Society 3.0）、情報社会（Society 4.0）に続くものとして、サイバー空間と物理的空間を高度に融合させたシステムによって開かれた社会です。デジタル庁創設時、新型コロナウイルス（COVID-19）がまん延していたため、ワクチン接種証明アプリの作成普及に注目が集まりました。海外からの入国者が入国時に検疫・入国審査・税関申告をオンライン上で行うVisit Japan Webサービスも始動しました。行政業務のデジタル化（DX）作業もすすんでいます。

↓デジタル庁の発足を表明する菅義偉首相（モニタ内は平井卓也大臣）

デジタル庁HP

7 国家公務員の人事交流

　近年、民間企業の経験者を国の機関に受け入れることが増えてきました。期間を設けず国家公務員に転職する場合、期間限定で国の機関に在籍する場合、企業以外の民間から一定期間国の機関に在籍する場合があります。その一方、国家公務員が市町村へ派遣されることも、徐々に増えるようになってきました。こうした人事交流によって、国家公務員が多様な価値観に対応することが期待されています。

↓民間から受け入れた職員数

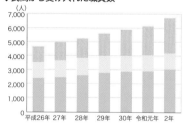

- 民間経験や専門能力等に着目して、期間を限らずに国家公務員に受け入れる者
- 民間企業等以外の民間から一定期間国家公務員に受け入れている者
- 民間企業等から一定期間国家公務員に受け入れている者

内閣府HP

↓地方公共団体に派遣した職員数

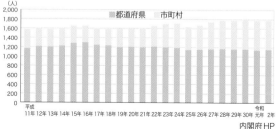

内閣府HP

★○×問題でチェック★
問9　情報公開制度は、政府の活動を国民に説明する制度である。
問10　日本政府は行政業務のデジタル化を進めている。

Ⅲ　地方公務員

1　地方公務員の種類と仕事

　地方公務員は地方公共団体（地方自治体ともいう）に勤務する公務員で、日本国憲法で全体の奉仕者と位置づけられています。東京23区は、地方自治法で特別地方公共団体となっており、少し特殊です。地方公務員の具体的な職務は地方公務員法が定めており、特別職と一般職に分かれている点で、国家公務員と同じです。ただし、地方公務員は、地方公共団体の数だけ所属先があり、職務内容は国家公務員よりも住民に近いものになっています。地方公務員が働く地方公共団体は、都道府県と市区町村に分けられ、事務を中心に行う行政職と専門業務を行うその他の2つに大きく分けられます。兵庫県を例にみていきましょう。都道府県に該当するのは兵庫県です。兵庫県の地方公務員は、事務系の採用ならば、県の条例を立案作成したりする一般行政職、県の教育行政をつかさどる教育職などに配属されます。そのほかには、県の施設で働く保健師や薬剤師などの専門職、公共事業に携わる総合土木職などの仕事があります。市町村には、政令指定都市の神戸市をはじめ、西宮市などの中核市、その他の市町村があります。地方自治法の定める要件を満たし国の審査を経て政令で指定されると、市町村は、政令指定都市や中核市になることができます。政令指定都市や中核

↓兵庫県の例（2022年4月20日現在）

	都道府県 （兵庫県）	政令市 （神戸市）	中核市 （西宮市）	市町村 （播磨町）
行政職 （事務系）	一般／警察事務／教育	総合事務	事務A・B・C・D	一般行政
その他	警察官／保健師／薬剤師・農学職／総合土木職／児童福祉司ほか	消防／総合設備／水道技術／土木／建築ほか	技術（土木・建築・造園・機械）／医師／保健師／保育士	土木、清掃作業員ほか

筆者作成

市は、その他の市町村より権限が多いため、採用する地方公務員の範囲が広くなっています。なお、警察官は少し特殊です。警察事務を担当する警察官は一般行政職であり、大多数の警察官はその他となります。また、県警の警察官が警視正以上に昇格すると、地方公務員から国家公務員になります。

2　地方が直面する問題と打開策

　地方公共団体が直面する最も深刻な問題は、少子高齢化を背景とした財政難です。かつて隆盛をほこっていた産業が衰退すると、より収入の多い仕事や高い教育を求めて、若年層が都会へ出ていってしまいます。その結果、地方には低収入の高齢者が取り残され、少ない歳入と多い社会保障歳出などの要因によって、地方公共団体が財政難におちいり、最悪の場合は財政破綻します。そのため、地方公共団体は、打開のための試行錯誤を繰り返しています。代表的な対応として、政治的リーダーシップを発揮することで状況を打開しようとすることがあります。2007年に財政破綻した北海道夕張市には、鈴木直道氏が東京都庁から派遣されて活躍しました。その後、鈴木氏は北海道知事に当選しました。また、ゆるキャラを活用することで、地方への注目を集めようとすることもあります。地方公共団体が生み出した熊本県のくまモン、千葉県のチーバくんらは、広報・地場産業の宣伝に大きな役割を果たしています。大阪特有の挑戦的な取り組みともいえる大阪都構想は、2020年の住民投票で否決されました。今後、大阪都構想がどのようになっていくのか、注目をつづける必要があります。

↓鈴木直道北海道知事

毎日新聞社／アフロ

↓ゆるキャラ（くまモンとチーバくん）

くまモン公式Twitterアカウント（@55_kumamon）
2017年10月18日ツイートより

↓大阪都構想への賛否

	2020年		
	賛成	その他	反対
世論調査 9月4〜6日	49.2%	11.2	39.6
10月 23〜25日	43.3	13.1	43.6

		2015年		
		賛成	その他	反対
世論調査	3月 14、15日	43.1	15.7	41.2
	4月 4、5日	36.7	15.8	47.5
	5月 9、10日	39.5	12.7	47.8
前回住民投票 5月17日		49.6		50.4

毎日新聞2020年10月25日記事
「大阪都構想、前回世論調査から僅差で賛否逆転　反対43.6%、賛成43.3%」をもとに作成

★〇✕問題でチェック★
問11　日本では、地方公務員の職務は地方自治法が定めている。
問12　日本にはこれまで財政破綻した地方公共団体がある。

17 世論

Ⅰ 大衆社会の理論

1 大衆社会の成立

　現代社会は、非合理性や受動性を特徴とする「大衆」が社会で大きな存在感を示していることから大衆社会として特徴づけられます。大衆社会は、民主化と産業化によりもたらされました。17世紀から19世紀にかけては、財産と教養を兼ね備えた人々を中心に政治が運営されていました。しかし、選挙権が次第に拡大されて民主化し、20世紀に普通選挙制が導入されるようになると、政治の場には様々な利害対立がもちこまれることとなりました。また、産業化による重工業の発達は、劣悪な労働や生活環境を生みだすとともに、農村から労働者として都市に流入してくる人々の伝統的価値観や人的結びつきを希薄化させもしました。

↓日本初の普通選挙時（1928年）の投票のための行列

毎日新聞社／アフロ

↓近代社会から大衆社会へ大衆社会へ

	近代社会	大衆社会
時期	17〜19世紀	20世紀〜
選挙	制限選挙	普通選挙
担い手	財産と教養を備えた名望家層	大衆
経済	商業・軽工業	重工業
国家	立法国家・夜警国家	行政国家・福祉国家

筆者作成

2 大衆社会の理論1——ウォーラス

　いち早く大衆社会化が進展したイギリスにおいては、フェビアン協会が中心となって選挙法改正運動が行われました。その一員であったウォーラスは、運動の帰結として成立した大衆民主主義の問題点に着目します。彼は自ら立候補した経験から、理性的な判断や行動を前提とした従来の政治観に異議を唱えます。むしろ強調されるべきは、愛情、忠誠、恐怖、感激、憎悪、疑惑などの非合理的な感情や衝動です。こうした非合理性こそ、政治において決定的に重要な役割を果たしているからです。政治的指導者は、国名、国旗、制服といった象徴を用いて感情に働きかけ、無意識のうちに特定の政治的判断を植え付けます。こうした政治的判断が固定化すると、政治の実態が変化しても大衆は最初のイメージを維持し続けます。現実から乖離したイメージは政治についての合理性を欠いた認識にほかならず、政治指導者はこれを利用して大衆を非合理的な状態のままで操作しようとするのです。さらに、多数の人々が政治に参加する状況では、互いに見知らぬ者同士が自分に疎遠な事柄についても意思決定をしなければなりません。コミュニケーション手段の発達も問題解決には効果的ではないため、大衆に心理学教育を施して政治家の操作を見破れるようになることを、ウォーラスは主張します。

↓ウォーラスの大衆の描写

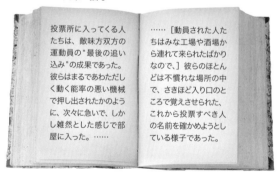

投票所に入ってくる人たちは、敵味方双方の運動員の"最後の追い込み"の成果であった。彼らはまるであわただしく動く能率の悪い機械で押し出されたかのように、次々に急いで、しかし雑然とした感じで部屋に入った。……

……［動員された人たちはみな工場や酒場から連れて来られたばかりなので、］彼らのほとんどは不慣れな場所の中で、さきほど入り口のところで覚えさせられた、これから投票すべき人の名前を確かめようとしている様子であった。

ウォーラス（石上良平＝川口浩訳）『政治における人間性』（創文社、1958年）197頁から筆者の補注を挿入して作成

↓グレアム・ウォーラス

public domain

↓フェビアン協会の人々（エヴァンス画：左から、バーナード・ショー、ベアトリス・ウェッブ、シドニー・ウェッブ、ウォーラス）

Mary Evans Picture Library／アフロ

問1　20世紀に制限選挙制が導入され、政治の場には多様な利害対立が持ち込まれるようになった。
問2　ウォーラスは、非合理的な感情や衝動こそ、政治において重要な役割を果たしているとした。

3 大衆社会の理論2──リップマン

ウォーラスの問題関心を引き継いだのが、アメリカのジャーナリストであるリップマンです。リップマンも人間の思考が理性的ではないことを強調します。彼は、人間は自分を取り巻く環境をありのままの形では認識することができないと考えます。膨大な情報であふれている外界に対しては、既成の観念や、自分の属する文化に合致する情報だけが選択されて理解されます。よって、人々は環境そのものではなく、加工・変形された環境のイメージ（擬似環境）に反応し行動するようになります。こうした擬似環境は固定されたイメージや偏見によって生み出されますが、これをリップマンはステレオタイプとよびます。ステレオタイプは、部分的にしか知らないものごとを解釈するために用いられ、その結果、思考のコスト削減を容易にします。大衆は物事を見てから決定する

↓ウォルター・リップマン

public domain

↓環境と擬似環境

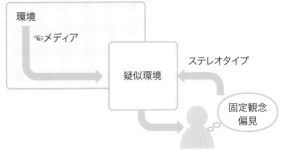

環境

メディア

疑似環境

ステレオタイプ

固定観念
偏見

筆者作成

のでなく、決定してから物事を見るのであり、自分の偏見や思い込みに合致することだけを見るのです。リップマンによれば、このような大衆が見聞きするニュースはステレオタイプ化された報道であり、新聞や雑誌は事実ではなく人々の偏見に合致するように作られたものだと指摘します。他方で政治指導者は、大衆より近いところで政治に接しており、正確な政治判断が可能です。よって、政治指導者が大衆に代わって政治判断を行い、大衆を積極的に指導することが望ましいとされます。

4 大衆社会への懐疑としてのエリート主義

民主政治ではすべての人が平等に政治に参加すべきとされますが、実際にはすべての人が同等の影響力をもつわけではありません。パレートは、マルクス主義を批判し、社会主義革命が起きても大衆の解放にはつながらないとします。革命とは常にエリート間の交代にすぎず、革命後も支配者（エリート）と被支配者（大衆）の構造は不可避とされます。そこでパレートが重視するのがエリートの周流（＝循環）です。これは個人が統治エリートと被統治エリートとの間を往復すること、さらにはエリート層内部で異なるタイプのエリートが交代して支配を行うことを意味します。パレートは、エリートの周流の持続が政治に安定をもたらすとしました。

モスカは、エリートの組織的要素を重視します。彼は、少数者は数が少ないがゆえに容易にまとまることができ、有効に組織化することができるとします。他方多数者は数が多いがゆえにうまくまとまれずに、個人は孤立した状態のままであるとします。そのため多数者は少数者の支配に抗いがたく、これを受け入れざるをえないとします。

ミヘルスは、あらゆる組織は規模の拡大とともに少数者に権力が集中する傾向があるとします（寡頭制の鉄則☞2-Ⅲ 1 ）。少

↓ヴィルフレド・パレート

public domain

↓ガエターノ・モスカ

public domain

↓ロベルト・ミヘルス

public domain

↓エリート主義の諸理論

人名	パレート	モスカ	ミヘルス
議論の焦点	心理的要素	組織的要素	組織的要素
内容	・どのような社会にもエリートによる支配が存在 ・「エリートの周流」が社会の安定確保	・少数者は少数であるがゆえに有効に組織化可能＆容易に多数者を支配	・どのような組織も規模の拡大に伴い、少数の幹部に権力が集中（寡頭制の鉄則）

筆者作成

数者は情報や技術を獲得する中で支配的な立場を強め、また、無力感を抱く大衆は指導力を求めることで指導者の地位を強化します。寡頭制の鉄則は普遍的に成立するものであり、ミヘルスは大衆民主主義も寡頭制化する傾向を免れえないとします。

★○×問題でチェック★

問3　リップマンは、人々は環境そのものではなく、擬似環境に反応し行動するとした。
問4　パレートは、革命によりエリートと大衆の構造が解消されるとした。

Ⅱ 世論と世論調査

1 世論のあいまいさ

　世論とは、政治や社会の問題について社会で広く共有されている見解をいいます。民主政治は世論による政治ともされますが、世論をいかに政治に反映させるかは難しい問題です。第1に、世論や民意が急激に揺れ動く点があげられます。たとえば、テロや戦争が起きると政治指導者の支持率が急上昇することがあります。9.11テロ事件やイラク戦争時には、アメリカのブッシュ政権は高い支持率を獲得しました。こうした現象は世論の結集効果といわれます。こうした現象は短期的なものです。また世論は客観的事実に基づいて戦争を支持しているとも限りません。戦争が起きると世論のあいまいさや危うさが全面的にあらわれるといえます。また、戦争以外の場合でも、経済

状況が急激に悪化したりパンデミックで社会不安が増大したりすると、過激な主張をするポピュリストが登場し、支持を集めることがあります（☞ 10 - Ⅱ 2 ）。第2の問題として、世論が矛盾した結果を示す場合がある点を指摘することができます。世論が総論には賛成しながらも各論には反対という場合、これを政治に反映させることは困難です。また、増税への賛否を問うと多くの人はこれに反対しますが、社会保障など個別の施策の充実について問うと賛成する人が多くなります。こうした結果は当然、両立困難です。言い換えれば、世論がこのような矛盾を抱えているからこそ、政治家の判断が重要な役割を果たすといえます。

↓ブッシュ政権下の世論

Gallup社資料をもとに筆者作成

↓社会保障と税負担意識

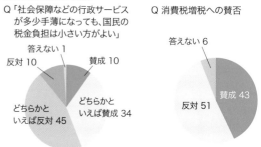

読売新聞2018年4月30日朝刊13面、2018年10月29日朝刊8面をもとに作成

2 世論の調査方法

　世論調査とは、世論を構成する人々の意見や態度を計量的に分析し、その動向を明らかにするものです。世論調査には郵送方式、個別面接方式、電話形式などがあり、現在一般的なのは電話形式です。世論調査の対象者はランダム・サンプリング（無作為抽出）によって選ばれます。電話形式においては、コンピューターで無作為に数字を組み合わせて電話番号を作る方法（RDD方式）が用いられています。回答者分布の偏りに対しては、調査回答者を実際の人口比に近づける補正（重みづけ）が行われ、データの正確性の向上がはかられます。

↓ランダム・サンプリング（無作為抽出）のイメージ

筆者作成

↓世論調査不正の報道

朝日新聞社提供

↓サンプル数と世論調査の精度の関係

調査回答者を実際の人口比に近づける「重み付け」の考え方

性別の重み付け
男女別の人数割合

実際の人口	男性 48%	女性 52%
調査回答者	58%	42%

実際の人口は2019年10月の総務省データ。
調査回答者は21年11月の定例世論調査

➡ 実際の人口比に合わせて、
男性の回答は48/58倍、女性の回答は52/42倍の重み付け

朝日新聞デジタル2021年12月3日記事「（世論調査のトリセツ）
携帯回答に男女差、人口比を考慮」より転載

問5　9.11テロが起きると、当時大統領だったブッシュ政権の支持率は急降下した。
問6　電話形式による世論調査の対象者はランダム・サンプリングによって選ばれる。

3 世論調査とその結果

各社の世論調査は質問文や選択肢に違いがあるため、同じテーマでも結果が異なる場合があります。内閣の支持・不支持を聞くだけの場合と、無回答者に「どちらかといえば」と重ね聞きをする場合では、後者の支持率／不支持率が高くなります。集団的自衛権の場合、賛否を二択で尋ねた場合は反対派が多数となり、選択肢に「限定容認論」を加えた三択の場合は賛成派が多数になりました（下表「集団的自衛権と世論調査」）。

▼報道機関による質問の違い

朝日新聞デジタル2020年4月10日記事「（世論調査のトリセツ）内閣支持率、なぜ新聞社で違う？」より転載

▼集団的自衛権と世論調査

共同通信 4/11・12	賛成 38.0%	反対	わからない・無回答 9.9%
日経新聞・ テレビ東京 4/18〜20	賛成だ 38	反対だ	どちらとも いえない 6 / いえない・ わからない 7
朝日新聞 4/19・20	賛成 27	反対	
毎日新聞 4/19・20	全面的に 認めるべきだ 12	限定的に 認めるべきだ 44	認めるべきでない
産経新聞 ・FNN 4/26・27	全面的に使える ようにすべきだ 7.3	必要最小限で使 えるようにすべきだ 64.1	使えるようにすべきではない / 他 3.1
読売新聞 5/9〜11	全面的に使 えるようにす べきだ 8	必要最小限の範 囲で使えるように すべきだ 63	使えるようにする 必要はない / その他 0 / 答えない 4
NHK 4/18〜20	憲法を改正 して、行使を 認めるべきだ 13.0	これまでの政府 の憲法解釈を 変えて、行使を 認めるべきだ 21.1	これまでの政府 の憲法解釈と同 じく、行使を認め るべきではない 14.1 / 集団的自衛権自 体を、認めるべき でない / その他 0.1 / わからない ・無回答 24.4

朝日新聞デジタル2014年5月14日記事「集団的自衛権の世論調査、各社で違い、選択肢数など影響」内の表をもとに作成

4 ネット世論

▼電話調査とインターネット調査

朝日新聞デジタル2020年6月26日記事「（世論調査のトリセツ）ネット調査でも「縮図」になる？」より転載

後者は選択肢の3分の2が賛成のため、賛成の比率が高くなる傾向があります。また、理解が難しい問題については、中間的な選択肢に回答が集まる傾向もあります。

▼質問方法と調査結果

重ね聞きをしない場合（例：朝日新聞）

支持35	不支持45

重ね聞きをする場合（例：日経新聞）

支持36	4	4	不支持43

重ね聞き

4択で聞く場合（例：JNN）

6.3	40.0	28.4	24.1

非常に支持できる　ある程度支持できる　あまり支持できない　まったく支持できない

（ちくま新書・2019年）34頁をもとに作成

▼質問内容と回答の違い

憲法9条に自衛隊を明記することに関する主な世論調査の比較

	調査日	質問	回答
毎日	20、 21日	安倍晋三首相は憲法記念日のビデオメッセージで、憲法9条の1項と2項はそのままにして、自衛隊の存在を明記する改正案に言及しました。あなたは、この案について賛成ですか、反対ですか	賛成 28% ／ 反対 31 わからない 32
朝日	13、 14日	安倍首相は、憲法9条について、戦争を放棄することや戦力を持たないことを定めた項目はそのままにして、自衛隊の存在を明記する項目を追加することを提案しました。このような憲法9条の改正をする必要があると思いますか。その必要はないと思いますか	改正をする 必要がある 41 ／ ない その必要は 44
読売	12〜 14日	安倍首相は、憲法第9条について、戦争の放棄や戦力を持たないことなどを定めた今の条文は変えずに、自衛隊の存在を明記する条文を追加したい考えです。この考えに、賛成ですか、反対ですか	賛成 53 ／ 反対 35
産経・FNN	13、 14日	安倍首相は、自民党総裁として、戦争の放棄や戦力を保持しないことなどを定めた現行の憲法9条の条文を維持したうえで、憲法に規定のない自衛隊についての条文を追加することを提案しました。あなたは、憲法9条を維持したうえで、自衛隊の存在を憲法に明記することに賛成ですか、反対ですか	賛成 55.4 ／ 反対 36
共同	20、 21日	あなたは、憲法を改正して9条に自衛隊を明記する必要があると思いますか	必要だ 56 ／ ない 必要では 34.1
NHK	12〜 14日	安倍首相は、憲法改正の具体的な項目として、憲法9条の1項と2項を維持しつつ、自衛隊の存在を明記することを挙げました。あなたは、憲法9条に自衛隊の存在を明記することに賛成ですか、反対ですか、それとも、どちらとも言えませんか	賛成 32 ／ 反対 20 どちらとも 言えない 41

※質問文は各社の報道やホームページなどから。その他、無回答者は省略

毎日新聞web版2017年5月21日記事「賛否惑う　世論調査結果、各社でばらつき」より転載

ネット空間では、エコーチェンバーやフィルターバブルにより、特定の意見や思想が先鋭化する可能性があります（☞ 18-Ⅳ 2）。過激な意見の増加は穏健な意見の抑制につながり、結果両極端な強い意見がさらに目立つようになります。こうしたネット世論は世論そのものとはいいがたく、分極的意見が充満して中間の穏健な意見が見えにくい世界といえます。

▼ネット上の意見の極端化

筆者作成

★○×問題でチェック★

問7　各社の世論調査は質問文や選択肢が同一であるため、どの結果も常に同一のものとなる。

問8　ネット世論では、特定の意見が増幅されることはないため、穏健な意見が目立つようになる。

18 メディア

Ⅰ 政治とメディア

1 政治情報の入手先

　皆さんはふだん、政治に関する情報を得るとき、どのようなメディアを利用していますか。新聞通信調査会の全国世論調査によれば、18歳から30代まではインターネットが最も多く、次が民放テレビです。インターネットは40代、50代でも50%を超えており、政治についての情報をインターネット経由で得る人が増えていることがわかります。

　ただし、政治情報の入手先は世代によって大きく異なります。インターネットは60代、70代以上と年代が上昇するとともに減少します。一方、年代が上がるほどあげる人が多くなるのが、新聞とNHKテレビです。70代以上の多くは、政治についての情報をインターネットではなく新聞とテレビから得ています。

2 インターネットとニュース

　インターネットでニュースを見ている人がアクセスするサイトとして圧倒的に多いのは、Yahoo!やGoogleなどのポータルサイトです。たとえば、Yahoo!ポータルサイトには、提携先の新聞社・通信社・テレビ局などから配信されたニュース（記事・写真・動画など）が掲載されています。また、掲載されたニュースに対して、ユーザーがコメントを投稿することもできます。次に多いのは、LINE、Twitter、FacebookなどのSNS（ソーシャルネットワーキングサービス）です。SNSは個人間のコミュニケーションの場を提供するサービスですが、ニュースの情報源としても機能していることがわかります。以下、スマートニュース、グノシー、NewsPicksなどのキュレーションアプリ、新聞社・通信社・テレビ局の公式サイトが続きます。

3 メディアの情報の信頼度

　私たちはメディアの情報をどの程度信頼しているのでしょうか。右のグラフは、全面的に信頼している場合は100点、まったく信頼していない場合は0点、普通の場合は50点として、各メディアの信頼度を調査したものです。信頼度が最も高かったのはNHKテレビと新聞です。やや低下傾向にはあるものの、得点は70点前後を維持しています。民放テレビとラジオがそれに続きます。新聞やテレビといったマスメディアの報道はしばしば「偏っている」と批判されますが、信頼度は相対的に高いことがわかります。これに対して、インターネットに対する信頼度は、新聞・テレビ・ラジオに劣ります。また、信頼度は低下傾向にあり、2018年度以降は得点が50点を下回っています。最も信頼度が低いのは雑誌です。

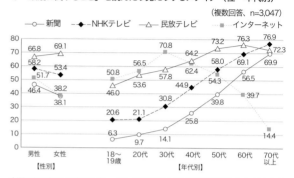

↓「政治に関すること」を読んだり見たりするメディア（性・年代別）
（複数回答、n=3,047）

新聞通信調査会HP内「第14回　メディアに関する全国世論調査（2021年）」をもとに作成

　年代別にみると、若い世代ほどSNSを利用する傾向があり、20代以下では、ポータルサイトを上回ってSNSの利用が最も多くなっています。

↓インターネットニュースを見るとき、アクセスするサイト

新聞通信調査会HP内「第14回　メディアに関する全国世論調査（2021年）」をもとに作成

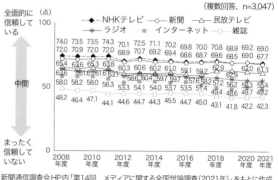

↓各メディアの信頼度

新聞通信調査会HP内「第14回　メディアに関する全国世論調査（2021年）」をもとに作成

★○×問題でチェック★

問1　政治についての情報を得るメディアとしては、すべての年代で新聞が1位を占めている。
問2　新聞やテレビへの信頼度は、インターネットに比べて相対的に高い。

Ⅱ　マスメディアの影響力

1　メディア研究の展開

　新聞やテレビといったマスメディアは、読者や視聴者といった受け手にどのような影響を与えるのでしょうか。マスメディアの影響力に対する評価は、時代ごとに変化してきました。1920年代から1930年代まで有力だったとされるのが強力効果論（「魔法の弾丸理論」「皮下注射モデル」とも呼ばれる）です。これは、マスメディアには人々の意見や行動を一変させる強い影響力があるという考え方です。強力効果論の背景には、映画やラジオの普及に加えて、大衆社会論とよばれる社会学理論の存在がありました（☞ **17-Ⅰ**）。

　ところが、1940年代以降、マスメディアの影響力は限定的とする限定効果論が登場しました。ラザースフェルドらは、1940年のアメリカ大統領選挙の際にオハイオ州エリー郡で実施した調査（エリー調査）から、人々の投票先は所属する集団によってあらかじめ決まっており、マスメディアの影響で投票先を変

↓メディア研究パラダイムの変遷

研究パラダイム	啓蒙機関モデル	弾丸効果モデル	限定効果モデル	新しい強力効果モデル
大→メディアの影響力評価→小	第1次世界大戦勃発　1910ヴェーバー「新聞の社会学」	第2次世界大戦終結　1920　ラジオの登場　1930ナチ宣伝　1940ラジオ調査室	ラザースフェルド『国民の選択』クラッパー『マス・コミュニケーションの効果』　1950　1960　1970学生反乱	ホール「エンコーディング／デコーディング」モデル　ベルリンの壁崩壊　湾岸戦争　1980　1985　1990
受け手像	自律的市民	受動的大衆	能動的消費者	テレビの読み手
文化観	オプティミズム	ペシミズム	価値中立	アンビバレント
基軸メディア	新聞	映画・ラジオ	テレビ	ニューメディア

佐藤卓己『現代メディア史　新版』（岩波書店・2018年）7頁の図をもとに作成

更した人は少数にすぎないことを明らかにしました。また、人々の意見はマスメディアよりも周囲の人々との会話によって影響を受けやすいことを発見し、マスメディアの流す情報は、人々の所属する集団内のオピニオンリーダーを介して間接的に伝達されるという「コミュニケーションの二段の流れ」モデルを提唱しました。

2　新しい強力効果論

　1970年代以降、マスメディアの影響力を再評価する新しい強力効果論とよばれる研究群が登場しました。その背景には、テレビという訴求力の強いメディアの普及がありました。

　新しい強力効果論の代表的な研究成果に、議題設定効果、プライミング効果、フレーミング効果があります。議題設定効果とは、マスメディアが特定の争点を多く報道することで、人々がその争点を重要なものと認識するようになるという効果です。この概念を提唱したマコームズとショーは、1968年のアメリカ大統領選挙の分析から、マスメディアが選挙報道で強調した争点と、人々が重要と考えた争点が一致することを明らかにしました。

　プライミング効果とは、マスメディアが特定の争点を多く報道することで、それが人々の政治判断の基準になるという効果です。たとえば、経済問題よりも外交問題の報道に多く触れた人は、経済問題ではなく外交問題を判断材料として政府の業績を評価するようになるのです。また、フレーミング効果とは、同じテーマであっても、どのような枠組み（フレーム）で報道するかによってまったく違った結果をもたらすという効果です。たとえば、貧困問題を報道する際、生活困窮者のライフスタイルを取り上げる場合と、貧困問題の背後にある非正規労働者の増加という構造的問題を取り上げる場合では、受け手の印象は大きく変わるのです。

　このほかに、世論の形成過程におけるマスメディアの影響を描いた沈黙の螺旋理論があります。ノエル＝ノイマンによれば、人は社会的孤立を恐れるため、自分が多数派だと感じた人は自信をもって公の場で意見を表明する一方、少数派だと感じた人は意見の表明を控えます。こうした現象がらせん状に繰り返されることで、多数派とみなされた意見はますます大きく目立つようになり、逆に少数派とみなされた意見はますます弱く小さくみられるようになります。この過程において、マスメディアは人々に「意見の風向き」を示す重要な情報源としての役割を果たすのです。

↓マスメディアの議題設定的役割

メディア議題

ニュース報道のパターン
最も顕著な公共争点
(Most prominent public issues)

→

公衆議題

公衆の関心
最も重要な公共争点
(Most important public issues)

争点顕出性の転移
(Transfer of issue salience)

マックスウェル・マコームズ（竹下俊郎訳）『アジェンダセッティング』（学文社・2018年）15頁をもとに一部訳語を変更して作成

★〇✕問題でチェック★
問3　ラザースフェルドらはエリー調査から、議題設定効果とよばれる概念を提唱した。
問4　報道の際に用いられる枠組みが受け手の認識に影響を与えることをフレーミング効果とよぶ。

Ⅲ　日本のマスメディア

1　報道の自由の制約

　マスメディアには、国民に事実を伝える自由を意味する、報道の自由が認められています。日本国憲法には報道の自由は明記されていませんが、最高裁は「報道機関の報道は、民主主義社会において、国民が国政に関与するにつき、重要な判断の資料を提供し、国民の『知る権利』に奉仕するものである」として、報道の自由は表現の自由を規定した憲法21条の保障のもとにあると判示しています（1969年博多駅テレビフィルム提出命令事件）。

　ただし、報道の自由には制約もあります。特にテレビやラジオといった放送は、電波法による免許制のもとにあります。また、放送法により、番組の編集にあたって「政治的に公平であること」などが求められています。こうした規制の根拠としては、電波の希少性や放送のもつ社会的影響力の大きさがあげられてきました。これに対して、近年の多メディア化・多チャンネル化の進展により電波の希少性は薄れているのではないか、また、放送の社会的影響力も相対的なものになってきているのでないか、といった疑問も提起されています。

↓放送法の番組編集準則

> 第4条　放送事業者は、国内放送及び内外放送（以下「国内放送等」という。）の放送番組の編集に当たつては、次の各号の定めるところによらなければならない。
> 一　公安及び善良な風俗を害しないこと。
> 二　政治的に公平であること。
> 三　報道は事実をまげないですること。
> 四　意見が対立している問題については、できるだけ多くの角度から論点を明らかにすること。

2　記者クラブ

　マスメディアの記者は、国会、政党、各省庁などに設置された記者クラブを拠点として、取材活動を行っています。取材対象の組織は、定期的に記者会見を開いたり、プレスリリース（報道機関向け発表）を出したりして情報を提供します。記者クラブ制度については、公的機関の情報公開を促進するというメリットがある一方、調査報道が弱体化するとか、記者クラブに加盟していないメディアやフリーランスの記者は平等に扱われない、といった問題点も指摘されています。

↓記者クラブの様子

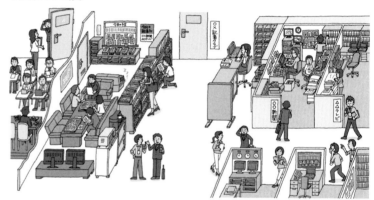

たむらかずみ（月刊『広報会議』2015年6月号より転載）

3　クロスオーナーシップ

　日本のマスメディアの特徴として、新聞社とテレビ局が系列関係にあることを指摘することができます。読売新聞社は日本テレビ、朝日新聞社はテレビ朝日、毎日新聞社はTBS、産経新聞社はフジテレビ、日本経済新聞社はテレビ東京と、それぞれ資本関係や人的交流があります。こうした系列関係は、全国紙とキー局だけではなく、地方紙とローカル局の間にもみられます。

　このように、ひとつの資本が複数のマスメディアを傘下に入れて影響を及ぼすことをクロスオーナーシップとよびます。新聞社とテレビ局の系列関係は、経営レベルにとどまらず、各社の報道内容にも一部影響を与えています。クロスオーナーシップに対しては、言論・情報の多様性が妨げられるとか、メディア同士の相互チェックが働かなくなる、といった批判も向けられています。

↓日本の報道メディアの系列図

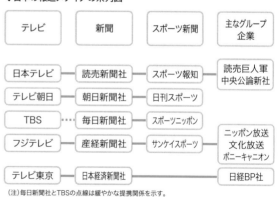

テレビ	新聞	スポーツ新聞	主なグループ企業
日本テレビ	読売新聞社	スポーツ報知	読売巨人軍 中央公論新社
テレビ朝日	朝日新聞社	日刊スポーツ	
TBS	毎日新聞社	スポーツニッポン	ニッポン放送 文化放送 ポニーキャニオン
フジテレビ	産経新聞社	サンケイスポーツ	
テレビ東京	日本経済新聞社		日経BP社

（注）毎日新聞社とTBSの点線は緩やかな提携関係を示す。

井上泰浩『メディア・リテラシー』（日本評論社・2004年）26頁の図をもとに「主なグループ企業」の情報をアップデートして作成

問5　新聞社の報道は「政治的に公平であること」が法律によって求められている。
問6　日本では、多くのテレビ局が新聞社と資本関係もしくは人的交流がある。

Ⅳ　メディア環境の変化

1　インターネット時代の到来

　1995年にWindows 95が発売されたのをきっかけに、インターネットの利用が一般に広がりはじめました。政治の世界においても、政治家や政党がホームページを開設したり、メールマガジンを発行したりして情報発信を行うようになりました。2000年代に入ると、ブログ、TwitterやFacebookなどのSNS、ニコニコ動画やYouTubeなどの動画サイトが次々と登場しました。また、2010年代以降はスマートフォンが急速に普及し、いつでも、どこでもインターネットに接続することができるようになりました。

　ブログやSNSのように、インターネットを利用して誰もが手軽に情報を発信し、相互のやりとりができる双方向のメディアをソーシャルメディアとよびます。ソーシャルメディアの普及により、政治や社会の問題について、普通の人々が自由に自分の意見を語りはじめました。このことは、社会運動にも大きな影響を与えました。たとえば、2010年から2011年に中東・北アフリカ地域で連鎖的に発生した民主化運動である「アラブの春」や、2017年から世界的に広がった女性の性被害を告発する「#MeToo」運動では、ソーシャルメディアが中心的な役割を果たしたのです（☞22-Ⅲ**2**）。

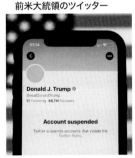
↓アカウントが凍結されたトランプ前米大統領のツイッター

アフロ

　また、日本では、2013年に公職選挙法が改正され、インターネットを使用した選挙運動が解禁されました（☞**24-Ⅰ3**）。この前後から、政治家もTwitterやFacebookを始めたり、YouTubeチャンネルを開設したりするなど、ソーシャルメディアを活用して有権者と直接つながるようになりました。また、ソーシャルメディアを通じて得られたデータを分析し、その結果を選挙キャンペーンに活用するような取り組みもみられるようになりました。

↓インターネット選挙運動の解禁を説明する総務省のチラシ（2013年）

総務省HPより転載

2　インターネットは社会を分断する？

　インターネット時代には、誰もが情報を発信できるようになったため、フェイクニュースとよばれる偽情報の拡散や、特定の対象に批判が殺到する炎上が社会問題となっています。また、インターネットが政治知識の格差や政治参加の程度の拡大を招くことも指摘されています。たとえば、政治に対する関心の高い層は、インターネットを利用して政治や社会について調べたり、ともに活動する仲間を見つけたりして、政治への関心をさらに深めることができます。これに対し、政治に対する関心の低い層はむしろ政治情報に触れる機会が少なくなり、政治参加から遠ざかっていくことになるというのです。

　さらに、インターネットが社会の分断を招くという指摘もあります。ソーシャルメディアや検索サービスは、利用者のプロフィールや検索履歴を分析・学習し、関心のある情報を提示するよう設計されています。そのため、自分の見たい情報しか見えなくなることが起こります（フィルターバブル）。また、ソーシャルメディアを利用する際、自分と似た価値観をもつユーザー同士が交流する結果、同じ主義主張が反響し、共鳴しながら増幅する状況をエコーチェンバーとよびます。このように、自分の関心に近い情報や主張にばかり触れるため、極端な方向に意見が偏り、異なる意見に対する寛容さが失われるというのです（☞17-Ⅱ**4**）。

↓見たことのあるフェイクニュースのジャンル

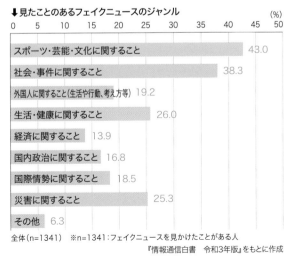

	(%)
スポーツ・芸能・文化に関すること	43.0
社会・事件に関すること	38.3
外国人に関すること(生活や行動,考え方等)	19.2
生活・健康に関すること	26.0
経済に関すること	13.9
国内政治に関すること	16.8
国際情勢に関すること	18.5
災害に関すること	25.3
その他	6.3

全体(n=1341)　※n=1341：フェイクニュースを見かけたことがある人
『情報通信白書　令和3年版』をもとに作成

↓フィルターバブル

あらゆる出来事を伝える記事

記事　記事　記事　記事　記事　記事　記事　記事　記事

フィルター

記事　記事　記事

自分の関心に合致する記事

藤竹暁＝竹下俊郎編『図説　日本のメディア(新版)』(NHK出版・2018年)297頁の図をもとに作成

★○✕問題でチェック★

問7　インターネット上で誰もが参加できる双方向のメディアをソーシャルメディアとよぶ。
問8　日本では、インターネットを使った選挙運動は公職選挙法で禁止されている。

19 政党

Ⅰ 政党の位置づけ

政党は政治の中でどのように位置づけることができるでしょうか。私たちが日頃よく見聞きする日本の政党を思い浮かべても、この問いに答えることは容易ではありません。代表的な説明をみてみると、イギリスの哲学者バークは、私利私欲の追求に終始する徒党と区別し、政党を同じ理念のもとに国民的利益を追求する集団と定義しました。他方、アメリカの建国者のひとりであるマディソンは、政党が徒党へと堕落する可能性は排除できないが、各政党

が自らの利益を追求しても、多数の政党が競合すれば国家の利益追求につながる、と指摘しました。また、政治学者のサルトーリは、「選挙に際して提出される公式のラベルによって身元が確認され、選挙を通じて候補者を公職に就けさせることができるすべての政治集団」と政党を定義します。時代や地域によって政党の特徴は多様ですが、サルトーリの定義は、現代の民主主義社会における政党の特徴を的確に表しているといえるでしょう。

▼現代日本における代表的政党

自由民主党	党首	公明党	党首	立憲民主党	党首	国民民主党	党首	日本共産党	党首
設立:1955年 衆院:262人 参院:119人	岸田 文雄	設立:1964年 衆院:32人 参院:27人	山口 那津男	設立:2020年 衆院:97人 参院:39人	泉 健太	設立:2020年 衆院:10人 参院:10人	玉木雄一郎	設立:1922年 衆院:10人 参院:11人	志位 和夫

社会民主党	党首	日本維新の会	党首	れいわ新選組	党首	NHK党	党首	参政党	党首
設立:1996年 衆院:1人 参院:1人	福島 瑞穂	設立:2015年 衆院:40人 参院:21人	馬場 伸幸	設立:2019年 衆院:3人 参院:5人	山本 太郎	設立:2013年 衆院:0人 参院:2人	立花 孝志	設立:2020年 衆院:0人 参院:1人	松田 学

各党のホームページ等を参考に筆者作成、議席は2022年12月現在

▼政党の定義の代表例

年代	理論家	政党の定義
18世紀	バーク	「政党とは、その連帯した努力により彼ら全員の間で一致している或る特定の原理にもとづいて、国家利益の促進のために統合する人間集団のことである」
	マディソン	「派閥の原因そのものは除去しえないもの」であるため、「いずれかひとつの党派がその党派に属していない人びとを数で圧倒したり、抑圧したりする結果になるのを防ぐためには、党派の数を多くすることによって、より大きな安全性が確保される」
	シュンペーター	「政党とは、政治権力を争う競争で共闘しようという人々の集団」である
	ノイマン	政党とは、「社会の積極的な政治的行為者たち、すなわち政府権力の統制に関心をもち、さらに種々異なる諸見解をいだく他の単数または複数の集団と大衆的支持をめざして競争する人々の明確な組織体」である
↓	シャットシュナイダー	政党とは、「第一に、権力を獲得しようとする組織化された企図」であり、「第二に、権力にたいする獲得競争」を「平和的な方法」で行う集団である
20世紀	サルトーリ	「政党とは、選挙に際して提出される公式のラベルによって身元が確認され、選挙(自由選挙であれ、制限選挙であれ)を通じて候補者を公職に就けさせることができるすべての政治集団である」

エドマンド・バーク(中野好之編訳)『バーク政治経済論集』(法政大学出版局・2000年)80頁、ハミルトン=ジェイ=マディソン(斎藤眞=武則忠見訳)『ザ・フェデラリスト』(福村出版・1991年)46頁・49頁、シュンペーター(大野一訳)『資本主義、社会主義、民主主義II』(日経BP社・2016年)105頁、ノイマン(渡辺一訳)『政党—比較政治学的研究』(みすず書房・1961年)523頁、シャットシュナイダー(間登志夫訳)『政党政治論』(法律文化社・1962年)41頁・44頁、サルトーリ(岡沢憲芙=川野秀之訳)『現代政党学』(早稲田大学出版部・2009年)111頁を参考に筆者作成

Ⅱ 近代社会と政党

ヴェーバーは、議会政治が始まって間もない近代社会において、貴族が組織する「貴族政党」が主流だったのに対し、産業の発達とともに、資産や教養をもつ名望家とよばれる人々が政党を組織する「名望家政党」が力をもつようになったと主張します。さらに、彼によれば、選挙権の拡大に伴い、労働者らも党員として政党に所属するようになると、党員が支払う党費で活動費がまかなわれるようになり、多くの党員が党を組織する「近代組織政党」が登場しました。こうしたヴェーバーの議論をより洗練する形

▼ヴェーバーとデュヴェルジェの政党発達論

	19世紀初期	19世紀中期	19世紀後期	20世紀初期
ヴェーバー	貴族政党 →	名望家政党 →	近代組織政党	
デュヴェルジェ		幹部政党 →	大衆政党	

筆者作成

で、デュヴェルジェ(☞20-Ⅰ**2**)は、議員や活動家など少数が組織する政党を「幹部政党」、一般党員を中心として多数が組織する政党を「大衆政党」と類型化しました。

★○×問題でチェック★

問1　バークは、多数の政党による競合が、国家の利益追求につながると主張した。
問2　ヴェーバーは、資産や教養をもつ資本家らが組織する政党を名望家政党とよんだ。

III　現代社会と政党

1 包括政党

　20世紀における経済や技術の発展を経て、政党を取り巻く環境は劇的に変化しました。そうした変化に対応すべく、政党は、生き残りをかけて、戦略を変化させてきました。政党の重要な変化の第1として、政党が特定の階級や宗教に依拠せず、すべての市民に共通する利益の追求を表明するようになる包括政党化があげられます。18世紀の近代ヨーロッパ社会では、社会階級や宗教ごとにニーズが明確に異なっていました。キルヒハイマーは、そうした近代社会において、労働者やブルジョワジーといった特定の社会階級に支持される階級政党や、カトリックやプロテスタントなど特定の宗派に支持された宗教政党が主流だったと指摘します。その後、20世紀に向かうにつれ、西洋諸国を中心として各国が経済的に豊かになり、社会階級や宗派ごとのニーズの差異は、近代社会ほど顕著にはみられなくなりました。それを踏まえて、キルヒハイマーは、各政党が当選に必要な票を獲得するために、特定のイデオロギーや階級に特有の利益に訴える従来の戦略を変更し、可能な限り多くの利益集団の支持を得られるような広汎な政策を主張するようになったと指摘します。キルヒハイマーは、こうした政党の戦略の変化を包括政党化とよびました。

↓階級政党・宗教政党

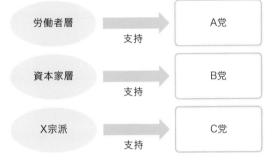

筆者作成

2 選挙プロフェッショナル政党

　第2の現代的変化は、選挙での勝利を政党の最優先事項とする選挙プロフェッショナル政党の登場です。選挙プロフェッショナル政党の登場に、重大な影響を及ぼしているのが、無党派層の拡大です。多くの政党が包括政党化し、政党間の違いを見いだせなくなれば、有権者が特定の政党を支持する必要性もおのずと薄れてきます。特定の支持政党をもたない人々は、無党派層とよばれ、20世紀以降の現代社会では、この無党派層の票をいかにして獲得できるかが、各政党の存続のために重要な課題の1つとなりました。無党派層の票獲得をめざす政党の戦略の1つとして、パーネビアンコは、まず、政党がテレビなどのマスメディアを介して有権者に直接訴えかけることができるようになったことに着目し、支持者の獲得をめざすうえで、有権者からの人気がある政治家が党内で中心的役割を果たしていることを指摘します。たとえば、2005年の日本の衆議院選挙において、当時の首相であった小泉純一郎が強力なリーダーシップを発揮し自民党が大勝を収めたことは、その最たる例といえます。さらに、パーネビアンコは、政党が、かつてのような強固な支持基盤をもつ大衆官僚政党から、選挙での勝利を最優先に考える選挙プロフェッショナル政党へと変容しつつあると主張しました。日本においても、選挙期間における各政党のテレビコマーシャルに加え、近年ではインターネットやSNSを通じた選挙運動が解禁されており、メディアの発達とともに、多くの政党が選挙プロフェッショナル政党になっていると指摘されています。

↓2005年の衆議院選挙

朝日新聞2005年9月12日

↓立憲民主党のコマーシャル

立憲民主党YouTubeチャンネル

★○✕問題でチェック★
問3　特定の社会階級に拠る利益に訴えるようになった政党の傾向を包括政党化という。
問4　選挙での勝利を最優先事項とする政党は、選挙プロフェッショナル政党とよばれる。

3 カルテル政党

　第3の現代的変化として、政党同士が結託し市民社会から乖離するカルテル政党化が指摘されています。先述のように、現代社会においては、社会階級や宗教による選好の差異が近代社会ほど明確ではなくなり、特定の支持政党をもたない有権者が増加しました。包括政党や選挙プロフェッショナル政党は、あくまでも国民の支持を集めることを目的として戦略を変化させてきましたが、20世紀末になると、現代の政党が、こうした既存の枠組みでは捉えられない特徴を有しているという議論も登場しました。カッツとメアによるカルテル政党化の議論です。

　カッツとメアは、有権者の政党離れを背景として、党員が減少した結果、政党を運営するために必要な資金を党費でまかなうことができなくなり、各政党が国家から支給される資金に頼らざるをえなくなったと分析します。実際に、現代日本では政党交付金などが国家から各政党に支払われ、その依存率が高い政党も多くみられます。国家からの資金援助には、民間企業からの献金に依存する際に懸念される利益誘導のリスクがありません。この点において、政党が国家から資金援助を受けること自体に直接的な問題はないという考え方もあるでしょう。しかし、カッツとメアは、政党が国庫に依存すれば、本来、国民の利益を代表するはずの政党が、国民の利益から乖離する可能性があると指摘します。たとえ選挙の際に政党間の対立がみられたとしても、有権者集団から活動資金を得ることができなくなった諸政党が皆、国家の資金援助に依存しているために、政党間で既得権益を維持するために結託するというのです。こうした政党の戦略の変化を、カッツとメアは、カルテル政党化とよびます。

↓カルテル政党化

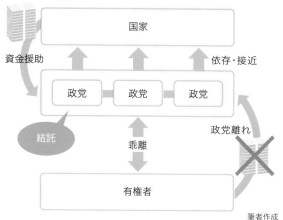

筆者作成

4 カルテル政党への対抗勢力

　政党のカルテル化による既得権益の維持が指摘される一方で、近年では、そうしたカルテル政党への対抗を示す政党も勢力を拡大しつつあります。ここでは、カルテル政党への対抗勢力として登場した新たな政党の代表的な3つの類型に着目してみましょう。

　第1に、ポピュリスト政党は、政治・経済・文化におけるエリートを批判し、人民の意思が代表されていないと主張する点に特徴があります。近年では、エリートへの糾弾だけでなく、移民など社会内のマイノリティを敵対視する政党も勢力を増しています。ポピュリスト政党は、敵と味方を明確に区別し、しばしばカリスマ的な政党指導者が市民の圧倒的支持を受けて台頭します（☞20-Ⅴ）。具体例としては、フランスの国民連合やドイツのAfDなどがあげられます。第2に、単一争点政党は、ある1つの争点に絞って、有権者に賛否を問うことで、支持者の拡大をはかる政党です。たとえば、環境問題に争点を絞る、ドイツの緑の党は、その典型例といえます（☞23-Ⅳ2）。第3に、ネットワーク型政党とは、各地域の市民グループ同士がネットワークを形成し、政党として機能するようになった政党です。先ほどあげたドイツの緑の党は、ネットワーク型政党の性格も有しています。また、日本の例として、草の根的な生活クラブの組合員の活動から始まった神奈川ネットワーク運動があげられます。

↓国民連合（フランス）党大会の様子

アフロ

↓緑の党（ドイツ）の旗とともに掲げられる
「原子力？いいえ、結構です」と書かれた旗

ロイター／アフロ

問5　政党が民間企業からの資金援助に依存することをカルテル政党化という。
問6　1つの争点に絞って支持者の拡大をはかる政党を、単一争点政党という。

Ⅳ　政党の機能

1　政策に関する機能

　政党が果たす重要な機能として、まず、企業や労働組合などの利益集団や、国民の要望に耳を傾ける利益表出機能があげられます。政党は、自らの選挙区の団体や個人の要望を聞き入れ、議会での政策形成の際に国民の意向を反映させる機能を果たします。この機能を前提として、有権者たちは、自らの利益を代表する政党の議員を当選させようと投票します。政党の議員らも、有権者の投票を期待して、地元に有利な政策を推進する場合もあります。しかし、こうして集められた国民の利益は多様であり、すべてのニーズを個別の政策として実現することは困難です。そこで、政党は、表出された諸利益をまとめた政策案を作り議会に提出します。多様な利益を1つの政策にまとめる機能を利益集約機能といいます。こうした政策を形成する際の政党の重要な機能である利益表出機能と利益集約機能の2つをまとめて、政策形成機能とよぶこともあります。

　さらに、政党は政策決定の際に生じる問題の回避にも役立ちます。議員が個人レベルで行動する場合、自分に投票してくれ

↓利益表出・集約機能

意見を聞く　　　政策案を作る

国民　利益表出　政党　利益集約　議会

筆者作成

る有権者に有利な政策を議会で可決させるために、他の議員が提案する法案を支持する代わりに、自らの法案も支持してもらおうとすると考えられます。こうした個人レベルでの相互行為は、無数の個別的政策をすべて可決するという結果に向かう可能性もあります。これに対して、政党レベルで政策決定を行えば、各議員が吸い上げた国民の多様な利益を、政党内で1つの政策として集約することが可能であり、効率的に国民の利益を実現することが可能になります。

2　人事に関する機能

　政党は、人事に関する重要な機能も備えています。たとえば、新たな人材を発掘し育成する政治的補充機能です。政党は、公募やスカウトにより、政治家になりたい人材を発掘し、党の公認候補や推薦候補とすることで当選を後押しし、当選後は、議員の育成も行います。さらに、政党には、政治的指導者を選抜し、議員を閣僚などの役職につかせて政府を形成する機能もあります。特に、議院内閣制では、議会の第一党から首相が決まり、内閣の人事を行うことが多い傾向にあります。

↓当選確実となった元タレントの今井絵理子氏と握手をかわす当時の自民党首安倍晋三氏

アフロ

↓立憲民主党の国会議員候補者募集要項

候補者募集

立憲民主党石川県
総支部連合会HP

↓初入閣決定直後に首相官邸に入る小泉進次郎氏

ロイター／アフロ

3　国民に対する機能

　政党は、国民に対する働きかけの観点からも重要な機能を有します。まず、現代社会においては、テレビや新聞などマスメディアを通して、政策決定の過程、結果、政策の意図などを、議員が国民に直接伝え、国民の理解を促すコミュニケーション機能があげられます。また、選挙の際、各候補者が提案する個別の政策を知らなくても、候補者の所属政党をみれば、大まかな政策方針がわかるため、有権者が情報収集に多くの時間を割くことなく自らの投票先を決めることができるという有権者のコスト削減にも役立ちます。さらに、特定の政党に党員として所属する有権者に対して

↓日本維新の会の機関紙

日本維新の会HP

↓2019年参議院選挙（東京都選挙区）の選挙ポスター掲示場

Rodrigo Reyes Marin／アフロ

は、党機関紙の刊行により、党員の結束をはかる役割も果たします。このように、政党は国民の政治的社会化を助ける機能も担っているのです。

★ ○×問題でチェック ★
問7　国民の要望に耳を傾けるという政党の機能は、利益集約機能とよばれる。
問8　政党は、議員の育成のみ行い、議員のリクルートや当選の後押しはしない。

19 政党　**97**

20 政党制

Ⅰ 政党の数を決めるもの

1 社会的亀裂（クリービッジ）と凍結仮説

　国ごとに存在する政党は異なっています。この違いは、どのように説明できるでしょうか。

　たとえば、言語や宗教、階級など、各国に存在する社会的亀裂のあり方が政党に反映されている可能性があります。リプセットとロッカンは西欧諸国について、国民国家の形成と産業革命を通して生じた4つの社会的亀裂（①中央―地方、②政府―教会、③都市―農村、④経営者―労働者）のあり方によって各国の政党が形成され、その政党配置が1920年代以降固定化（凍結）したと説明しています（凍結仮説）。

　今日では、社会的亀裂の枠を越えて包括政党化するものも増えていますし（☞ 19-Ⅲ 1）、経済成長が進展した1970年代頃から物質主義―脱物質主義という対抗軸が加わったというイ

ングルハートの議論（☞ 23-Ⅳ 2）も登場しました。とはいえ依然として、伝統的な社会的亀裂が今でも重要性をもつ地域は多いのです。ただし、多民族・多宗教国家であるアメリカで有力な政党が2つしか存在しないことを考えると、この仮説だけですべての国家について説明することはできません。

↓リプセットとロッカンの凍結仮説

①中央 vs. 地方	→地域政党
②政府 vs. 教会	→キリスト教諸政党
③都市 vs. 農村	→農民政党、社会主義政党、ブルジョワ政党
④経営者 vs. 労働者	

Seymour M. Lipset & Stein Rokkan (eds.), *Party Systems and Voter Alignments: Cross-National Perspectives* (Free Press, 1967)をもとに筆者作成

2 制度的要因――デュヴェルジェの法則

　選挙制度が政党数を決めるという説も有力です。デュヴェルジェは、①比例代表制は多党制を導く、②相対多数代表制（＝小選挙区制）は二党制をもたらす、③2回投票制は多くの政党を互いに連合させる、という法則を提示しています。3つ目の点は、フランスの2回投票制が4党2ブロック制（☞Ⅳ 6）とよばれる政党制をもたらしたことを踏まえた説です。

　小選挙区制が二党制をもたらすのには2つの要因があると説明されています。まず、小選挙区では第三以下の小政党は議席獲得が困難なため、政党制が自動的に二党制に近づいていくとされます（機械的要因）。また、有権者は小政党の候補者に投票しても死票になるとわかっているので、自分の票を生かすために当選可能性のある大政党の候補者に投票するというので

す（心理的要因）。

　デュヴェルジェの法則は日本の選挙制度改革の際にも言及されるなど、大きな影響力をもってきました。しかし、小選挙区制を採用するカナダで3つの政党が存在感を示していたり、比例代表制を採用するオーストリアが二党制になっているなど、例外も存在します。

↓フランスの2極4党体制（1970年代から2000年頃まで）

筆者作成

3 理論精緻化の試み

　上記の問題点を踏まえて、理論を精緻化しようとする試みがあります。たとえばコックスは、デュヴェルジェの法則を「各選挙区における政党（候補者）数の上限は、定数をMとした場合、M＋1に収斂する」と読み替えています。選挙制度が影響を及ぼすのは政党制全体ではなく個々の選挙区だというのです。実際、カナダで強力な第三政党が影響力を保持しているのは地域によって政党の力関係に強弱があるためで、選挙区ごとにみれば有力な政党数は2に収斂しています。

　また、サルトーリは、選挙制度が政党数の増減に作用を及ぼすかは、その国の政党制の構造化の程度によって変わると説明しています。政党が社会に根を下ろし、党員が党のために熱心に選挙運動などを行う構造化の強い国と、政党が有力者のみに

よって運営されていて、大衆が政党の活動にほとんど参加しない構造化の弱い国では、選挙制度からの影響の受け方が変わってくるというのです。

↓サルトーリによる類型

	選挙制度の拘束性(強)＝小選挙区制	選挙制度の拘束性(弱)＝比例代表制
政党制の構造化(強)＝大衆政党	小選挙区制の政党数削減作用が働き二大政党制となる 例)アメリカ、イギリス	比例代表制の政党数増殖効果が強い政党制により相殺される 例)オーストラリア
政党制の構造化(弱)＝名望家政党	小選挙区制の政党数削減作用が働くとは限らない	選挙制度が作用を及ぼすことなく、既存の政党制が存続する

ジョヴァンニ・サルトーリ『比較政治学』(早稲田大学出版部・2000年)をもとに筆者作成

★〇✕問題でチェック★

問1　ロッカンらは4つの社会的亀裂が西欧諸国の政党のあり方を規定すると説明している。
問2　デュヴェルジェは、小選挙区比例代表並立制は二党制を導くという法則を提示した。

Ⅱ　政党システム論

1　サルトーリの政党システム論

　政党はどのように競争し、また協力するのでしょうか。サルトーリの政党システム論をみてみましょう。サルトーリはまず重要な政党の数に着目します。①単独政権を作る能力をもつ政党、②連合政権に入る能力をもつ政党、③政権入りはないが体制に脅威を与える能力のある政党（冷戦期の西側諸国の共産党など）を有意な政党と位置づけ、その数に基づいてまずは分類しています。

　また、サルトーリは、政党システムを競合的（民主的）か非競合的（非民主的）かという点から分類し、一党システムを分類しました。有意な政党が1つしかない場合でも、法制度的に一党しか存在が認められない場合（一党制。北朝鮮など）や、特定の一党が支配的地位をもつと規定されている場合（ヘゲモニー政党制。中国など）のような非民主的な政党システムと、自由な競争が認められているにもかかわらず、結果的に特定の一党が勝ち続けている場合（一党優位制）では性格が異なると指摘したのです。一党優位制の典型例は、55年体制下の日本（自由民主党）や、1932〜76年のスウェーデン（社会民主党）、1952〜77年までのインド（国民会議派）です。

　サルトーリの議論は、多党制を動態的に捉える観点から穏健な多党制と分極的多党制という区別も導入しました。穏健な多党制とは、イデオロギー的に極端な立場をとる政党が存在せず、主要政党が中道的な立場をとろうとする（求心的競合を展開する）場合です。有意政党の数は3〜5であることが多く、主要政党間のイデオロギー距離は小さく、政治が安定化することが多いとされます。他方、分極的多党制については、極端な反体制政党が存在するなどして、政党が両極に引き寄せられてしまう（遠心的競合をする）政党制です。有意政党は6個以上であることが多く、主要政党間のイデオロギー距離が大きくなって、政治が不安定化しやすくなります。ヴァイマル共和国や、第一共和政期

↓サルトーリの政党システム論

			政党
単独政権	非競合的	一党制	一党のみが存在を認められている
		ヘゲモニー政党制	複数存在するが、支配政党以外は衛星政党
	競合的	一党優位制	自由な選挙の結果、特定の一党が勝利し続ける
		二党制	2つの大政党が存在する
連合政権		穏健な多党制限定的多党制	政党間のイデオロギー的距離が小さく、大きな反体制政党がない。求心的競合を展開。有意政党数は3〜5
		極端な多党制分極的多党制	政党間のイデオロギー的距離が大きく、反体制政党が存在。遠心的競合を展開。有意政党数は6〜8
		原子化政党制	小さな多くの政党が乱立

ジョヴァンニ・サルトーリ『現代政党学』（早稲田大学出版部・2009年）をもとに筆者作成

のイタリアが典型です。伝統的に政治論談では、二党制は政治を安定化させるが、多党制は政治を不安定化させるという「神話」がありました。この神話を打破したのが、サルトーリの貴重な貢献です。なお、もうひとつの原子化政党制とは、たとえば部族対立を抱えた国が選挙政治を導入し、もともとの部族が政党名を冠するようになったような場合など、混乱期に一次的に出現するとされています。

　サルトーリの政党システム論で、現在の日本の政党制をどう位置づけることができるかは、実は難問です。この類型も万能とはいえませんが、政党政治を考えるうえで重要な視点を与えてくれることは間違いないでしょう。

2　ダウンズの空間理論

　求心的競合と遠心的競合について補足するために、合理的選択論者であるダウンズの議論を紹介しておきましょう。政党は基本的に得票を最大化しようとして行動していると想定できます。有権者を左右軸上に表示した場合に、穏健な有権者が多い単峰型と、有権者の分布が左右両極に偏っている双峰型の社会があると想定しましょう。図上にA党とB党がある場合、両党のイデオロギー位置の真ん中より左に位置する有権者はA党に、右に位置する有権者はB党に投票すると想定することができます。A党とB党はそれぞれどのように行動すると考えられるでしょうか。

　左の図のように単峰型の分布となっている場合、両党は中心に近い立場をとることが得票を最大化することにつながるため、両党は求心的競合を展開することになります。他方、右の図のように極端な立場の有権者が多い双峰型の場合、A党もB党

↓ダウンズの空間理論

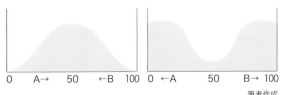

筆者作成

も中心に移動するのが本来は合理的ではあります。しかし、イデオロギー志向の強い極付近の有権者は強い反発を抱いて離反し、極付近に新政党を誕生させる可能性も高まります。そうなると票獲得の機会を逃す可能性が高まります。双峰型の場合は、各党は両極の方に移動するのが合理的になる可能性があるのです。このように考えると、政党制のあり方は有権者の分布によって大きく規定されることがわかるでしょう。

★○×問題でチェック★

問3　55年体制期の日本の政党政治は、サルトーリがいうヘゲモニー政党制の代表例である。
問4　サルトーリによれば、穏健な多党制のもとでは政治は安定的に営まれる。

III　連合政権の作られ方

　連合政権（連立政権と記されることもあります）を作るに際しては、政党数とイデオロギー距離の2つについて考える必要があります。

　議会を安定的に運営するには、政権党だけで過半数の議席を確保する必要があります。しかし、政権入りする政党数が多くなると、各党に与えられる閣僚ポストの数は少なくなります。ライカーは、過半数の議席を維持するうえで必要最小限の政党だけが連合を組む最小勝利連合が最も合理的だと説明しています。またドッドは、最小勝利連合は過小規模連合や過大規模連合よりも安定的になることを証明しています。

　安定的な政権運営を行うには、イデオロギー距離の近い政党同士で連合を組むのが理想的です。A、B、C、D、Eという政党があり、そのイデオロギー位置と規模が図のようだと想定すれば、A＋B

＋C、B＋C＋D、C＋D＋Eの3種類の連合政権が登場する可能性があるといえます。

　興味深いのは、いずれの連合政権

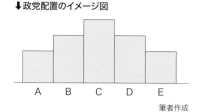

↓政党配置のイメージ図

筆者作成

にもC党が入っていることです。多党制の場合、常に連合政権入りする政党（要政党）が登場する可能性があります。要政党は連合政権のあり方を左右する力をもちます。しかし、仮に要政党が腐敗などの問題を抱えていても、同党を政権入りさせなければ政治が不安定になってしまいます。こう考えると、連合政権が単独政権より優れているという議論も単純にすぎることがわかるでしょう。

IV　諸国の政党政治

1　中　国

　ヘゲモニー政党制下の中国で「党」といえば中国共産党をさし、同党は権力を独占しています。1989年の天安門事件などを受けて中国もいずれは民主化するとの予想もされていましたが、共産党は経済成長によって国民の不満をそらしつつ、情報統制を強化して民主化の動きを抑え込んできました。中国共産党の施策に批判的な団体が設立されても、当局による取り締まりを逃れるため、それらの団体は中国国外を拠点に活動するようになります。

　ただし、ほかにも民主党派と称される8つの政党が存在を認められています。民主党派は建国の過程で共産党と協力しあった存在とされており、野党ではなく、国家を指導する執政党たる共産党を補佐する参政党だと位置づけられています。マルクス・レーニン主義の政党ではありませんが、全国人民代表大会にも、全人代常務委員会にも、一定の議席を有しています（2022年6月時点で執政党が占める数は、全人代の定数2980のうち2085、常務委員会の定数175のうち116で、ほかは民主党派か無所属、欠員となっています）。

2　ロシア

　ソ連時代にはボリシェヴィキとその後継政党による一党制が続きましたが、1990年にペレストロイカの一環として複数政党制が導入されました。その中で2001年に成立した統一ロシアが、プーチン政権による諸改革の影響もあり、一党優位体制を確立しました。その支持率は、2008年の世界同時不況や2010年代の所属議員の不祥事により一時的に低下しましたが、2014年のウクライナに対する強硬姿勢が国民の支持を集めたこともあり、再び上昇しました。2016年に連邦下院の選挙制度が比例代表制から小選挙区比例代表並立制に変更されたことも、同党の強さを盤石なものとしました。第二党であるロシア共産党以外の政党は、統一ロシアの応援団にすぎないと指摘する論者もいます。2022年のウクライナ侵攻以降言論の自由に対する制限が課されたこともあり、ロシアの政党システムの競合性（民主性）の低下を批判する声も強くなっています。

↓共産党旗

↓習近平

public domain

wikimedia commons
(Palácio do Planalto, 2019)

↓統一ロシアのロゴマーク

ЕДИНАЯ
РОССИЯ

wikipedia

↓プーチン

wikimedia commons（ロシア連邦
大統領報道情報局, 2021）

★○✕問題でチェック★

問5　連合政権は、可能な限り多くの政党が政権内に入っている方が安定する。
問6　共産党以外の政党が存在を認められていない中国は、一党制の国の代表例である。

3 日本

1955年の社会党の左派と右派の合同を受けて行われた保守合同（自由民主党の誕生）によって成立した55年体制（☞**7**）期の政党政治は、一党優位制の代表例です。1960年代には自社両党の中間的な立場をとる中道政党が登場し、共産党も一定の勢力を維持し続けましたが、自民党は包括政党化し、経済成長を背景に優越的地位を維持しました。

しかし経済成長が終わり、自民党の派閥間抗争と利益誘導政治の弊害が批判されるようになると、政治改革を求める気運が高まりました。自民党も分裂し、直後の1993年の総選挙の結果を受けて、非自民連立政権が成立しました。55年体制下の政治腐敗の根本原因は、1つの選挙区から3〜5名の候補者を選ぶという選挙制度のもとで自民党の候補者同士がサービス合戦を強いられたことにあると主張され、小選挙区比例代表並立制が導入されました。しかし、野党候補が分立していては小選挙区で自民党に勝てないことにより、野党の結集がはかられるようになります。野党第一党となった民主党が2009年の総選挙で勝利して政権交代が起こりましたが、2012年選挙を受けて再び自民党が政権に復帰しました。自民党も1999年以降公明党と政権連合を組むようになり、その状態は自民党が過半数の議席を獲得した場合も継続しています（過大規模連合）。

4 アメリカ

大統領選挙が全米規模で戦われることもあり、共和党と民主党からなる二党制の国となっています。第三の政党から大統領が選ばれたことは、1860年選挙以来一度もありません。共和党が減税と政府規模の縮小（小さな政府）をめざすのに対し、民主党は福祉拡充（大きな政府）を志向します。また共和党が中絶禁止や積極的差別是正措置への反対、銃規制反対の立場をとるのに対し、民主党は女性や人種的少数派の権利拡大、銃規制推進の立場をとっています。二大政党の候補者は予備選挙で選ばれており、党指導部は実質的に候補者公認権をもちません。政党は分権的で、政党規律が弱く、党首も存在しません。近年では二大政党内での路線対立も明確化しています。党員概念もあいまいで、政党は支持者や利益集団からの献金によって運営費をまかなうのが一般的です。

↓アメリカの二大政党（民主党、共和党）の
　ロゴマークとジョー・バイデン、ドナルド・トランプ

ロゴマークはpublic domain、肖像はWhite House

5 イギリス

イギリスは小選挙区制が採用されていることと、階級社会であることを背景として、保守党と労働党からなる二党制の国であり続けてきました。保守党の首相経験者にはサッチャー、キャメロン、メイ、ジョンソン、トラス、スナクが、労働党の首相経験者にはブレアやブラウンなどがいます。富裕層を基盤として自由競争を重視する政党と、労働者層を基盤として福祉拡充をめざす政党という二大政党が競争し、政権交代も常態化するその政治のあり方は、日本でも時に理想視されてきました。同じく二党制となっているアメリカの政治は分権的性格が強く政党規律が弱いのに対し、議院内閣制を採用するイギリスの二大政党は集権的で党議拘束も強いのが特徴です。党員制度も存在し、党員からの党費によって運営費がまかなわれています。

イギリスでも、有権者の階級投票の傾向が弱まってきたこと、イングランドに対する他の連合構成地域の反発が顕在化してきたこと、欧州議会選挙で比例代表制が導入されたこともあり、近年では、自由民主や地域政党（スコットランド国民党や北アイルランドの民主統一党）、ポピュリスト政党であるイギリス独立党（UKIP）などが存在感を増しています。イギリスの二党制神話は過去のものとなったといえるでしょう。

↓労働党党首（キア・スターマー）と保守党党首（リシ・スナク）

ともにofficial portrait（イギリス内閣府）

★○×問題でチェック★
問7　アメリカの二大政党には党首は存在しない。
問8　イギリスでも二大政党以外の政党が勢力を増大させている。

6 フランス

二回投票制を採用しているため、保守系（ドゴール派と非ドゴール派）と革新系（社会党と共産党）からなる4党2ブロック制とよばれる状態が続いていました。各党の候補者が争う1回目の投票では勝利に必要な過半数を得る候補者がいないため、一定以上の票を得た候補者によって争われる2回目の投票で左右両陣営が候補者を調整したからです。近年では保守系の二党が共和党として結集し、シラクやサルコジという大統領を輩出しました。革新系の中心的政党である社会党は、ミッテランやオランドといった大統領を輩出しました。今日では既存政党が勢力を弱める一方、社会党を離れたマクロンが2016年に結成した中道派の共和国前進！（のちにルネッサンスに党名変更）や、マリーヌ・ルペンが党首を務めていた右派ポピュリスト政党の国民連合が存在感を示しています。両党はEUや主権のあり方をめぐり対立しています。

↓サルコジ元大統領（共和党）、オランド元大統領（社会党）、
　マクロン大統領（共和国前進！、のちにルネッサンスに党名変更）

いずれも大統領府HP

8 イタリア

↓五つ星運動のロゴマーク

public domain

1948年から1994年までの第一共和制とよばれる時代には、政党が乱立して分極的多党制と評されましたが、キリスト教民主党が連立相手を変えながら一貫して政権党にとどまり、政党支配体制とよばれる利益分配のしくみを作り上げていました。それが腐敗と政治不信の原因となったとの批判から政治改革がめざされ、その原因の1つと考えられた比例代表制の改革をめざした選挙制度改革も何度も行われましたが（多数派プレミアム付き比例代表制や小選挙区比例代表並立制が導入されました）、第二共和制とよばれる時期になってもポピュリストや人気のある自治体の首長が個人政党を乱立させて多党化が進みました。近年では、中道左派連合と中道右派連合の対抗を軸にしつつ、2009年に設立された左派ポピュリスト政党の5つ星運動や、2019年の欧州議会選挙でイタリアの第一党となった急進右派政党である同盟、2022年に就任したメローニ首相が党首を務めるイタリアの同胞などが注目を集めています。

7 ドイツ

戦後ドイツでは、基本法（憲法）で「政党は国民の政治的意思形成に協力する」と規定するとともに、「自由で民主的な秩序」を破壊する目的をもった政党には政治的自由を認めないと定められています。政治において政党が重要な役割を果たすことへの期待を反映していますが、憲法に政党に関する規定があるのは民主主義国ではまれです。

ドイツは、小選挙区で当選した人物に優先的に議席を与えるものの、議席数は比例代表制に基づいて配分するという小選挙区比例代表併用制を採用しています。西ドイツ時代はキリスト教民主・社会同盟（CDU/CSU）と、自由民主党（FDP）、社会民主党（SPD）による三党制が続いてきました。現在では、環境問題を重視する緑の党、旧東ドイツの独裁政党であった社会主義統一党の流れをくむ左翼党、ポピュリスト政党であるドイツのための選択肢（AfD）も存在感を示しています。2021年連邦議会選挙では、メルケル時代に圧倒的な存在感を示していたCDU/CSUが歴史的惨敗を喫する一方、ショルツを首相候補に掲げたSPDが驚異の復活を果たしました。

↓メルケル（CDU/CSU）とショルツ（SPD）

UN Newsおよびドイツ連邦共和国大使館・総領事館HP

9 オランダとベルギー

↓オランダ（上）と
　ベルギー（下）の国旗

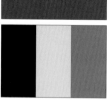

両国は、宗教や言語、イデオロギーによる社会的亀裂にそって組織された政党が、学校、メディア、組合などを通して支持者を動員し、あたかもその人生を囲い込むようなネットワーク（オランダでは「柱」とよばれます）を作り上げた「柱状化社会」となっています。分断された社会での統治は難しいとの懸念に対し、両国は柱を代表するエリート間の協調・妥協を基礎とする安定的な政治体制を作り上げてきました。諸政党は大連立を組み、重要争点については相互に拒否権を認め、ポストや資金を比例配分し、各区画に関わることについては自治を認めるとの合意を結んだのです。穏健な多党制の国であるとともに、多極共存型民主主義（☞5-Ⅱ2）、合意型民主主義（☞10-Ⅰ3）の国の代表例である両国は、民族紛争後の社会での国家形成のモデルとされてきましたが、近年では価値観の多様化や世俗化から「柱」の結束が緩むとともに、この状態をエリート主義として批判するポピュリスト政党も存在感を示しています。

★〇✕問題でチェック★

問9　ドイツでは日本と異なり、小選挙区比例代表併用制を採用している。
問10　多極共存型民主主義の国オランダの政党制は、分極的多党制である。

10 スイス

1848年の建国以来、2つの対立する宗教、4つの言語、都市と農村の対立などを抱えてきた国家です。分裂を避けるために、26のカントン（州に相当）と2222の基礎自治体（市町村）に大幅な自治権を認めたこともあり、多くの政党が議席を獲得してきました。また、閣僚ポストについては、急進民主党（FDP）に2名、キリスト教民主党（CVP）に2名、社会民主党（SP）に2名、国民党（SVP）に1名を割り当てるという「魔法の公式（呪文）」とよばれる分配方式が1959年から44年間維持されてきました。スイスはオランダ、ベルギー、オーストリアと並んで、多極共存型民主主義国の代表例とされ、多文化主義（☞ 27-Ⅱ）を標榜しています。

2003年にSVPがイスラム教のミナレット建設禁止や移民受け入れ制限を掲げて国民議会の第一党に躍進し、CVPからポストを1つ奪いました。他国ではポピュリストとよばれるような人々が提起する争点を掲げる政党が「魔法の公式」を崩壊させた事態でしたが、ポピュリスト的な議論が政治を不安定化させたとは考えられていません。スイスでは、国民が法案を提案できるほか、国民投票の機会が年に4度あります。このような直接民主主義的制度は、多くの国では却下されるようなアイデアを議案に組み込めることを意味し、国民の不満がうっ積することを防止してきたと考えられています。

11 北欧諸国

↓左上から時計回りに、スウェーデン、デンマーク、フィンランド、アイスランド、ノルウェーの国旗

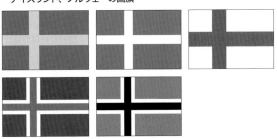

北欧5か国には北欧デモクラシーとよばれる、合意や妥協を特徴とするコンセンサス政治の伝統があります。いずれも議会は一院制で、任期4年、選挙権・被選挙権ともに18歳以上の比例代表制の選挙制度を採用しています。1920年代から70年代まで、共産主義政党、社会民主主義政党、自由主義政党、農民政党、保守主義政党という5党体制を維持してきました。農民政党が、多くの国で中央党と名前を変えつつ、存在感を示しているのが北欧の特徴です。また、北欧ではカトリック教会の力が弱く、カルヴァン派人口も少なかったため、キリスト教政党は長い間力をもっていませんでした。北欧諸国も徐々に右派ポピュリスト政党や環境政党、女性政党などの挑戦を受けるようになってきましたが、現在でも比較的安定した穏健な多党制を維持しています。

V　ポピュリスト政党のインパクト

伝統的な政党は左右のイデオロギー軸で争ってきましたが、ポピュリストは上下の軸を問題にすると指摘されます。既存秩序やエリート支配に対する批判がその狙いだと考えられているからです。腐敗した特権層と無辜の一般人民を対比する手法は、世界の多くの地域に広がっています。しかしその現れ方は選挙制度や政党のあり方によって異なります。小選挙区制と二党制が構造化しているアメリカでは、ポピュリスト政党が既存政党に取って代わるのはほぼ不可能です（ただし党本部が公認権をもたず、候補者が予備選挙で決まるため、トランプのように影響力のある人物が党を乗っ取ることがあります）。同じく二党制の国とされていたイギリスでポピュリスト政党が存在感を示しはじめたのは、欧州議会選挙が比例代表制に基づいて実施されたからでした。

比例代表制を採用する国は民主的だという認識は今日でも有力です。比例代表制を通してポピュリスト政党が存在感を増したのは、その表れかもしれません。しかし、比例代表制を採用する国では、候補者名簿を作る党指導部が圧倒的に大きな影響力をもちます。政権連合を組む際にはボスの交渉が重要な意味をもつため、エリートとその他の人の間に影響力の差が生じます。スイスのように閣僚ポストの配分が長く固定化していると、そもそも選挙を行う意味があるのかとの疑念が出てくる可能性すらあります。そのような事情を背景に、ポピュリスト政党が登場した面もあります。

ポピュリスト政党は政治と個人の関係を変える可能性もあります。脱工業化、生活様式の変容、IT技術の発展などを受けて伝統的な中間団体は弱体化しました。インターネットやソーシャル・メディアの発達を受けて、伝統的メディアを介することなく自らの主張を訴える人も増えています（☞ 18-Ⅳ）。国民の政治的社会化の役割を果たし、利益媒介機能を担ってきた中間団体（☞ 21）と主流派メディアの影響力が低下する、「中抜き」ともいわれる状況で、ポピュリスト政党が存在感を増してきたのです。

ポピュリスト政党が存在感を増す一方で、中道政党は影響力を低下させています。ポピュリズムは民主主義を活性化する面をもつ一方で、代表制民主主義と国際主義に対する不信を背景にもっています。既存政治に対する挑戦にどのように対応するかが重要な課題になっているのです。

↓フランスの国民連合のマリーヌ・ルペン

wikimedia commons
(Foto-AG Gymnasium Melle, 2014)

★○×問題でチェック★
問11　スイスでは「魔法の公式」とよばれる閣僚ポストの分配数が40年以上持続していた。
問12　伝統的中間団体の弱体化は、ポピュリスト政党の影響力増大の1つの背景である。

21 利益集団

I 利益集団とは何か

1 政治過程と利益集団

　利益集団とは、統治機構と政党から一定の自律性を保ちつつ、政策に影響を及ぼそうとする組織をいいます。政党が選挙での勝利と権力の獲得をめざすのに対し、利益集団は権力獲得でなく、統治機構や権力をもつ者に影響を与えることを通じて特定政策を実現することを目的とします。そのため、できるだけ広範な利益をくみ上げようとする政党に対し、利益集団は自らが代表する者の特定利益と選好に従った明確な主張を行います。ときには、医薬品の副作用被害等に関する訴訟や福島第一原発事故損害賠償請求訴訟のような裁判も、要求を実現するための戦略として実行します。ただ、これら主張が社会的支持を得られなければ、政党や統治機構に受容されることも難しく、その実現も困難となるため、利益集団は、同時に世論を味方につける取り組みも講じます。

↓利益集団の影響力の経路

筆者作成

　また、既存の政党システムに包摂されないジェンダー、環境、市民権など多様な利益を代表する集団も、1960年代から政治過程に登場して、議会制民主主義における重要なアクターとなっています。

2 市民社会と利益集団

　社会には組織や団体が無数に存在し、利益集団もその一部です。社会の組織や団体は、政府、市場（営利企業）、家族（親密圏）、市民社会という4つのセクターに大きく区別できます。このうち市民社会というセクターについては、その定義と役割に関する論争はあるものの、基本的には政府、市場、家族の各セクターとそれぞれ接触しつつ、それらとは区別される部分だと捉えられます。この市民社会セクターにある組織や団体のうち、政府との境

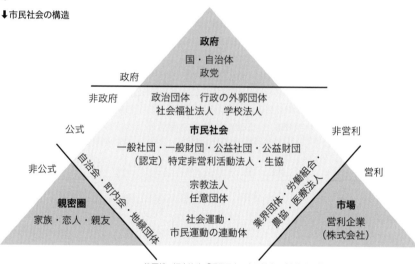

↓市民社会の構造

後房雄＝坂本治也『現代日本の市民社会』（法律文化社・2019年）9頁をもとに作成

界領域には政治団体や人権団体、社会福祉法人、教育法人などが、また、市場との境界領域には労働組合や経営者団体、職能団体などが存在します。さらに、親密圏との境界領域にあるのが自治会や町内会、地縁団体などだといえます。これらを踏まえると、市民社会とは、非政府性、非営利性、人間関係の公式性という3つの基準を満たして活動を行う組織や団体の総称ともいうことができるでしょう。

　近年、この市民社会が重要視されるようになっています。これは、他のセクターである政府、市場、家族の役割がいずれも

大きく変容し、それらが担ってきた公的な役割が市民社会に期待されるようになっているためです。政府と市場との関係は時代ごとに大きく変容してきましたが、家族関係も今日、少子高齢化が進む中で大きく揺らいでいます。政府、市場、家族による生活保障が、いずれも今後十分に供給されるという期待が薄くなる中で、市民社会の役割の重要性が浮上してきたのです。それゆえ、市民社会のセクターに存在し、市民の多様な利益をくみ上げようとする利益集団への注目も、今後一段と高まっていくでしょう。

問1　利益集団は、政党と同じく、候補者を擁立して政権の獲得をめざす。
問2　市民社会は、政府、市場、家族とは区別される社会の主要なセクターを構成している。

II　利益集団の分類と機能

1　利益集団の分類

　利益集団は、追求する利益の性格に着目した場合、政策受益団体と公共利益団体に分類できるでしょう。政策受益団体とは、共通の経済的利益や職業をもとに構成される団体であり、代表例として経営者団体、労働組合、農業団体などがあげられます。他方、公共利益団体とは、経済的利益ではなく価値や理念の実現をめざす団体であり、地球環境保護に取り組む世界自然保護基金（WWF）やグリーンピース、政治的迫害に反対するアムネスティ・インターナショナルなどが代表的です。もちろん、政策受益団体と公共利益団体とは明確に分けられるものでなく、たとえば、労働組合が労働者の待遇改善とは直接関係しない平和運動を行うこともあります。議会制民主主義の危機が叫ばれる中で近年、環境保護団体のような公共利益団体は世界的に増加する傾向にあります。

↓環境保護団体（パイプライン建設に反対するアース・ガーディアンズのメンバー）

ZUMA Press／アフロ

2　自発的結社

　利益集団が議会制民主主義においてどのような機能を果たすかについては、政治権力にアクセスしやすくなるという肯定的評価と、公共の利益を損なうという否定的評価がともに存在します。このうち、肯定的な評価との関連でしばしば強調されるのが自発的結社としての側面です。トクヴィル（☞9-Ⅲ、23-Ⅴ**1**）は著書『アメリカのデモクラシー』の中で、民主主義は自発的結社により支えられると主張しました。人々が出会い、討論し、刺激を与え合う自発的結社では共生・共存の方法が教育されるため、専制政治の出現防止にも寄与すると期待されます。この観点からすれば、自発的結社である利益集団は、民主主義の健全

↓定期大会を行う連合

毎日新聞社／アフロ

↓50周年にはドイツのメルケル首相もスピーチしたグリーンピース

ロイター／アフロ

な発展を支える市民を作り出す「民主主義の学校」として機能することになります。また自発的結社への市民参加は、ソーシャル・キャピタル（☞23-Ⅴ**2**）の形成にもつながるといえます。

3　集合行為問題

　利益集団を否定的に捉える議論も存在します。たとえばオルソンは、自分たちに共通する利益や理念を実現しようと考える者が相当数存在していたとしても、その組織や団体を維持するために時間と費用をかけず、目標が実現されるのをただ期待するフリーライダーが生じる問題（☞22-Ⅱ**1**、23-Ⅴ**2**）を指摘しました。すなわち、組織のもつ財の恩恵が、組織に参加しないメンバーにも与えられるために、集団の一員としての負担を負わず恩恵のみ受けようという者が現れるとする、集合行為問題とよばれるものです。この問題は、組織や団体の規模が大きくなるほど深刻化し、組織の発展や目標実現を妨げる要因となります。この観点に立てば、様々な利益集団が出現したとしても、公共の利益を広く追求するような大組織が形成され発展するとは限らず、むしろ小規模で私的な利益を追求する集団ばかりが作られる可能性があります。利益集団への政治参加が、

↓フリーライダーのイメージ

経済全体や国家の繁栄につながらない結果を生んでしまう可能性があるのです。オルソンはこの点を著書『国家興亡論：「集合行為論」からみた盛衰の科学』において指摘し、政策受益団体が大きな影響力をもつネットワークが発生する際に、経済的失敗が生じてくると主張しました。

★○×問題でチェック★
　問3　トクヴィルは、自発的結社が民主主義の発展を支えると主張した。
　問4　環境問題などの公共利益については受益者が多いため、大半の人が積極的に利益集団に参加しようとする。

III　利益集団と政官関係

1　多元主義論とコーポラティズム論

利益集団が政治とどのように関わるのかのモデルについては
いくつかの議論があります。そのうち代表的なものとしてあげら
れるのが多元主義論とコーポラティズム論です。

多元主義論は、すべての利益が組織化され、あらゆる集団が
自由に競争することにより、特定の集団がすべての争点につい
て支配的地位につくことはないと想定するモデルです。これによ
れば、自発性をもつ個人が、多様な利益集団の活動を通じて
影響力を行使し、その影響力の均衡点として政策が決定されま
す。そのため、利益集団の活動は民主的で望ましい結果を生
むとして肯定的に評価されることになります。とはいえ、実際に
はすべての利益が等しく組織化されるわけではありません。ま
た、経済力や権力の不均衡などにかんがみれば自由競争は極め
て困難であり、利益集団が全国民を広く代表することもまた難
しいとの批判があります。

一方、コーポラティズム論は、特定の集団が政府との関係に
おいて特殊な地位をもつと想定するモデルです。このモデルで
は、特定の利益集団がその地位を通じ公共政策の形成と実施に
大きな影響力をもつ一方、政府も利益集団を通して利害関係者
の同意を引き出そうとするため、両者間には一種の共生関係が
生まれます。そのため、両者とも妥協と協力を重視すると考えら
れ、深刻な対立が回避され、政策が円滑に執行される可能性が
あります。ただし、政府へのアクセスをもたない集団は、不満を
感じるでしょう。また社会の複雑化に伴って新たな対立やジレン

↓政策ネットワーク構造

多元主義 ネットワーク		コーポラティズム ネットワーク

政府　　　　　　　　　○ 個別の利害関係者

△ 中間組織　　　　—— 契約、コミュニケーション、サービスや資源の提供

V. Schneider, "The Structure of Policy Networks: A Comparison of the 'Chemicals Control' and 'Telecommunications' Policy Domains in Germany," *European Journal of Political Research*, Vol. 21, No. 1-2 (1992), p. 116をもとに作成

マを調整する必要性が高まる中、今後このモデルで社会の諸課
題を克服していくことは困難ではないかとも指摘されています。

このように政府と利益集団の関わり方については、多様な見
方があります。

2　鉄の三角同盟とイシュー・ネットワーク

財界などの業界団体や利益集団は、政治献金などを通じて特
定の政治家（日本では「族議員」ともよばれます☞7-III4）
を支援するとともに、官僚に対して天下り先を提供します。政
治家は、利益集団や官僚が望む予算配分や法案作成にあたり
影響力を発揮します。官僚は、管轄下の利益集団をまとめ、
その利益確保をめざして動き、許認可や公共事業・補助金の
配分に影響力をもちます。政策形成過程におけるこうした政治
家、官僚、財界の癒着構造は鉄の三角同盟ともいわれます。
これにより、社会全体の利益よりも利益集団、政治家、省庁
の利益の方が優先されることとなります。この同盟関係はこれ
まで多くの汚職事件を生んでおり、特に平成初頭に相次いで発
生した1989年のリクルート事件、1992年の東京佐川急便事
件、1993年のゼネコン汚職事件は、政治改革（☞8-II）の
契機となりました。

他方、この鉄の三角同盟論に対しては、1980年代以降の競
争的利益集団の急増と集団間の競争激化、また政策の多様化
や議会小委員会の増加、管轄権の重複など新たな要因により複
雑となった政策過程を分析できないとの批判もあり、それに代
わる代表的なモデルとしてイシュー・ネットワーク論も提示され
ています。イシュー・ネットワークとは、特定のイシューについ
て形成されるネットワークのことです。鉄の三角同盟論と違い、

↓政財癒着の例（佐川急便事件）

「金丸氏側に5億円」と供述

東京佐川急便の渡辺元社長

東京地検　最高検に報告か

金丸氏秘書は全面否定

朝日新聞1992年8月22日

1つの政策分野においてもアクターは相互依存性をもち、多様
で異質な集団が複合的に相互作用する政策ネットワークを形成
することを指摘します。このモデルは政治家や官僚、企業だけ
でなく、市民社会の多様な組織・集団も政策形成に携わるアク
ターとして注目されます。より複雑化する政策形成過程のアク
ター間関係を分析するうえで有益な視角を提供しています。

★○×問題でチェック★

問5　多元主義論は、政府と特定の利益集団との緊密な関係を想定している。

問6　政策過程が複雑化する中で、鉄の三角同盟論の有効性に疑問が呈される争点もある。

IV　日本の利益集団

■1　代表的な利益集団

利益集団には、各国の政治状況から生じる特殊性もある一方、先進国においては議会制民主主義と市場経済下の組織であるがゆえの共通点もみられ、日本でもやはり他の先進国と同様の政策受益団体が多く存在します。日本の政策受益団体としては、まず

経営者団体として日本経済団体連合会、経済同友会、日本商工会議所などがあり、主に企業経営者側の利益を代表しています。また労働者団体の全国組織として日本労働組合総連合会、全国労働組合総連合、全国労働組合連絡協議会が組織化され、労働者側の利益代表として活動しています。このほか、農林水産関係団体として全国農業協同組合中央会、全国森林組合連合会、全国漁業協同組合連合会などが、専門職の職能団体として日本医師会、日本薬剤師会、日本弁護士連合会などがあげられます。これに対し、公共利益団体としては日本赤十字社、世界自然保護基金（WWF）ジャパンなどがあります。気候変動やジェンダー平等に関する団体も存在しますが、他の先進国と比べると存在感が薄いとの指摘もあります。利益集団の政策過程への関与については、かつては鉄の三角同盟の中で官僚や族議員を中心に行われていましたが、近年では多様なアクターが政策過程に関わることができるようになっており、従来とは違う政策形成の取り組みがみられています。

↓日本の主な利益集団

業界		団体名	内容
政策受益団体	経営者団体	日本経済団体連合会（日本経団連）	日本の大企業を中心に構成された経済団体。経済団体連合会（経団連）と日本経営者団体連盟（日経連）が2002年5月に統合して発足
		経済同友会	経営者個人が会員として加入する経済団体。1946年設立
		日本商工会議所（日商）	中小企業の利益を代表。1922年設立
	労働者団体	日本労働組合総連合会（連合）	1989年に官民の労働組合が統合し結成された労働組合の全国組織。組合員数約700万人の労働組合最大組織
		全国労働組合総連合（全労連）	連合の結成に反対し1989年に結成された労働組合の全国組織。組合員数は約70万人
		全国労働組合連絡協議会（全労協）	全労連と同じく連合の結成に反対し1989年に結成された労働組合の組織。組合員数は約10万人
	農林水産	全国農業協同組合中央会（JA全中）	JAグループを通じて、日本の農業振興を行う。1954年設立
		全国森林組合連合会（全森連）	各都道府県の森林組合連合会を会員とする連合組織。1952年設立
		全国漁業協同組合連合会（JF全漁連）	全国の沿岸漁業協同組合・都道府県漁業協同組合連合会などから構成される。1952年設立
	その他	日本医師会	医師の職能団体。1916年設立
		日本薬剤師会	薬剤師の職能団体。1893年設立
		日本弁護士連合会（日弁連）	弁護士の職能団体。1949年に設立。弁護士の強制加入団体である
公共利益団体		日本赤十字社	1877年設立（前身の博愛社）。日本赤十字社法に基づく認可法人。災害救護活動などを行う
		世界自然保護基金（WWF）ジャパン	1971年設立。公益財団法人。地球温暖化対策、野生動物保護、森林保護などに取り組む

筆者作成

↓日本における政策策定への企業・団体の関与のしくみ

従来

大企業や団体の国会担当者が有力議員や役所に「陳情」

各省庁で法案立案
↓
与党の部会・調査会などで議論
↓
総務会などで議論
↓
政府が閣議決定し国会提出
↓
国会の委員会で審議
↓
本会議で成立

新たな流れ

・学者らがリポート作成
・議員の勉強会に関与
・閣僚と企業・団体の意見交換など

日経新聞2019年3月8日付「政策実現、ロビー活動で」の図をもとに作成

■2　ソーシャル・キャピタルと日本の特徴

ソーシャル・キャピタル（社会関係資本）とは、社会を構成する人々の協調行動の活発化により社会の効率性が高まるとの考え方のもと、信頼関係や規範、人的ネットワークといった社会組織の重要性に注目する概念です（☞23-V■2）。1993年にパットナムが著書『哲学する民主主義』においてその蓄積の差が民主主義に及ぼす影響に言及したことで広く知られることとなりました。ソーシャル・キャピタルは、各国の市民社会や利益集団の特徴を把握するうえで重要な指標です。日本のソーシャル・キャピタルは、坂本治也によれば、組織参加率の面でみた場合、60か国中33位（36.0%）であり、ネットワーク参加はさほど活発ではありません。とはいえ、日本には自治会や町内会、婦人会、青年会、老人会といった多様な地縁組織が存在し、他の先進国に比べ多くの人々がこれらに参加していることから、日本のソーシャル・キャピタルは豊かだとの指摘もあります。ただ1990年代後半以降、その基盤となる地縁組織・団

体への加入状況は、全体として低下の一途をたどっています。一方、急速な少子高齢化の進行とともに、国の財政赤字が深刻な問題となっている今日、市民社会の役割への期待は一段と高まっており、政府や自治体は町内会の活性化を通じ、防犯や防災のみならず、少子高齢化対策にも取り組もうと試みています。

市民社会と親密圏の境界領域にある地縁組織が重視される点は日本の特徴であり、これは日本の市民社会や利益集団の性格にもおおむね反映されているといえるでしょう。

↓横浜市の町内会促進ポスター

横浜市HP

★○×問題でチェック★

問7　日本の政策受益団体は特殊であり、他の先進国にみられる主要な職能団体が存在しない。
問8　日本では、少子高齢化などを背景に、町内会の活性化を試みる自治体がある。

21 利益集団　**107**

22 社会運動

Ⅰ 社会運動とは何か

1 市民の声で政治を変える

　2020年、黒人男性が警官によって拘束・暴行を受けたすえに死に至った事件をきっかけとして盛り上がったBLM運動は全米各地に拡大し、世界各地でこれに呼応する運動が行われました。アメリカ社会に根深く残る人種差別問題の解決を求める抗議活動は、平和的なデモ行進から、ときには過激な暴動に発展することもありました。これは、多くの市民が自らの手で社会を変えるために集団で行動した結果として発生したものです。

　日本では欧米の国々と比べて社会運動に参加する人が少ないといわれています。それでも大規模な抗議活動が起こることはあります。たとえば、東日本大震災後しばらくは原子力発電所の問題に対して市民の関心が非常に高く、震災後に停止していた原発の再稼働に反対するデモが行われた際には、国会前に多数の市民が集まりました。

　社会運動の中で登場するテーマは環境、平和、人権、性的マイノリティ、消費者問題など多岐にわたっています。今日の日本では、政策の立案・決定を担う政治家や官僚もこのような運動をまったく無視することはできません。社会運動は、社会の変革を促したり阻止したりするために、人々が集合的に行う行為ですが、タローによると、これは普通の人々が力を合わせて政治的エリートや敵手と対決する「たたかいの政治」の1つなのです。

↓官邸周辺での反原発デモ（2012年）

Natsuki Sakai／アフロ

↓アメリカのBLM運動（2019年）

AP／アフロ

2 市民の政治参加

　社会運動は政治参加の1つの形とみなすことができます。政治に参加する方法として、まず思い浮かぶのは選挙での投票でしょう。投票というのは最もコストがかからない政治参加の方法であり、実際に多くの市民が投票を通じて政治に参加しています。そのほかに、選挙運動を手伝ったり投票依頼を行ったりすることによって自分の望む人物が選出されるように活動することが考えられます。

　しかし、私たちが何らかの要求を政治に反映させようと思って投票したとしても、選ばれた政治家や政党が必ず自分の意向にそって行動してくれるわけではありません。そのようなときには、投票や選挙活動以外の手段を通じて自分たちの意思を政治に届ける必要があるかもしれません。たとえば、政治家や官僚などとの個別接触、役所への陳情、地域の問題解決を目的とした地域活動などがあげられます。社会運動によって問題提起をするというのも、このような政治参加に含まれます。

　選挙によって代表者を選んだり住民投票に参加したりするのは、議会政治内における政治参加であるのに対し、社会運動は、議会政治の外において社会変革をめざす政治参加のあり方です。選挙によって選ばれた代表者によって意思決定が行われるという議会制民主主義の限界を補っているのが社会運動であるといえるでしょう。

↓政治参加の形態

投票		選挙での投票
投票外参加	選挙活動	投票依頼、政治集会への参加、献金、選挙運動の手伝い
	個別接触	官僚や政治家との接触、地域の有力者との接触
	地域活動	議会や役所に懇願・陳情、市民運動への参加、自治会や町内会で地域の問題解決のために活動、デモに参加

蒲島郁夫『政治参加』（東京大学出版会・1988年）をもとに筆者作成

★○×問題でチェック★

問1　社会を変革することを目的として行われるすべての行為を総称して社会運動という。
問2　社会運動は、議会政治の外で政治参加する方法の1つである。

3 社会運動の転換

　1968年、日本では各地で大学紛争が起こっていました。多くの大学で学生と大学当局とが対立し、学生側はストライキやバリケード封鎖を実施し、機動隊と激しく衝突したところもありました。これはなにも日本国内だけで起こった動きではありません。フランスでは学生運動に端を発した大規模な反体制の運動である五月革命、チェコスロバキアでは民主化を求める「プラハの春」、中国では毛沢東が発動した政治運動である文化大革命、アメリカではベトナム反戦運動など、世界各地で大規模な異議申し立てが相互に影響しながら行われていたのです。

　1960年代は社会運動にとって大きな転換期でした。それまで運動の中心であったのは労働運動でしたが、この時期、特に西ヨーロッパでは経済発展が進み、脱産業社会へと移行していきました。そのような中で、環境運動や平和運動、女性運動、学生運動など、かつてはあまりみられなかった争点を扱った運動が出現しました。これらは、のちに新しい社会運動とよばれるようになります（☞Ⅱ2）。アメリカで黒人差別の撤廃を訴える公民権運動が盛り上がったのもこの時期です。特徴的だったのは、労働運動のように経済的あるいは物質的価値とは必ずしも結びつかず、それとは異なる価値や文化、アイデンティティに焦点が当てられたことです。これは、イングルハートがいう、自己表現を重視する脱物質主義的価値観への変容の流れに位置づけることもできます。

　近年、特に1990年代以降は、グローバル化の影響が社会運動にも及び、グローバル社会運動と称される運動が登場しています。アメリカが主体となって起こしたイラク戦争に対する反戦デモは、各地の運動団体が連携して2003年に世界同時で実行されました。また、1999年にシアトルでWTO閣僚会議が行われた際には、多数のNGOやNPOが集まって抗議活動を展開しましたが、この後、G7やG20のような各国首脳が集まる国際会議に合わせて、必ず同様の運動が行われるようになっています。日本で2008年に洞爺湖サミットが開催された時にも、国内外から多くの社会運動団体が集まりました。

↓1968年の東大における学生運動

毎日新聞社／アフロ

Ⅱ 社会運動理論

1 なぜ社会運動は起こるのか

　政治学や社会学の社会運動研究において主なテーマとなってきたのは、社会運動がなぜ発生するのかということでした。初期の研究では、社会構造上の要因とそれに起因する心理的側面から説明されていました。つまり、何らかの不満があるから社会運動が起こると考えたのです。社会運動研究における初期の分析理論である集合行動論においては、社会運動はパニックや暴動などと同じような異常で逸脱した群集行動の1つとして扱われました。不満が蓄積される社会的構造が存在し、蓄積された不満が何らかのきっかけによって爆発し、多くの人が動員されて起こるのが社会運動であると考えたのです。また、その中でも特に心理的要因についてわかりやすい説明を与えたのが相対的剥奪論でした。自分個人の状況や、自分が所属する集団が置かれている状況と、本来の自分（たち）はこうであるべきという理想との間に乖離が起きると不満が生まれ、集合行動が発生するとしたのです。

　このほか、マルクス主義の構造論による分析も試みられていました。それによると、資本主義社会において資本家階級に搾取されている労働者階級が、そのような構造を変革するために労働運動が起きるのだと考えました。

　1960年代になると、その後の社会運動理論の発展に大きな影響を与える議論が登場します。それが、オルソンによる合理的選択の理論でした。オルソンは合理的な個人を前提とするならば、社会運動は発生しないはずであると指摘しました。社会運動によって獲得した便益を得ることができるのは社会全体ですが、そうすると、自らわざわざコストを払って社会運動に参加するインセンティブはないはずです。自分ひとりが参加してもしなくても運動の結果にはほとんど影響がないのであり、そうであれば、自分は参加せずに、その成果だけを享受するのが最も合理的な選択ということになります。これをフリーライダー問題（あるいはオルソン問題）といいます。しかし、現実には多くの社会運動が起こっており、多くの市民が非合理的にみえる選択をして社会運動に参加しています。それはなぜなのかという問いに答える必要が出てくるのです。

↓フリーライダー問題と社会運動

合理的な個人を前提とすれば、公共財を追求する集合行為はおこらないはずである。

⬇

にもかかわらず、なぜ現実には社会運動が発生しているのか。

筆者作成

---

2 社会運動の分析視角

オルソンの問題提起を受けてアメリカで登場してきたのが資源動員論という分析方法でした。それまでの主流であった集合行動論では個人の心理的要因が重視され、社会運動をパニックや暴動と同じような逸脱した行動とみなしていましたが、資源動員論は社会運動の理性的側面を見いだし、その組織戦略に注目したのです。マッカーシーとゾルドは、社会運動をひきおこす程度の不満はどの社会にでも存在しており、不満があるというだけでは人々は運動に参加しないと考えました。そして、運動の発展や持続を決定するのは動員できる資源の有無や量であると論じたのです。資源というのは、運動を続けていくための資金、外部組織との関係、参加者が使うことのできる時間などです。ただし、資源動員論は様々な批判も受けました。たとえば、人々の不満という心理的要因が考慮されていない点や、一般民衆からの支持の重要性が軽視されている点などです。それでも、資源動員論が与えたインパクトはとても大きく、その後の社会運動研究の流れを決定づけたのです。

一方、同時期のヨーロッパでは「新しい社会運動」論とよばれる理論が出現します。それまでヨーロッパにおける社会運動は、マルクス主義的な階級闘争の視点から、主に労働運動が分析されてきました。しかし、1960年代に出現した「新しい社会運動」は、それまでの労働運動とは異なり、物質的豊かさを求めるわけではありませんでした。トゥレーヌは大規模な社会調査を実施し、脱産業社会においてはテクノクラートとそれに支配される人々との間で対立が起こり、社会運動が出現するという仮説を提示しました。テクノクラートとは、科学的な技術や知識をもち国家の政策決定に影響力をもつ高級技術官僚や専門家のことです。科学知識の重要性が高まる脱産業社会では、資本家階級ではなくテクノクラートに対して運動が起こされると考えたのです。たとえば、専門家や官僚が中心となって進める国の開発計画に対して、これに反対する住民運動が起こされるケースを想像してみるといいでしょう。

集合行動論は人々の「不満」という心理的要因に着目して、なぜ運動が発生するのかを説明しました。それに対して資源動

↓社会運動分析の三角形

長谷川公一「環境運動と環境研究の展開」飯島伸子ほか編『講座 環境社会学
第1巻 環境社会学の視点』(有斐閣・2001年)をもとに筆者作成

員論は、単なる個人的・散発的な抗議活動ではなく、組織的・持続的な「集合行為」がどのようにして成立するのかを分析しました。また、「新しい社会運動」論は、運動の「変革志向性」という視点から、社会構造や人々の価値観を変えることでどのような社会をめざしているのかを考察したものでした。

1990年代に入ると、より総合的に社会運動を分析するアプローチが登場します。政治的機会構造論は、アメリカの資源動員論からくる政治社会学的研究と、ヨーロッパにおける社会運動の比較分析の流れを統合したものです。資源動員論は運動組織の内部に着目していましたが、政治的機会構造論は運動の外部的条件を重視します。同じような不満があったとしても、国や時代によって社会運動の生成や展開の様相が異なるのは、政治的機会の違いがあるからです。

動員構造論は資源動員論から派生したものです。初期の資源動員論ではあくまで運動組織そのものを分析するものでしたが、動員構造論では家族や友人関係のような運動を目的としたものではないネットワークによる交流なども、社会運動への参加や関わりを容易にする構造の一部とみなしました。

文化的フレーミングは、社会運動の発生要因を不満という認知的要素に求めるという点で、集合行動論の流れをくみます。しかし、何か不満があれば直接それが社会運動につながるわけではありません。問題となっている社会構造や社会状況について認識するための枠組み（フレーム）が必要であると考え、社会運動組織と参加者との相互関係について分析しました。社会運動組織は、どのような問題があり、運動によってどのような社会を実現するべきか、という認識のフレームを戦略的に提示することによって参加者を獲得できていると考えたのです。

近年では、個人化・流動化が進むにつれ、「我々は同じ〇〇である」というような集合的アイデンティティが成立しにくくなっています。また、社会運動に関係するアクターも以前と比べ多様化していることから、社会運動研究においても新たな分析方法が模索されています。

↓資源動員論の登場

集合行動論	社会運動は不満があるために集団となって起こす非合理的な行動

資源動員論	社会運動は合理的な行動であり、組織が利用できる資源によって運動の発展や持続が決定される

筆者作成

★〇✕問題でチェック★

問5 資源動員論は、社会運動が発生する心理的要因を分析する。
問6 トゥレーヌは、脱産業社会ではテクノクラートと市民との間で対立が起こると考えた。

III　組織とレパートリー

1　社会運動の組織

　社会運動を担う主体は労働組合や市民団体、NGO、NPOなど様々ありますが、実はさらに多くの組織が運動に関わっています。たとえば、ある開発計画が浮上したとき、これに反対する活動を行い、計画を撤回させようとするケースを考えてみましょう。中心となるのは、抗議活動を行う環境保護団体ですが、このような抗議活動団体の力だけでは社会運動を成功させるのは難しいでしょう。運動を持続させるためには、その団体の活動に協力的な企業やメディアの存在も重要になります。運動参加者をつなぎとめておくためには、自助グループやクラブなども有効かもしれません。また、最終的に政治の場で開発計画の撤回を認めさせるという目的を達成するためには、利益集団や政党への働きかけも必要となってきます。

　NGOやNPOのような社会運動団体は、市民セクター（市民社会）を構成し、政治セクターや営利セクターでは担えない役割を担っています（☞ 21 - I 2 ）。ただし、この三者ははっきり分かれているのではなく、重なっている部分もあります。たとえば、労働組合は市民セクターであると同時に営利セクターであるともいえます。同様に、利益集団は市民セクターでもあり政治セクターでもあります。

　社会運動は政府や大企業に対して抗議活動を行うことが多いため、政治セクターや営利セクターと常に敵対しているようなイメージをもつかもしれませんが、それは正しくありません。社会運動団体の主張が社会で認められてくると、政治セクターの中で活動するようになることがあります。これを、社会運動の制度化といいます。審議会への参加などにより政策決定に関わるケースも少なくありません。「緑の党」のように、社会運動から出発し、政党にまでなったものもあります。

2　運動レパートリー

　運動レパートリーとは、社会運動で用いられる抗議形態のセットのことであり、デモや集会、ストライキ、ビラ配り、署名集めのようなものから、暴動、放火、空間占拠のような暴力的、非合法のものまで含んでいます。社会運動においてどのようなレパートリーが用いられるかは、時代によって異なっています。近年では、インターネットが発達したことによる影響は大きく、ハッキングなどの新たな手法が生まれているほか、デモや署名といった従来型の手法をとるにあたっても、インターネットのおかげで以前より容易になっています。また、レパートリーは異なる運動に継承されることがあります。たとえば、2011年のウォール街占拠運動で用いられたレパートリーは、2014年の香港の「雨傘運動」や台湾の「ひまわり学生運動」、そして2017年以降広がった「＃MeToo運動」でも観察することができます。このように国境を越えてレパートリーが継承される傾向は、インターネットの普及につれてより強くなっているのです。

↓社会運動にかかわる組織

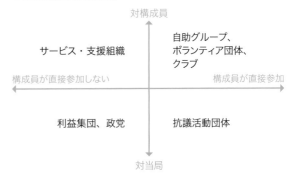

Hanspeter Kriesi, "The organizational structure of new social movements in a political context" in Doug Mcadam et al. (eds.), *Comparative Perspectives on Social Movements* (Cambridge University Press, 1996)より筆者作成

↓市民セクター、政治セクター、営利セクター

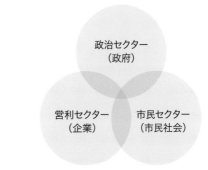

筆者作成

↓インターネットを利用した署名活動

https://www.change.org

★○×問題でチェック★

問7　社会運動組織は、政治セクターとは常に対立する。
問8　運動レパートリーは、それぞれの社会運動組織に固有で不変のものである。

23 政治意識

Ⅰ 政治意識

　私たちは日常会話で、政治に対する関心が高い人を「政治意識が高い」といい、無関心の人を「政治意識が低い」ということがあります。しかし、政治学では、政治意識は、政治的な事柄に対する人々の心理的な態度や意見、選好や信念の総体のことをいいます。ラズウェルは、ウォーラスやリップマンが取り入れた心理学の成果に精神分析の手法を加え、人間の行動パターンが社会のいかな

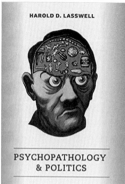

↓ラズウェル
『精神病理学と政治』

HAROLD D. LASSWELL

PSYCHOPATHOLOGY & POLITICS

編集部撮影

る要因と結びついているのかを研究しました。彼はまず、職業政治家の行動や態度が一般市民とは違うことから、政治的な地位をめざす人々は特定のパーソナリティをもつのではないか、という仮説を立てました。そして、人間の非合理的な衝動こそが政治を動かす大きな要素であると考え、私的な動機を公的な目標へと昇華させ、権力を追求する人間を政治的人間とよびました。

　ラズウェルによれば、政治的人間は幼少期に家族や友人などから期待通りの評価や扱いを受けなかった挫折の経験（価値の

剥奪（はくだつ））をもちます。次に、その低い自尊心を埋め合わせるべく、権力闘争を行い、社会的地位を渇望し、政治的目標を達成するための知識や技術の習得に励（はげ）みます。なぜなら、政治は権力や特権を手にする機会を与えてくれ、満たされない感情を克服するこ

とができるからです。もっとも、価値の剥奪は、それを埋め合わせようとする意欲をなくすほどに程度が強いものであってはならず、たとえば父親が厳格な場合でも母親は優しいというように、剥奪感を和（やわ）らげてくれる存在が必要です。外部に剥奪感の埋め合わせを求めるのは、自分自身には責任はないという認識があるからです。最終的に、自分の行動や権力の獲得を公共の利益の名のもとに正当化し、権力の獲得を自分の「使命」に転換します。ラズウェルはこの政治的人間の成立を、p}d}r=Pという公式で表現しました。

　ラズウェルの理論は、独断的で権威主義的な政治的リーダー、ヒトラーやムッソリーニの行為にある程度当てはまるといわれています。また、低い自尊心を偉大な業績によって埋め合わせようとしたウッドロウ・ウィルソン大統領の行為にも同じことがいえるといわれています。

↓ラズウェルの「政治的人間」}は変化の方向をさす

> p}d}r=P
> p：私的な動機
> d：公的な目標への転換
> r：合理化
> P＝政治的人間

筆者作成

Ⅱ 政治文化

　政治文化とは、ある政治体制や国家に特有な政治に対する人々の態度であり、その体制の背後にあって体制を支えているもののことをいいます。アーモンドとヴァーバは、政治を支える文化は、国によって大きく異なることを示し、政治に対する人々の心理的指向を3つに分類しました。第1に、政治システムについての知識やそれへの要求などに関心をもたず、伝統的な社会秩序の中に人々が埋没している状況である未分化型、第2に、政治システムとそこからアウトプットされる政策の関係についての知識はあるものの、政治システムへのインプットの過程については知識が乏しく、自らを積極的な政治参加者として意識していない臣民型、第3に、政治システム全体とインプット、アウトプットされる政策すべてについて知識をもっており、自らを参加者として規定する参加型です。この類型化は、①政治システムに知識や関心をもっているか、②政治システムに対して自分の利益や意見を表明しているか、③政府が決定した政策やその施行方法について知っているか、④政治システムの中で自分の位

↓政治文化の3類型

分類	①	②	③	④	該当する国
未分化型	×	×	×	×	メキシコ
臣民型	○	×	○	×	西ドイツ、イタリア
参加型	○	○	○	○	アメリカ、イギリス

筆者作成

置を認識しているか、という指標に基づいて行われます。

　この類型は理念系であり、現実の人間は3つの混合体です。たとえば、政治システムに関する知識が豊富でも、積極的に参加しない人々は少なくありません。また、政治システムに対する態度は戦争や経済的不況など、政治的経験によって大きく変化します。政治文化は決して不動のものではありません。なお、アーモンドとヴァーバは参加型文化を高く評価する一方で、たとえば、一人の政治的態度に参加型と臣民型が同居している（どんな時でも参加に固執するのではなく時にはリーダーの決定に従う）ことが民主政治の安定につながるとも指摘しています。

★〇×問題でチェック★

問1　ラズウェルのいう政治的人間は、自尊心が高く、公的な目的のために献身する人のことである。
問2　政治に関心がなく伝統的な社会秩序の中に人々が埋没している政治文化は未分化型である。

III　政治的有効性感覚と無関心

政治文化の類型の中では、日本はどこに位置するでしょうか。国政選挙の投票率は、特に若年層において低迷しています。「投票しても政治は変わらない」という声もしばしば耳にします。デモや社会運動を通した意思表明などは、さらに「ハードルが高い」と考える人が多いのではないでしょうか。実際に、日本人の投票以外の政治参加をみてみると、請願書署名率以外の項目では他国を大幅に下回っています。デモへの参加率は3.6%と、世界価値観調査の対象国47か国中42位と低くなっています。ボイコットを行ったことがあると回答したのはわずか1.4%で、順位も44位となっています。請願書への署名は平均以上の経験率を示していますが、依頼されて仕方なく署名したり、インターネット上であまり考えずにクリックすることも多く、個人の強い自発性が要求されるわけではありません。また、デモなどとは異なり、他人と協力する局面も多くありません。日本における投票以外の政治参加は体制順応的で比較的穏やかであるということができます。

自分の意見を表明することがどれだけ社会の変化とリンクしているのか（政治に対して自分の意見表明が有効か否か）、という感覚を政治的有効性感覚といいます。「意見を表明しても無駄だ、何も変わらない」と感じる場合は、政治的有効性感覚が低いといえます。国民の多くが政治に対して無力感や疎外感を抱いていれば、どんなに民主的な制度が整っていても、民主政治は空洞化しているといえるかもしれません。

20世紀の大衆社会の到来に伴い、市民が私的な生活に埋没し、政治参加に背を向けはじめた（政治的無関心）ことは、民主主義を根底から掘り崩すものと警戒されました。しかし、実際には政治に背を向けることが政治的関心の低さの反映とは限りません。リースマンは、政治的無関心を伝統型無関心、現代型無関心の2つに大別しました。近代以前の社会では、政治は特権的地位にある少数者によって行われるもので、人々は政治とほとんど関わりがなく、政治に関心はありませんでした。このような条件のもとでの無関心が、伝統型無関心です。他方、現代的無関心は、政治に対して比較的豊富な情報や知識を有し、参政権など広く参加の機会を獲得したにもかかわらず、それが政治的行動に結びついていない状態のことをいいます。

また、ラズウェルは、現代における政治的無関心のあり方を、脱政治的態度、無政治的態度、反政治的態度の3つに分類しました。脱政治的態度とは、かつては積極的に政治に参加していたものの、自分の期待を満たせずに政治的関心が低くなった状態です。政治家の活動に賛同して選挙活動にも関わったものの、成果が感じられず、政治に失望してしまった時にみられる態度です。無政治的態度とは、政治以外のことに関心を奪われ、自分は政治と無関係と考えている状態です。反政治的態度とは、政治への強い軽蔑があり、自分が重視しているものが政治と対立、あるいは矛盾すると考えて政治への関与を否定する状態です。たとえば無政府主義者のように、自分の信奉する価値と政治的価値とが矛盾し、葛藤状態にある状態が典型的です。

現代日本では、そもそも政治に関心を抱かない「現代的無関心」層が多く、政治家への期待と幻滅を経験した「脱政治的態度」も広く共有されているのではないでしょうか。一定の政治的関心があった人でも、たとえば政治家の不祥事を頻繁に目にしたり、感染症や災害などの緊急時における政府の対応に幻滅を感じれば、政治的無関心におちいります。日本における政治参加の低迷の背景には、政治に幻滅した観客や傍観者の存在があると考えられます。

政治的無関心の増大は民主政治の担い手である普通の人々が政治に関心をもたないことを意味するため批判されます。しかし、政治的関心が高ければ高いほどよいということではありません。政治的関心の高さが、激しい意見対立につながる可能性もあります。政治的関心の高い人々が対立を繰り返す社会は、決して安定的ではありません。このことから、政治的無関心層が一定程度存在することが民主政治の安定に寄与すると指摘する論者もいるほどです。

↓日本人の投票外参加

		請願書署名	ボイコット	デモ	ストライキ
日本	経験率	28.0%	1.4%	3.6%	3.5%
	48か国中の順位	9	44	42	33
全体	平均値	16.9%	4.8%	10.8%	7.1%
	中央値	10.3%	3.6%	9.8%	5.4%
	標準偏差	18.2%	4.8%	7.4%	7.2%

山田真裕『政治参加と民主政治』（東京大学出版会・2016年）47頁をもとに作成

↓ラズウェルによる政治的無関心の3類型

類型	説明	例
脱政治的態度	政治に関与した経験があるが、自分の期待を満たせず政治に幻滅し、次第に無関心になった状態	「ある政治家に期待し選挙運動に加わり当選させたが、政治が変わらないことに幻滅し、政治に関わらなくなった」
無政治的態度	政治以外のことに興味をもった状態	「サッカーのプロチームで活躍中。政治のことなど幼少期から考えたことがない」
反政治的態度	政治は軽蔑すべきものという価値観をもち、政治そのものに反感をもっている状態	「政治はカネやコネなど腐敗にまみれており、人間が本当に自由になるためには政府を壊すべき」
伝統型無関心	身分制が確立されており、政治は社会的地位の高い人に任せておけばよいと考え、政治に関心をもたない	
現代型無関心	普通選挙制のもとで参加の機会が開かれ、政治的な知識や情報、教養をもちながらも、政治に背を向けている	

筆者作成

★○×問題でチェック★

問3　リースマンによる政治的無関心の類型のうち現代型は、無政府主義者の態度である。
問4　脱政治的態度とは、活発に参加していたが期待を裏切られ政治的関心が低い状態をさす。

Ⅳ　政治的社会化と新しい価値観

1　政治的社会化

　ある社会で一般化している政治的価値観や信念、態度などを学習する過程を、政治的社会化といいます。政治的社会化は、家族、学校、マスメディアなどの影響を受けながら段階的に進んでいきます。社会の新たな構成員である子どもは、主に家族を通して社会化を経験します。階級意識や人種偏見、党派心、愛国心などの基礎的な部分は、多くの場合、家族を通して形成されます。両親の政治的態度が明確であったり、両親の態度が同質的であったりすれば、親子間の態度が一致する度合いは高いとされています。たとえば、アメリカでは、10歳の子どもの半数が、二大政党に何らかの心理的な一体感を感じているといいます。子どもたちはその後、学校での経験などを通して、徐々に政党間の政策の違いや過去の業績について理解しはじめます。学校の社会科、公民の授業は人々の政治的価値観の形成に影響を与えます。日本でも、学級委員の選出や副教材（右写真）などを通して、子どもたちは小学校のころから選挙政治の基礎を身につけていきます。また、昨今のメディアは個人の情報量を増やすと同時に、政治的なものの考え方を固定する機能ももっています。

↓高校生向け主権者教育教材

私たちが拓く
日本の未来
有権者として求められる力を
身に付けるために

総務省HP

2　脱物質主義的価値観

　政治的価値観や信念は、単なる政治的な意見や態度よりも変化しにくいといわれてきましたが、イングルハートは、第2次世界大戦後の豊かな環境で育った新しい世代の中に脱物質主義的価値観をもつ者が増加していると主張しました。それまでの世代が物質的豊かさや高い賃金水準を求める物質主義的価値観をもったのに対して、世界大戦を経験せず、高い教育を受け、マスコミュニケーションが拡大する中で成長した先進諸国の若者たちは、政治参加や言論の自由、環境保護、ジェンダー平等、多文化主義などの脱物質主義的価値観を重視しました。人格形成期に衣食住に困ることなく、物質的に満たされた生活を送ることができた世代は、生存に関わる心配にとらわれていた前世代に比べて、たとえば他者からの敬意や承認、平和や豊かな自然環境、民主的権利などについて考え、それを実現しようとするのです。イングルハートは、この傾向を新しい政治文化の形成と捉え、静かなる革命と名づけました。

　ドイツでは1980年代に、従来の保革対立を超えた「緑の党」が全国的に勢力を伸ばしました。そして、80年代後半には環境保護を政治争点化し、ドイツの政治に定着しました。緑の党の存在感は、2011年の東日本大震災によってさらに大きくなりました。2011年3月のドイツ地方選では、福島第一原子力発電所事故の影響で脱原発が最大の争点となり、メルケル首相率いるキリスト教民主同盟（CDU）が敗北して、緑の党から史上はじめて州首相が誕生しました。ベルリンでは、出口調査の結果にわく若者たちが「未来は勝つ！」と書かれたプラカードを掲げました。続く2021年の連邦議会選挙では、緑の党は第3党に躍進しました。緑の党は、地球温暖化への意識の高まりを追い風に、2017年の得票率14.8％から5.9ポイント伸ばし、過去最高の得票率を記録しました。

↓ドイツ2021年総選挙における主要政党の得票率

	2021年総選挙	2017年総選挙
SPD	25.7%	20.5%
CDU・CSU	24.1	32.9
緑の党	14.8	8.9
自由民主党（FDS）	11.5	10.7
ドイツのための選択（AfD）	10.3	12.6
左派党	4.9	9.2

nikkei.com9月27日記事「ドイツ総選挙、緑の党が躍進　極右は失速」中の表をもとに作成

↓ドイツ2021年総選挙を受けて：左からハーベック（緑の党）、ベーアボック（緑の党）、ショルツ（SPD）、リントナー（FDP）

ロイター／アフロ

↓原発政策が争点になった2011年ドイツ地方選の写真

ロイター／アフロ

★○×問題でチェック★

問5　政治的社会化とは、ある社会の政治的価値観や信念を学習する過程のことをいう。
問6　戦後の豊かな環境で育った新しい世代の中には物質主義的価値観をもつ者が増加している。

Ⅴ　市民参加と社会関係資本

1　市民参加と市民教育

　トクヴィル（☞ **9**-Ⅲ、**13**-Ⅰ**1**、**21**-Ⅱ**2**）は、19世紀後半のアメリカを訪問し、アメリカ人が日常生活の中で絶えず自発的に参加する結社を作っていることがアメリカの民主主義を機能させている、と指摘しました。トクヴィルによれば、民主主義には個人主義が潜在しています。個人主義の進展によって、人と人との結びつきは弱まり、個人は孤立しがちです。これを避けるために、日常生活において人が他者となにごとかを実現するための訓練が必要だというのです。普段からほかの市民と協力する習慣をもたない人にとって、たとえば政党のような政治的結社は縁遠いものでしょう。地域活動やボランティア活動、町内会やPTAなどの日常生活に直結した市民参加は、自分とは異なる他者とのコミュニケーション能力を高め、話し合いや妥協など、政治に必要な合意形成の方法を学ぶことができるのです。

↓スイス伝統の青空集会

ロイター／アフロ

2　社会関係資本

　市民参加をめぐる議論は、パットナムが社会関係資本（ソーシャル・キャピタル）という概念を提示したことによって大きく発展しました。パットナムは、イタリアの北部と南部の地方政府の統治能力が異なる根拠として、それぞれの政治文化をあげています。北部には、合唱団や文学サークル活動、ボランティア団体やサッカークラブなど市民活動の強い伝統があり、人々は互いに信頼しあい、公的なことに関心をもち、公正を重んじる精神が育っていました。他方、南部では社会的・文化的な組織への積極的な参加は乏しく、腐敗した政治体制のもとで、公的な問題は誰かほかの人が解決すればよい、という感覚がまん延していました。

　この違いについて、パットナムは、社会関係資本が政府の統治能力を高めるという議論を展開しました。社会関係資本は、信頼、規範、ネットワークの3つの側面をもつとされます。まず、市民の積極的な参加は、互酬性の規範を生みます。私があなたにあることをすれば、将来あなたか、ほかの誰かがその返礼をしてくれるという期待を互酬性といいます。こうした互酬性をあてにできる社会は、不信がまん延する社会よりもずっと生活を円滑にします。さらに、参加が活発であれば他者への信頼性、すなわち相手が自分を裏切る可能性を排除した人間関係を維持することができます。参加の過程で「この人は信頼できる人だ」という感覚が相互にはぐくまれ、協力して何かをすることに対するハードルが低くなるのです。そして、蓄積された人間関係のネットワークは、持続可能な市民参加の文化を形成していきます。

　パットナムは、社会関係資本によってフリーライダー問題（☞ **22**-Ⅱ**1**）が克服されると論じています。社会関係資本は政府の統治能力を高めるだけでなく、社会の安定にも寄与するといわれています。社会関係資本が高い地域では、地域コミュニティの一体感の促進と犯罪の抑制がみられ、災害復興がより速く進むことも明らかにされています。また、社会関係資本には結束型、橋渡し型、連結型の3つのタイプがあります。それぞれに内部の結束、水平的な関係、垂直的な関係、といった結びつきの違いがあります。ただし、たとえば結束型が他者の排除と裏腹であるように、社会関係資本を考える場合、どのようなタイプの資本なのかに着目することが重要です。

↓社会関係資本の3つの側面

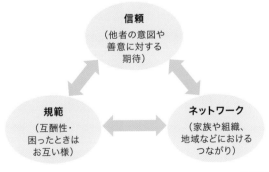

信頼
（他者の意図や善意に対する期待）

規範
（互酬性・困ったときはお互い様）

ネットワーク
（家族や組織、地域などにおけるつながり）

筆者作成

↓社会関係資本

性質	結束型 (bonding)	橋渡し型 (bridging)	連結型 (linking)
形態	フォーマル	インフォーマル	フォーマル
特徴と結びつきの強さ	集団内部の結束を強くする同質的なつながり 強い	異質な個人・集団間のつながりを拡げる水平的なつながり 弱い	異なる権力や階級を越えた垂直的なつながり 強い
志向	内部志向	外部志向	外部志向
例	自治会、町内会	国際交流団体 異業種交流会	NPOが政府からの資金を調達する能力

筆者作成

★◯✕問題でチェック★

　問7　日常生活に直結した市民参加は、政治参加に必要なスキルの獲得を促す。
　問8　社会関係資本は地方政府の統治能力とは関係がない。

選挙と投票行動

Ⅰ 選挙とは何か

1 民主主義体制における選挙の役割

　選挙では、有権者による投票で政治家が選ばれます。その後の政策過程では、政治家や官僚（ときには利益団体）によって政策が立案・決定され、実施されます。有権者はそうした政策の影響を様々な形で受けますので、それを踏まえたうえで、次の選挙で投票を行います。そのため、有権者が政治家をコントロールするうえで、選挙が果たす役割は極めて大きいといえます。

↓政治過程における選挙の位置づけ

政治過程			
選挙過程	政策過程		
有権者・政治家	政治家・官僚（・利益団体）		
①選挙	②政策立案	③政策決定	④政策実施

筆者作成

2 選挙に関わる個人・団体

　選挙に関わる個人・団体ですが、有権者、候補者・政党の3者が重要です。有権者にとっても最も一般的な政治参加は、選挙での投票参加です。候補者の目的は様々ですが、一般に選挙での当選（再選）、昇進、政策の実現の3つを目標にしているとされています。選挙において有権者、候補者と並んで重要な役割を果たすのが政党です。選挙における政党の役割は、政党のブランド・イメージや、選挙活動に必要な資金などの資源を候補者に提供し、支援することです（☞**19**）。

↓選挙運動の出陣式で気勢を上げる支持者

毎日新聞社／アフロ

↓街頭で道行く人に手を振る候補者

毎日新聞社／アフロ

↓2021年10月に行われた第49回衆議院議員総選挙で議席を獲得した政党のロゴマークとキャッチコピー

政党	キャッチコピー
自民党	新しい時代を 皆さんと ともに。
公明党	日本再生へ新たな挑戦。
立憲民主党	変えよう。
日本共産党	なにより、いのち。 ぶれずに、つらぬく
日本維新の会	今こそ、「日本大改革」を。
国民民主党	動け、日本。
社民党	生存のために政権交代
れいわ新選組	何があっても心配するな。

筆者作成

3 選挙に関する法制度

　広い意味での政治活動には選挙運動も含まれます。ですが、政治活動を「公職選挙法上の政治活動」という狭い意味で捉えた場合、「選挙運動」とは区別されることになります。「選挙運動」は、「ある特定の選挙において、特定の候補者を当選させるために、投票を勧めること」と定義されます。具体的な活動としては、家族や知人等の身近な人に投票を呼びかけたりすることがあげられます。

　選挙運動は公職選挙法に基づいて実施されますが、日本の公職選挙法は世界的にみても大変厳しいとされています。まず、選挙運動は選挙運動期間中しかできず、期間も比較的に短く設定されています。規制の内容でも、諸外国で広く認められている候補者の戸別訪問は、日本では買収防止等の理由で禁止されています。多くの国で自由に行われているインターネットの選挙運動への利用ですが、日本では長らく規制されていました。2013年の公職選挙法改正により、ウェブサイトや電子メールを使った選挙運動が可能となりましたが、ウェブサイトの更新の制限、一般有権者による投票依頼の電子メール送信の禁止等の規制がかけられています。

↓未成年の選挙運動の規制

総務省HP

★○×問題でチェック★

問1　候補者は、一般に選挙での当選（再選）、昇進、政策の実現の3つを目標にしている。
問2　諸外国で認められている選挙期間中の候補者の戸別訪問は、日本でも認められている。

↓選挙運動と政治活動の関係

（広義の）政治活動《一般的な政治活動》
（狭義の）政治活動《公職選挙法上の政治活動》
選挙運動

総務省・文部科学省「高校生向け副教材『私たちが拓く日本の未来』」95頁より転載

↓選挙運動の規制

主な選挙運動規制	公職選挙法の規定	内容	罰則
選挙運動の期間の規制	129条	選挙運動ができるのは、選挙の公示・告示日から投票日の前日まで	1年以下の禁錮または30万円以下の罰金、選挙権および被選挙権の停止
戸別訪問の禁止	138条	投票の呼びかけなどを目的に、住居、会社などを戸別に訪問することを禁止	2年以下の禁錮または50万円以下の罰金、選挙権および被選挙権の停止
文書図画配布の規制	142条	選挙の種別ごとに候補者一人が配布できるハガキ、ビラの枚数・種類を制限	2年以下の禁錮または50万円以下の罰金、選挙権および被選挙権の停止
買収の禁止	211条	金銭・物品・供応接待等による票の獲得や誘導の禁止	3年以下の懲役もしくは禁錮または50万円以下の罰金、選挙権および被選挙権の停止

筆者作成

↓インターネットを使った選挙運動の規制

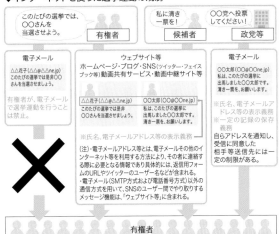

総務省HPをもとに作成

II　投票参加

1　選挙における投票率

　選挙では結果も重要ですが、同じくらい重要なのが投票率です。投票率が低いと、選挙結果の正統性に疑念が生じかねません。下のグラフ（年代別投票率の推移）は、日本の過去50年ほどの年代別投票率を示したものです。近年は若年層の投票率の低下が問題視されることが多いですが、若年層以外でも投票率の低下が起きていることがわかります。

　また、年齢との関係でいうと、日本では若年層ほど投票率が低く、高齢者ほど投票率が高くなるという傾向が一貫してみられます。これは、年齢が上がるほど、自身の生活に対する政治の影響を実感しやすくなるからだといわれています。高校生や大学生などの若い有権者は、保護者の支援を受けながら暮らしている人が多く、自身の生活と政治の関わりを意識しにくい環境にあるといえます。これに対し、子育て世代や、年金を受給している高齢世代は、政府の政策の影響を実感する機会が多く、投票参加の動機ももちやすい人々といえます。このほかに、政治的有効性感覚（☞23-Ⅲ）の低さも若年層の低投票率の要因として考えられます。政治的有効性感覚とは、「自分が政治に対して何らかの手段を通じて影響を与えている」という感覚を意味します。政治的有効性感覚が高い有権者は投票に行き、逆に低い有権者は投票に行かなくなる傾向があることがわかっています。政治的有効性感覚はさらに、「本人の政治的知識や能力がどの程度か」という内的有効性感覚と、「政府や政治家が市民の要求にどれほど応えているか」という外的有効性感覚に分けられます。衆議院選の際に行われる世論調査の結果、若年層は内的有効性感覚、外的有効性感覚ともに低くなっていることが明らかにされています。

　上のグラフ（各国別投票率の比較）は、主要国における直近の大統領選挙・国政選挙の投票率を比較したものです。日本の投票率は2021年に行われた衆議院選の投票率が示されており、韓国・アメリカはそれぞれ2022年・2020年に行われた大統領選挙の投票率が示されています。このグラフをみると、日本人の投票参加は国際的にみても低調であることがわかります。

↓直近の大統領選挙・国政選挙における投票率の比較

国	年	投票率
ベルギー	2019	88.4%
スウェーデン	2018	87.2%
ブラジル	2018	79.7%
韓国	2022	77.1%
ドイツ	2021	76.6%
フランス	2022	74.9%
イギリス	2019	67.6%
ロシア	2018	67.5%
アメリカ	2020	66.2%
スペイン	2019	66.2%
カナダ	2021	62.3%
日本	2021	56.0%

Martin Armstrong, "How Voter Turnout Varies Around the World," Statista HP（2022）をもとに作成

↓年代別投票率の推移

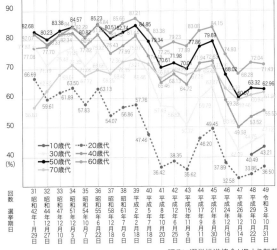

明るい選挙推進協会HPより転載

★○✕問題でチェック★
　問3　日本の若年層の投票率が低いのは、自身の生活と政治の関係を意識しにくいためである。
　問4　日本人の投票参加は、国際的にみても高い水準にある。

2 投票参加のモデル

　ライカーとオードシュックは、人間が自分の利益を最大化するために効率的な行動をとる合理的な存在であると仮定したうえで、投票参加のモデルを定式化しました。彼らはまず、有権者が投票によって得られる利益や満足感などをR（効用）として定義し、Rが正の値をとれば投票参加しやすく、逆にRが負の値となれば棄権しやすいとしました。そのうえで、投票参加の効用を規定する要因として、P（確率）、B（期待効用差）、C（コスト）、D（義務）の4つの要因をあげています。

　P（確率）は、自分の一票で選挙結果が変わる主観的確率を示すものです。有力な候補者が複数立候補する選挙では、Pの

数値は大きくなります。Bの候補者間の期待効用差は、有権者がその政策によって得る効用に関わるものです。候補者・政党間の政策の違いが大きいとBの値は大きくなります。PとBはかけ合わされており、接戦で期待効用差が大きい選挙ほど有権者の効用は大きくなります。有権者の効用C（コスト）は、投票に伴うコストで、投票所まで行ったり、候補者や政党の政策を比較検討したりする手間等をさします。このコストが大きく、投票で得られる効用を上回る場合、全体の効用であるRはマイナスとなり、有権者は棄権すると考えられます。最後のD（義務）は、「投票は有権者として当然の義務である」といった規範を有権者がもっており、それを実行することによって得られる満足感を意味します。

↓ライカー・オードシュックの期待効用モデル

$$R = P \times B - C + D$$

R…有権者が投票によって得られる利益や満足感など（効用、Reward）
P…自分が一票を投じることで選挙結果が変わる可能性がどの程度あるかを示す主観的確率（Probability）
B…政党や候補者間の期待効用差（Benefit）
C…投票に行くことのコスト（Cost）
D…投票により、市民の義務（Duty）を果たすことや選好を表明することから得られる満足

W. H. Riker & P. Ordeshook, "A Theory of Calculus of Voting," *American Political Science Review*, No. 62（1968）, pp. 25-42をもとに筆者作成

↓「P」が大きくなると考えられる選挙の一例（陸前高田市長選挙2019年2月3日）

順位	当落	名前	所属政党	前職・新人	得票数
1	当選	戸羽太	無所属	前職	6504
2		紺野由夫	無所属	新人	6499

陸前高田市HPをもとに筆者作成

↓「P」が大きくなると考えられる選挙の一例（西宮市長選挙2000年11月14日）

順位	当落	名前	所属政党	前職・新人	得票数
1	当選	山田知	無所属	新人	40768
2		大前繁雄	無所属	新人	40740
3		川内一男	共産党	新人	13569
4		武内純子	無所属	新人	12764
5		竹林伸幸	無所属	新人	5736

朝日新聞2000年11月20日記事をもとに筆者作成

↓棄権の理由

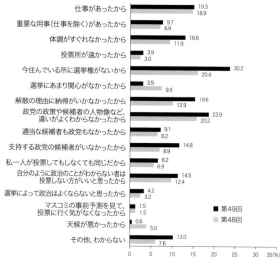

明るい選挙推進協会『第49回衆議院議員総選挙全国意識調査：調査結果の概要』（2022年）35頁より引用

III　投票行動

1 投票行動のモデル

　有権者は投票選択にあたって、①候補者、②政党、③政策の3つのうち、いずれかを基準とすることがこれまでの研究によって明らかにされています（投票選択の3要因）。候補者に基づく投票ですが、候補者の人柄や経歴、地元への貢献といった候補者個人の属性・実績を重視するものです。中・大選挙区制のように、1つの選挙区に同じ政党から複数の候補者が出る選挙では、政党をアピールした集票活動だけでは不十分であることから、候補者本位の投票が行われやすくなります。日本では候補者本位の選挙活動では、候補者は後援会という候補者独自の集票組織を作り、個人票とよばれる候補者個人への支持・愛着に基づく集

↓投票選択の3要因

候補者 → 投票選択
政党 → 投票選択
政策 → 投票選択

筆者作成

↓政党、候補者のどちらを重くみて投票したか

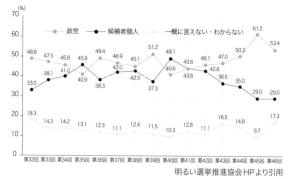

明るい選挙推進協会HPより引用

票をはかります。上のグラフの通り、近年では、候補者個人よりも政党を重視して投票先を決める有権者が増加しています。

★ ○×問題でチェック ★
問5　接戦が予想される選挙では、自分の一票が結果に与える主観的確率が小さくなる。
問6　有権者は候補者、政党、政策の3つのうちいずれかを基準として投票先を決める。

❷ 政党に基づく投票

　政党に基づく投票は、候補者の所属政党・推薦政党を投票選択の基準とするものです。アメリカのミシガン大学の研究者たちは、政党帰属意識に基づくミシガン・モデルを提案しました。ミシガン・モデルでは、社会心理学的要因として政党帰属意識とよばれる政党への感情的な愛着に注目します。そして、基本的には長期的要因である政党帰属意識に基づく投票が行われるとしつつ、候補者評価や政策争点態度といった短期的要因の影響も受けるとしました。政党帰属意識と比べて、日本の政党支持態度はより感情的要素が薄いと考えられていますが、投票行動の規定要因です。また、有権者と候補者のつながりが薄い都市部等では、候補者の所属政党は、候補者の政策的立場を判断するうえで重要な手がかりとなります。

⬇投票行動におけるミシガン・モデル

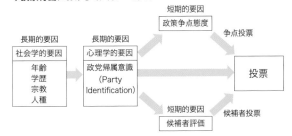

A. Campbell et al., *The American Voter* (Wiley,1960) および
伊藤光利ほか『政治過程論』（有斐閣・2000年）116頁を参考に筆者作成

❸ 政策に基づく投票

　政策に基づく投票は、候補者や候補者の政党が掲げる公約等の政策や、政府・与党の実績を基準に投票するものです。候補者・政党の政策を収集・検討する必要があるため、候補者や政党に基づく投票と比べて有権者の負荷は大きくなると考えられます。選挙において有権者が自分の支持政党とは別の候補者に投票する場合、特定の政策争点に基づいて投票する争点投票をしている可能性があります。政策争点とは、政党間で意見が分かれる政策をさします（例：増税・減税）。有権者は、政策についての自身の立場と政党の立場を比較しながら投票先を決めます。

　争点投票が行われる際に、自身と政策的立場がより近い方に投票するという見方（近接性モデル）と、政策の方向性が同じ方に投票するという見方（方向性モデル）があります。下の図（争点投票のイメージ図）をもとにみていくと、近接性モデルでは、有権者Xは自分の政策的立場と政党A、政党Bの政策的立場を比較し、より近い立場である政党Bに投票することになります。これに対し、方向性モデルでは、有権者Xは自分の政策的立場（減税）と同じ方向性の政策を掲げている政党Aが自分の意見をより代表してくれると考え、投票します。近接性モデルは、政策争点や政党の数が増えると、各政党と自分の政策的立場を正確に把握することが難しくなります。他方で、方向性モデルは各政党の政策的立場の方向性が自分と同じかどうかだけをみればよいので、情報収集や処理に伴う負荷

が軽いという特徴があります。

　争点投票は、政策自体のほかに、政党間の政策の違いについても理解する必要があるので、より負荷の大きい投票選択の基準といえます。そのため、すべての人が争点投票を行っていると考えるのは現実的ではないとされ、代わりにフィオリーナによって業績投票モデルが提案されます。業績投票モデルは、経済や外交政策といった政府の過去の業績に対する評価をもとに投票を行うものです。政府業績が良いと評価した有権者は与党の候補者に投票し、悪いと評価した有権者は野党の候補者に投票することになります。業績投票の立場からは、有権者が処理しうる情報量や投票選択のコストを考えると、争点投票よりも業績投票の方が合理的であるとされています。

　政府の業績の中でも、経済政策についての業績に注目するのが、経済投票モデルです。有権者は、選挙前の経済状況が良いと判断すれば与党やその候補者に投票し、悪いと判断した場合は野党やその候補者に投票すると予想されます。経済投票モデルは、参照する経済状況の種別に応じて、社会志向の経済投票と個人志向の経済投票に分けることができます。社会志向の経済投票では、失業率や株価、物価等の社会全体の経済状況に基づいて投票が行われます。これに対し、個人志向の経済投票では、有権者個人の所得の増減等暮らし向きに関わる基準に基づいて投票が行われます。

⬇争点投票のイメージ図

川人貞史ほか『現代の政党と選挙』（有斐閣・2011年）
189頁をもとに筆者作成

⬇業績投票のイメージ図

筆者作成

⬇経済投票

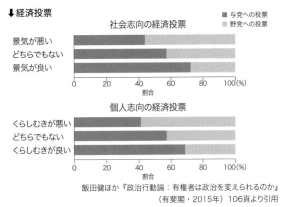

飯田健ほか『政治行動論：有権者は政治を変えられるのか』
（有斐閣・2015年）106頁より引用

★ ○✕問題でチェック ★

問7　ミシガン・モデルでは、長期的要因である政策争点態度に基づく投票が行われる。
問8　近接性モデルでは、政策的立場が自分と近い方に投票すると考えられる。

IV 選挙制度

1 選挙制度の分類

　日本の選挙制度は、小選挙区制、中・大選挙区制、比例代表制の3つに大別できます。小選挙区制では、得票数の最も多い人が1名だけ当選します。中・大選挙区制は、得票数の多い人から、定数番目までの候補者が当選する制度です。いずれも有権者は、候補者名を選択・記入することになります。最後の比例代表制は、各党の得票数に応じて議席を配分する方式です。具体的な議席配分方法は様々ですが、日本では「ドント式」が採用されています。

　選挙制度は、選挙結果に大きな影響を与えます。小選挙区制は、得票率の差以上に議席数の差を大きくする制度といえます。これに対し、比例代表制では、得票数に応じて比例的に議席を配分しますので、得票率と議席数の差もそれほど大きくはなりません。以上の点から、小選挙区制は大政党に有利であるのに対し、比例代表制は中小政党に有利であるといえます。

↓選挙制度の種類

選挙制度	議席決定方式	選挙区定数	投票方式
小選挙区制	多数制	1	候補者方式
中・大選挙区制	多数制	複数	候補者方式
比例代表制	比例代表制	複数	政党・選好方式

筆者作成

↓「ドント式」による各政党への議席の配分

	A党	B党	C党	D党
各党得票数	3600	3000	2100	480
1で割る	3600(1)	3000(2)	2100(3)	480
2で割る	1800(4)	1500(5)	1050(7)	240
3で割る	1200(6)	1000	700	160

筆者作成

↓比例代表制のもとでの政党内の議席配分

A党(3議席獲得)		
名簿順位	候補者名	当落
1	Vさん	当選
2	Wさん	当選
3	Xさん	当選
4	Yさん	
5	Zさん	

筆者作成

↓小選挙区における得票率と議席数の関係

	選挙区1	選挙区2	選挙区3	…	選挙区100	投票率	議席数
A党	51%	51%	51%		51%	51%	100
B党	49%	49%	49%		49%	49%	0

筆者作成

2 衆議院の選挙制度

　衆議院の小選挙区比例代表並立制では、有権者は小選挙区と比例区でそれぞれ1票ずつ投票します。小選挙区では、得票数が最も多い候補者が1名だけ当選します。比例区では、政党毎の得票数を集計し、ドント式に基づいて各党への議席配分を行います。当選者の決定は、政党がつけた当選順位に従って行われます。小選挙区と比例区の両方に立候補できる重複立候補制度のため、小選挙区で落選した候補者が比例区で当選する復活当選が生じることがあります。

↓衆議院選挙区（小選挙区部分）

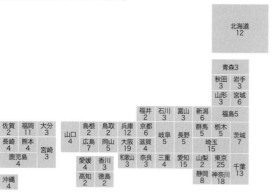

京都市HPを参考に作成

↓衆議院選挙における投票

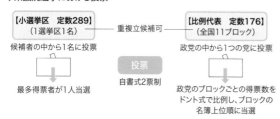

実教出版編集部『2021新政治経済資料集』（実教出版・2021年）119頁より引用

↓衆議院選挙区（比例区部分）

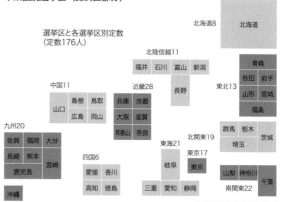

京都市HPを参考に作成

↓重複立候補による比例区での復活当選

G党(4議席獲得)
1位 Xさん （比例区のみ立候補）→当選(1議席目)
2位 Aさん （小選挙区で当選）→比例名簿から削除
2位 Bさん （小選挙区で落選、惜敗率98%）→当選(2議席目)
2位 Cさん （小選挙区で落選、惜敗率95%）→当選(3議席目)
2位 Dさん （小選挙区で落選、惜敗率93%）→当選(4議席目)
2位 Eさん （小選挙区で落選、惜敗率80%）→落選
7位 Fさん （比例区のみで立候補）→落選

筆者作成

問9　小選挙区制では、得票数の多い人から、定数番目までの候補者が複数当選する。
問10　衆議院の小選挙区比例代表並立制では、小選挙区の落選者が比例区で復活当選できる。

3 参議院の選挙制度

参議院の議席数は選挙区148議席、比例区100議席の計248議席ですが、1度の選挙で改選されるのはその半分の議席になります。参議院議員の任期は6年なので、3年おきのサイクルで選挙が行われることになります。有権者は、選挙区と比例区で、それぞれ一票ずつ投票します。選挙区ですが、合区となっている島根・鳥取、徳島・高知を除いて都道府県単位で設定されています。人口の少ない県は定数が1の小選挙区制となっており、人口が多い都市部を含む都道府県は定数が2以上の中選挙区制となっています。有権者は、選挙区では候補者名を投票用紙に記入しますが、得票数の多い順に定数番目までの候補者が当選します。

比例区の議席配分は、ドント式によって行われるという点で衆議院の小選挙区比例代表制の比例区部分と同じですが、異なる点もあります。まず、衆議院の比例区は、ブロックごとに分けられていましたが、参議院の比例区は全国1区です。また、衆議院の比例区の場合、有権者は政党名で投票しますが、参議院の比例区では政党名と候補者名、どちらでも投票できます。このほかに、特定枠という形で優先的に当選させたい候補者を別枠で立候補させることも可能となっています。

当選者の決定方法ですが、以下のような手順で行われます。まず、①政党名での得票、②候補者名での得票、③特定枠の候補者名での得票を政党ごとに集計し、ドント式で議席を配分します。各党の獲得議席が定まったら、誰を優先的に当選させるかを決めます。まず最優先されるのが、特定枠で立候補している候補者です。その次に、候補者名での得票数が多い候補者から順に当選者を決めていきます。参議院の比例区では、あらかじめ当選順位が決まっていないため、候補者はより多くの票を獲得するほど当選に近づくことになります。

↓ 参議院選挙区（選挙区部分）

京都府選挙管理委員会HPを参考に作成

↓ 参議院選挙区（比例区部分）

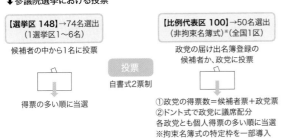

京都府選挙管理委員会HPを参考に作成

↓ 参議院選挙における投票

【選挙区 148】→74名選出
（1選挙区1〜6名）
候補者の中から1名に投票

投票

得票の多い順に当選

【比例代表区 100】→50名選出
（非拘束名簿式）※（全国1区）
政党の届け出名簿登録の候補者か、政党に投票

自書式2票制

①政党の得票数＝候補者票＋政党票
②ドント式で政党に議席配分
各政党とも個人得票の多い順に当選
※拘束名簿式の特定枠を一部導入

実教出版編集部『2021新政治経済資料集』（実教出版・2021年）119頁より引用

↓ 比例区の議席配分

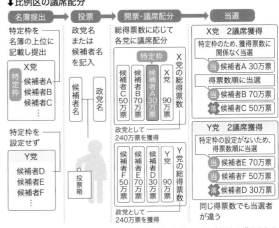

産経新聞Web2019年7月8日記事「参院選2019 今回から導入された比例代表特定枠とは？」内の図表より引用

↓ 参議院選挙区部分の一例（兵庫県選挙区2019年7月21日）

当落の別	候補者氏名	得票数	性別	年齢	候補者届出政党名	新現元別	職業
○	清水貴之	573,427	男	45	日本維新の会	現	参議院議員
○	高橋みつお（高橋光男）	503,790	男	42	公明党	新	無職
○	かだ裕之（加田裕之）	466,161	男	49	自由民主党	新	自由民主党兵庫県参議院選挙区第3支部長
	安田真理	434,846	女	41	立憲民主党	新	アナウンサー
	金田峰生	166,183	男	53	日本共産党	新	日本共産党国会議員団兵庫事務局長
	原 博義	54,152	男	47	NHKから国民を守る党	新	整体院エイト院長
法定得票数	122,142.166	供託物没収点	91,606.625		選挙運動法定費用	54,571,100	

兵庫県選挙管理委員会「令和元年執行参議院議員通常選挙の記録」より引用

↓ 参議院選挙区部分の一例（奈良県選挙区2019年7月21日）

順位	当落	名前	所属政党	前職・新人	得票数
1	当選	堀井巌	自民党	前職	301,201
2		西田一美	無所属	新人	219,244
3		田中孝子	幸福実現党	新人	24,660

奈良県選挙管理委員会HPをもとに筆者作成

★ ○×問題でチェック ★

問11 参議院議員の任期は6年なので、6年おきに全議席が改選される。

問12 参議院の比例区では政党名の得票と候補者名の得票を集計しドント式で議席を配分する。

25 政府と市場

I 市場メカニズムと政府

1 政府は経済主体の1つ

　家計や企業と同じく、政府も経済活動を担う主体です。家計は企業から金銭等と引き換えに商品やサービスを得る一方、企業は家計から労働力の提供を受け、対価として賃金を支払います。政府はこの両者間の取引に生じる諸問題を是正するため、両者から税を徴収し、多様な行政サービスを提供するとともに、政策的規制を講じます。政府と市場の関係は政治学、とりわけ政治経済学の重要なテーマの1つです。

↓経済主体

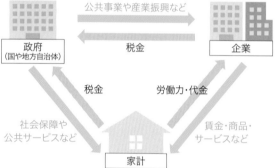

ウェブサイト「金融経済ナビ」〈https://kinyu-navi.jp/learning/kouza1/kouza1-1/index6.html〉をもとに作成

2 市場メカニズムと効率性

　市場では多くの消費者と生産者が自由に競争し、需要と供給の原理に基づいて価格が決定されます。この過程で、他の生産者に競り勝つために効率的生産が行われ、また財はこれを高く評価した者により消費されます。一方、需要に比べ生産が少ない場合、市場価格が上昇し収益性が高まることで生産が増えるという調整の動きも生じます。このような市場メカニズムにより、資源は効率的に配分されるのです。

↓市場における競争の必要性を訴える公取委の広報イラスト

公正取引委員会HPより転載

II 市場の失敗と政府の役割

1 市場の失敗

　市場メカニズムが十分に機能せず、効率性が実現しないことを市場の失敗といいます。市場の失敗は、適正な競争原理が働かない不完全な競争に伴う独占・寡占の問題や、取引当事者でない第三者がその悪影響を被る外部性とよばれる問題、商品の売り手と買い手の知識差により適正な判断が行われない状況と

なる情報非対称性の問題、社会に必要ながら利益性がないため供給が不足する公共財の問題、自然災害などで市場の先行きが見えない不確実性の問題など様々な要因によって生じます。市場の失敗が発生した代表例としては、環境汚染や経済的格差の問題があげられます。

↓プラスチックごみ問題

ロイター／アフロ

↓空から見る経済格差（インド・ムンバイ）

Caters News／アフロ

★○×問題でチェック★
問1　政府は、経済主体のひとつである。
問2　市場メカニズムは、常に効率的である。

2 政府の役割と政策的手段

市場の秩序を守り、また市場の失敗を解決するためには、政府の役割が重要となります。国民が自由に能力を発揮し活動できるためのルール作りや、その遵守の管理・監督とともに、市場の失敗の是正や経済安定化の取り組みも求められるのです。

政府の主な政策的手段としては、財政政策と金融政策とがあります。

財政政策(ちょうぜい)は、徴税を行い、税収を管理し、必要な資金を支出する政策です。歳入における国税収入には、所得税、法人税、消費税、相続税などがあります。このうち所得税や相続税には累進課税が適用され、富裕層から多く徴税することにより、経済的格差が緩和されます。また政府は、歳出として社会基盤の整備や公共サービスに関して重点的に支出していますが、特に少子高齢化が進むにつれて社会保障費が増大し、最大支出項目となっています。累進課税制度と合わせ、このように社会保障を通じた所得補填や教育の機会を保障するのが再分配政策(ほてん)の役割です。

金融政策は、政府でなく中央銀行が行うものですが、政府は人事を通じて中央銀行に一定の影響力を行使するため、財政政策と同じく、景気調整のうえで重要な政策的手段とされています。中央銀行は、通貨流通量や金利の調整を通じ、物価上昇を抑制したり、景気悪化を抑止したりします。

このように政府は、財政政策と金融政策を用いつつ、経済主体の1つとして様々な調整を行い、市場秩序維持とともに、市場の失敗の問題に対処しています。

↓政府の歳出と歳入（2021年度）

一般会計歳出

（単位：億円）

- 国債費 237,588（22.3%）
- 利払費等 85,258（8.0%）
- 債務償還費（じゅん）152,330（14.3%）
- 社会保障 358,421（33.7%）
- 一般歳出 669,020（62.8%）
- 一般会計歳出総額 1,066,097（100%）
- 地方交付税交付金等 159,489（15.0%）
- 新型コロナ対策予備費 50,000（4.7%）
- その他 92,700（8.7%）
- 防衛 53,235（5.0%）
- 文教および科学振興 53,969（5.1%）
- 公共事業 60,695（5.7%）

  - 食料安定供給 12,773（1.2%）
  - エネルギー対策 8,891（0.8%）
  - 経済協力 5,108（0.5%）
  - 中小企業対策 1,745（0.2%）
  - 恩給 1,451（0.1%）
  - その他の事項経費 57,732（5.4%）
  - 予備費 5,000（0.5%）

一般会計歳入

- 特例公債 372,560（34.9%）
- 公債費 435,970（40.9%）
- 建設公債 63,410（5.9%）
- 所得税 186,670（17.5%）
- 租税および印紙収入 574,480（53.9%）
- 法人税 89,970（8.4%）
- 一般会計歳入総額 1,066,097（100%）
- 消費税 202,840（19.0%）
- その他 95,000（8.9%）
- その他収入 55,647（5.2%）

  - 相続税 22,290（2.1%）
  - 揮発油税 20,700（1.9%）
  - 酒税 11,760（1.1%）
  - たばこ税 9,120（0.9%）
  - 関税 8,460（0.8%）
  - 石油石炭税 6,060（0.6%）
  - 自動車重量税 3,820（0.4%）
  - 電源開発促進税 3,050（0.3%）
  - その他税収 800（0.1%）
  - 印紙収入 8,940（0.8%）

※「一般歳出」とは、歳出総額から国債費および地方交付税交付金等を除いた経費のこと。
※「基礎的財政収支対象経費」（＝歳出総額のうち国債費の一部を除いた経費のこと。当年度の政策的経費を表す指標）は、833,744（78.2%）

財務省HPをもとに作成

3 政府の失敗

政府が政策的介入を実施しても、資源の配分の効率性を損なうことがあります。これを政府の失敗といいます。政府の失敗を生じさせる要因としては、利害対立と政治的妥協、市場コントロールの限界、情報の限定性や非対称性があげられます。

まず、利害対立と政治的妥協という要因について説明していくと、政府の意思決定は、多様な利害関係者が対立する中で形成されるため、往々にして一部の利益が優先されてしまう結果、政策の効率性が損なわれることがあります。政策過程に関与する政治家が、次の選挙での当選という自らの目的を意識するあまり、置かれた政治的状況に妥協して行動したり、官僚が自らの省庁や管轄下の利益集団の利益を優先したりすることで、政策形成が歪められ、政府の失敗が生じうるのです。

次に、市場コントロールの限界という要因は、政府が特定の問題を解決するために政策的介入を実施しても、その狙い通りの政策効果が得られるとは限らないことをさします。たとえば、少子化対策として、家庭の育児負担を減らす目的から保育無償化政策を行った場合に、保育の需要が急激に増大することで、逆に保育園への入所が困難となってしまうことがあります。政策によって家庭の育児負担が実際どのように変わり、また育児中の親が政策実施後どのように行動するのか、事前に正確な予測を政府が行うことは困難です。このように政策的介入が予想外の結果を生んだ場合にも、政府の失敗は起こります。

最後に、情報の限定性も政府の失敗を生む要因となります。たとえば、どれだけCO_2排出量を減らせば地球温暖化を防止できるのか、また軍事費や社会保障費をどれだけ支出すれば、戦争や貧困をなくせるのかといった問題については、情報を完全に把握することができません。このような不完全な情報のもとで行われざるをえない政策決定にも当然、政府の失敗は生じます。

↓政府の失敗をもたらす要因

要因	内容
利害対立と政治的妥協	意思決定を行う政治家や官僚が必ずしも社会全体のために判断するわけではなく、利害関係者の取引によって政策決定がなされることがあるため、政府の失敗が生じる
市場コントロールの限界	市場の失敗を是正するための政策に対して、人々が従来の利用パターンを変え、意図せぬ政策の効果が出ることがあるため、政府の失敗が生じる
情報の限定性	政府が政策に必要な情報を完全に把握するのが困難であるため、政府の失敗が生じる

筆者作成

★ ○×問題でチェック ★
問3 政府には、市場の秩序を守るとともに、市場の失敗を是正することが期待される。
問4 政府の政策的介入により、市場の失敗は常に是正される。

1 初期の資本主義とその矛盾

資本主義の初期には、政府の介入がなくとも「見えざる手」が働き、市場が維持されるとともに、社会全体の富も増大すると考えられていました。また労働力を商品として提供し、その対価として賃金を得る労働者の登場で、多くの人が封建的な階級社会から解放されました。しかし、働くことなしに生活ができない労働者は、経営者に対し構造的に不利な立場に置かれたため、次第に労働環境は悪化し、貧困が深刻な社会問題となりました。労働者が企業の生産する消費財を購入する余裕を失うことは、経済活動を縮小させ、需要を失う企業の倒産にもつながるため、経済全体に悪影響を及ぼします。こうした状況を体系的に批判したのがマルクス（☞4-III■）とエンゲルスであり、この悪循環が実際に1929年の世界大恐慌を引き起こしました。こうした資本主義の矛盾を是正すべく、各国政府の介入が大恐慌後、積極的に行われることとなります（☞26-II■）。

↓カール・マルクス（右）とフリードリヒ・エンゲルス（左）

アフロ

2 資本主義の多様化と新自由主義

世界大恐慌後、政府は市場へ積極介入したものの、国ごとに政策パフォーマンスは異なります。たとえば重点政策として失業抑制が進められましたが、失業率には大きな差があり、全人口比の貧困者割合の指標である相対的貧困率も異なっています。アメリカや韓国、日本など失業率より相対的貧困率の方がはるかに高い国もあれば、相対的貧困率が失業率より低いデンマークやフィンランドのような国もあります。市場経済をもつ国々でも、社会保障への寛容さは異なり、政府による介入形態には違いがみられます。寛大な福祉には国民の大きな負担が必要であり、福祉が充実している国ほど、税と社会保障負担を示す国民負担率も高くなっています。

積極的な介入で市場の失敗を是正してきた第2次世界大戦後の資本主義にも経済危機が生じました。1970年代のオイルショックに伴う世界的な景気停滞は、それまでの常識に反して物価上昇を伴い、政府による従来型の景気調整ではその危機を克服できませんでした。この状況下、これらの現象が政府の過度な介入によるものだと批判して登場したのが新自由主義です。新自由主義は、政府の市場介入を最小限にすべきと主張し、民営化や競争原理の導入など、戦後の経済政策を修正するうえでの思想的基盤となり、イギリスのサッチャー政権やアメリカのレーガン政権の政策は、これに基づいて進められました。

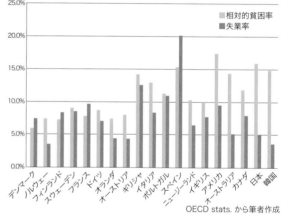

↓ OECD主要国の相対的貧困率と失業率（2016年度）

相対的貧困率
失業率

OECD stats. から筆者作成

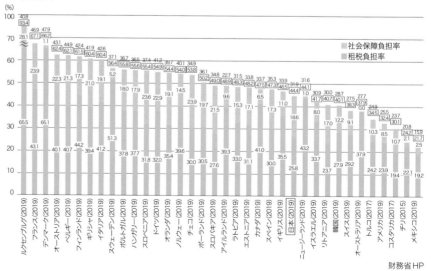

↓国民負担率

社会保障負担率
租税負担率

財務省HP

★ ○×問題でチェック ★

問5　1929年に発生した世界大恐慌は、主要先進国の政策転換のきっかけとなった。
問6　市場経済に対する政府の介入の政策的結果は、どの先進国においてもほぼ同じである。

Ⅳ これからの政府と市場の関係

1 雇用と福祉の関係

　新自由主義は一時、先進諸国を席巻しましたが、2008年にアメリカで発生し世界金融危機の引き金となったリーマン・ショックは、新自由主義の問題点が再認識されるきっかけとなり、市場への政府の介入に再び注目が集まりました。政府か市場かの単純な二択でない両者の関係を模索する論争は続いており、その中で近年注目されている争点が雇用と福祉の関係です。世界大恐慌後の資本主義では多くの国で完全雇用を前提とし、失業者には所得保障が与えられる傾向がみられました。しかし経済構造や労働市場の変化に伴い、誰もがいずれ必ず再就職できるという状況ではなくなったため、市場重視派のみならず政府重視派も、所得保障だけでなく失業者の労働市場再参入を強調するようになりました。

　雇用と福祉の関係を念頭に置いて提起された政策がワークフェアとアクティベーションです。どちらも失業者の所得保障にとどまらず、労働市場再参入を促すものですが、ワークフェアが社会保障給付の条件として就労義務を紐づけ、再参入をより強調するのに対し、アクティベーションは手厚い生活保障とともに職業訓練の機会の付与が主眼に置かれています。前者はアメリカやイギリスで採用され、後者は北欧諸国で採用されています。労働市場への参加重視の点で両者は一致していますが、雇用と福祉の関係については異なる立場が表れているといえるでしょう。

　一方、これと異なる方向性として近年、就労と福祉を切り離したベーシックインカムの構想も出されています。ベーシックインカムとは、就労の有無によらず、すべての国民に一定の金額を定期的に給付するという方法です。財源調達の面などで実現不可能との指摘はありますが、経済的格差の深刻化とともに、AI（人工知能）の登場が人々の仕事を奪うと予想される中で、関心が高まっています。

　このように今日、伝統的な政府と市場の関係を基礎としてきた雇用と福祉の関係の再構築が各国で模索されています。

↓ベーシックインカムが提示する雇用への異なるアプローチ

筆者作成

2 福祉多元主義

　雇用と福祉の関係を再構築する動きとともに、福祉の供給主体をめぐる議論も活発となっています。福祉多元主義とは、福祉サービスが公的部門（政府）、非営利部門（NPOなど）、営利部門（市場）、インフォーマル部門（家族中心）という4つの部門から供給されるとする考え方です。この福祉多元主義の考え方はもともと、福祉の供給主体を政府に限るという前提を見直すために生まれてきたものですが、これが市場競争により効率性を追求しようという新自由主義の考え方に同調するものでないことには注意する必要があります。すなわち、単に市場が政府を代替するのではなく、市場の効率性や政府の計画性、インフォーマルな部門の親密性といった各部門の取り組みの調和に基づく福祉の供給が強調されているのです。

　これまで、政府は福祉の財政的な負担とともに、サービスの提供も担ってきました。しかし、福祉多元主義が進めば、政府は財政的負担のみを負い、サービス提供は別の供給主体が行うことも想定され、政府の役割は大きく変わることになります。具体的には、たとえば保育に関して、保育を利用する親に対しバウチャーを付与し、サービスを選択して利用できるようにする利便性向上の方法や、保育園設立に関する規制を緩和し、営利企業や社会福祉法人など多様なアクターを市場へ参入しやすくしてサービス供給主体を増やす方法など、福祉多元主義を前提とした様々な新しい施策が進められています。

　一方、福祉多元主義においては、市民は単なる福祉の受益者でなく、福祉の供給者としての役割も期待されています。日本でも、障がい者・高齢者支援や児童福祉などの分野におけるボランティア団体やNPO（非営利団体）、住民団体などの役割が厚生労働省の研究会において強調されたり、実

↓災害ボランティア受け入れ促進のパンフレット

内閣府HP

際に地方自治体の地域福祉計画策定にあたって市民の参加が制度化される例も多くみられたりするなど、これからの福祉供給における市民の参加を促進するために、多様な取り組みが始まっています。

★○×問題でチェック★

問7　ワークフェア、アクティベーション、ベーシックインカムにおける雇用と福祉の関係はいずれも同じである。

問8　福祉多元主義は、福祉の供給における市場の役割を特に強調する。

26 社会福祉

I 政治と社会福祉

1 政府の介入を模索

　童話『マッチ売りの少女』を覚えていますか。貧しい少女がひとり、寒空の下でマッチの燃えかすを抱えて凍死してしまう話です。この物語が書かれた19世紀中ごろ、産業革命の真っただ中にあったヨーロッパでは、貧富の格差が広がっていました。富める者は王侯貴族のような暮らしができた反面、貧しい者や弱い者は日々の生活が死と隣り合わせでした。貧富の格差がそのままにされたのは、政府の介入がなくても市場メカニズムが機能し、社会の資源が効率的に配分されると考える自由主義が大きな影響力をもっていたからです。やがて貧富の格差がもたらす問題がより深刻化すると、変化が求められました。自由主義の経済的側面が批判を受け、政府の介入が模索されるようになったのです（☞ **4-Ⅲ2**、**25-Ⅱ**）。1942年には、イギリスのベヴァリッジが報告書で社会保障制度の創設を提案しました。

↓マッチ売りの少女

↓ベヴァリッジ

Ullstein bild／アフロ　　　　public domain

2 社会福祉と社会保障の違い

　社会福祉と社会保障は非常に似た言葉です。いずれも国や論者によって言葉の使い方が異なり、一致した定義は存在しません。日本の厚生労働政策の文脈では、社会保障は制度の総称として、社会福祉は在宅サービスなどの事業のカテゴリーとして使われています。社会福祉事業は、養護老人ホームなどを経営する第1種、保育所の経営などの第2種に分類できます。公明かつ適正な実施のため、社会福祉事業を実施する施設には都道府県知事等による最小限の指導監督があります。

↓日本における社会福祉と社会保障

厚生労働省HPをもとに一部補足して作成

3 国民国家と社会保障制度

　工業化と都市化が進み資本主義社会が形成されると、労働者の労働力は通貨と交換可能な「商品」となっていきました。資本主義社会とほとんど同時に成立した国民国家でも、個人の自由が重視される一方で、それまでの農村社会で尊重された地縁や血縁などの相互扶助機能が低下しました。そのため、社会的セーフティネットを含む社会保障制度を必要としはじめました。19世紀後半になると、共通の国民意識をもつことをめざしたドイツ（プロイセン）は、労働者の生活を国家が扶養するという発想から、社会保障制度の1つである社会保険を導入しました。社会保険は、事業主と労働者らが保険料を負担することで、失業したときや怪我で休業するとき、保険給付を受けることができるプログラムです。保険料負担と負担に応じた給付がある市場整合的な性格もあって、資本主義を組み込んだ他の国民国家へ広まっていきました。資本主義社会では、社会保障制度が国民国家の発展をサポートしてきたといえるでしょう。

　なお、資本主義を批判し、平等を追い求める社会主義が登場してきたのは、この頃からです（☞ **4-Ⅲ1**）。

↓社会保障制度の誕生

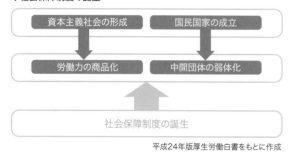

平成24年版厚生労働白書をもとに作成

↓国民国家と社会保障制度の関係

平成24年版厚生労働白書をもとに作成

★○×問題でチェック★

問1　ベヴァリッジの報告書は社会保障制度の創設を提案した。
問2　保険料を負担しなくても、失業したときなどに社会保険の給付を受けることができる。

II　社会保障／社会福祉を支える理論

1　自立した個人を支えるための連帯

　ここからは資本主義社会における社会保障／社会福祉を支える理論について説明していきます。19世紀末、貧困をはじめとした格差問題が深刻化し、資本主義と社会主義の対立が調停不可能なほど高まりました。当時の資本主義の国民国家では、社会を構成する人々に自立した個人であることが求められ、自分の力だけで生活が成り立たない人々は国家から忘れられがちでした。この頃、フランスの労働・社会保障大臣を務めたブルジョワは、生に向けたあらゆる要素の連帯が生命にとって必要不可欠だと主張しました。そのうえで、国家から忘れられがちな貧しい人々を支えることを自立した個人の義務とし、社会全体で支える道すじを示しました。この連帯という考え方は、のちの福利厚生や共済のしくみに影響を与えました。

2　ケインズ主義的福祉国家

　20世紀、資本主義社会を大きく揺るがしたのは、1929年の世界大恐慌でした。町に大量の失業者があふれ、市場メカニズムが機能しなくなりました。そこで国家／政府は、新たな試みを実行しました。アメリカでは一連の政策のまとまりであるニューディールを進め、イギリスでは失業給付を行う失業法を制定しました（☞25-Ⅲ**1**）。この時期、ケインズは世界大恐慌による大量失業の原因を社会全体の有効需要の不足にあるとの考えを発表しました。有効需要とは実際の貨幣支出のある需要のことです。失業で生活に困窮した労働者は、お金がないので買い物ができません。アメリカやイギリスでは、政府が雇用をつくり社会保険を創設することで、失業者がお金を手にできるようにしたのです。また、国家が公共事業を行うことによって有効需要を作り出すことも提唱しました。世界大恐慌が終息した第2次世界大戦後、ケインズの理論とベヴァリッジの社会保障論を統合した形で、資本主義社会の社会保障／社会福祉は発展し、政府が国民経済に介入する程度が大きくなりました。

3　ケインズ主義的福祉国家への批判

　ケインズ主義的福祉国家は、市場メカニズムを重視する古典的自由主義者から批判されました。政府の介入による格差是正を受け入れがたかったからです。社会保障制度や福祉国家を個人の自由を侵害する非効率なしくみだと考えたともいえます。市場原理を重視したハイエクは、限定的な「知」しかない国家が富の再配分の基準を判断すると、論理的必然性がなくなりかねないと批判しました。政府が社会保障／社会福祉を設計するよりも、自由な個人の「知」が集まる市場に任せておいた方がよいと考えたのです。また、フリードマンは、市場を通じた活動の前提条件整備を政府の役割とし、アメリカの社会保障制度に代わる「負の所得税」の導入を主張しました。「負の所得税」は、課税最低限に満たない者が所得との差額の一定割合を政府から受け取る制度で、ベーシックインカムとは異なります（☞25-Ⅳ**1**）。

↓レオン＝ブルジョアの理論

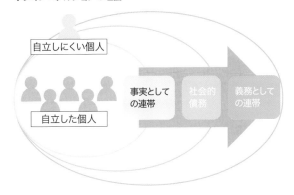

筆者作成

↓有効需要理論の創出

筆者作成

これはケインズ主義的福祉国家（混合経済、修正資本主義）とよばれます（☞**4**-Ⅲ**2**）。

↓ハイエク『自由の条件』

編集部撮影

↓フリードマン『資本主義と自由』

編集部撮影

★○✕問題でチェック★
　問3　有効需要は実際の貨幣支出のある需要のことである。
　問4　ケインズ主義的福祉国家は古典的自由主義者からも支持された。

4 福祉国家の規範理論

経済発展が進み脱産業社会へと移行していった1960年代頃から、ケインズ主義的福祉国家は社会への変化と向き合わざるをえなくなりました。貧富の格差についても、社会が多様な価値観を受け入れるようになると、労働者の立場から論じるだけでは不十分だとされました。その中で、福祉国家を正当化する規範理論が必要だとの認識も生まれ、ロールズの『正義論』が様々な議論を誘発しました。ロールズが設定した敵は功利主義であり、過大な経済格差が存在していても多くの人が幸福ならば政府は介入する必要はない、という考え方を否定的に捉えました。そして、社会的・経済的不平等は、すべての人の利益となることが合理的に期待され、すべての人に開かれた地位や役職に付随するように配置されなければならない、と主張しました（☞ 4-V 2）。

ただし、福祉国家に関するロールズの議論の解釈には注意が必要です。ロールズの『正義論』は正義にかなった社会の基本原理を哲学的に探究したもので、現実の福祉国家を前提

↓ロールズ『正義論』

A THEORY OF JUSTICE
REVISED EDITION
John Rawls
ジョン・ロールズ
川本隆史 福間聡 神島裕子=訳
正義論 改訂版

編集部撮影

にして、格差是正を求める議論ではありません。それでも、ロールズの議論への反響は大きく、法・政治・社会哲学の分野の枠を超えて、様々な分野に広がっていきました。ロールズの哲学は、しばしば対立する自由と平等の関係を調停しながら公正な分配についての理論を主張するものであり、人々の所得や富の格差の是正を正当化する考え方だという解釈もうまれました。一定の条件下において、国家からの格差是正は公正であるとの解釈です。

また、自由至上主義者などと訳されることもあるリバタリアンはロールズの介入主義的な側面を強く批判しました。代表的論者のノージックは、国家の役割を警察・国防・裁判所の機能に限定すべきだと主張しました。国家による格差是正は個人の財産権の侵害になると考えたからです（☞ 4-V 3）。

↓ノージック『アナーキー・国家・ユートピア』

嶋津格 訳
ロバート・ノージック 著
アナーキー・国家・ユートピア
国家の正当性とその限界
木鐸社

編集部撮影

5 福祉国家の国家比較

資本主義社会の福祉国家は、少しずつ数が増えてきました。どうすれば国民国家は福祉国家となるのでしょうか。ウィレンスキーは、経済水準が福祉国家の発展に長期的な影響を与えると主張しました。国家が経済発展すると、乳児死亡率が下がり人々の寿命が延びて人口構成が変わり、社会保障が適用される人口が増えるので社会保障支出が増える、というメカニズムを示したのです。これは収斂理論（福祉国家収斂説）とよばれます。

しかし、先進国間の制度の違いが収斂理論では説明できなくなってくると、資本主義社会の福祉祉国家を類型化し、それぞれの特徴を比較する考え方があらわれてきました。エスピン＝アンデルセンが打ち出した福祉レジーム論（福祉レジーム類型論）です。類型の指標には、労働市場に依存せずに一定水準の生活を維持できるかの程度（脱商品化）、職種や社会的階層に応じた給付やサービスの差（社会的階層化）、家族のケア負担を軽減する程度（脱家族化）の3つが用いられました。右の表に従って、それぞれのレジームに分類される国家モデルをみ

↓収斂理論

福祉国家
← 経済発展
世界の国々

筆者作成

ていきましょう。自由主義レジームにはアメリカやイギリスなどのアングロサクソン諸国、社会民主主義レジームにはスウェーデンなどの北欧諸国、保守主義レジームにはドイツやフランスなどの大陸ヨーロッパの国々が分類されました。アメリカへ留学するときに、保険会社から健康保険を購入しなければ滞在許可証が発行されないのですが、これは、自由主義レジームの脱商品化が低いことを示す例といえるでしょう。自由主義レジームではない日本に留学に来た学生が国民健康保険に加入しなければならないこととは異なります。日本の特徴は3つのレジームで分類しにくいものですが、近年の社会変化から福祉レジーム論の分類に一致しているとはいいにくい国もあらわれてきました。グローバル化にともなう移民・難民の大量流入の影響もあり、不法移民に自国民と同じ社会保障／社会福祉を適用するか否かなどの問題が浮上してきたのです。

↓福祉レジーム

レジーム	脱商品化	社会的階層化	脱家族化	モデル国家
自由主義	低位	高位	中程度	アングロサクソン諸国
社会民主主義	高位	低位	高位	北欧諸国
保守主義	中程度	中程度	低位	大陸ヨーロッパ諸国

筆者作成

★ ○✕問題でチェック ★

問5　ロールズは国家の役割を警察・国防・裁判所の機能に限定すべきと主張した。
問6　エスピン＝アンデルセンは福祉国家を類型化した。

Ⅲ　日本の社会保障制度の問題点と課題

1 高齢化の進展と制度破綻の可能性

　第2次世界大戦後、日本の社会福祉関連の法律は整備され、すべての国民が公的な制度に加入する国民皆保険・皆年金も実現しました。1970年代からの高齢化率の上昇によって、社会保障／社会福祉のニーズも増大しました。さらに近年では、現役世代の負担増加も指摘されるようになりました。下の給付と負担のイメージ図をみると、20代はじめまでは、教育にかかる給付

があっても給付額の1/3から1/2程度を保護者が負担していることがわかります。一方、65歳以上の高齢者は負担額の約10倍以上の給付を受けています。負担と給付に関する実際の計算は非常に複雑ですが、現行制度のままでは高齢化の進展によって日本の社会保障制度が破綻するおそれがあることは想像できるでしょう。

↓ライフサイクルにそった給付と負担のイメージ

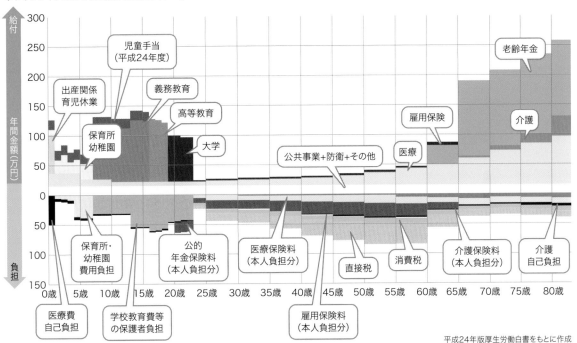

平成24年版厚生労働白書をもとに作成

2 新しい方向性

　社会保障／社会福祉には、選別主義と普遍主義という2つの考え方があります。選別主義は対象を選別することで、普遍主義は選別しないことです。子ども・高齢者・身体障がい者は外見から比較的判断しやすいですが、貧困・低所得者のように外見的には判断しにくい人々もいます。たとえば、生活保護などの公的扶助を受けるための資力調査や所得調査で、自動車の保有は認められていません。しかし、自動車がなければ生活や通勤通学が成り立たない地方も少なくありません。そのため、

近年の社会保障／社会福祉は、選別主義から普遍主義へと変化しつつあります。国際的には、2015年の国連サミットで持続可能な開発目標（SDGs）が全会一致されました。先進国が行うべき普遍的なものとして、日本もSDGsに積極的に取り組んでいます。

↓ SDGs

↓選別主義　　　　　　　↓普遍主義

筆者作成　　　　　　　　筆者作成

public domain

★○×問題でチェック★
　問7　日本では65歳以上の高齢者は負担額の約5倍以上の給付を受けている。
　問8　日本における近年の社会保障／社会福祉は普遍主義から選別主義へ変化しつつある。

27 ナショナリズムと多文化主義

I ナショナリズム

1 ナショナリズムとは

オリンピックで自国の選手を応援するのはなぜでしょうか。その選手とは会ったことがないどころか、それまで名前すら知らなかった人であるのに、メダルを取って日の丸がのぼっていくのを見ると、まるで昔からの友達や親戚であるかのように嬉しくなったり、良い結果が出せなければ残念で悔しい気持ちになったりすることがあるのではないでしょうか。また、2011年に東日本大震災が発生した後には、「がんばろうニッポン」というスローガンを掲げたチャリティ活動が盛んに行われ、多くの日本人が見ず知らずの「同じ日本人」のために募金やボランティアに参加しました。これらは、国家や国民という枠組みを私たちが知らず知らずのうちに受け入れているからであり、それを可能としているのがナショナリズムです。

ナショナリズムという言葉は、「ネイション」に主義や性質を表す「イズム」が付いてできています。「ネイション」は、日本語に訳すると「国民」となることもあれば「民族」となることもあります。ゲルナー（☞4）の定義によると、ナショナリズムとは「政治的な単位と民族的な単位が一致しなければならないと主張する政治的原理」であり、これはつまり近代的な国民国家の形成をめざす思想ということです。この国民国家のシステムはフランス革命を契機としてまずヨーロッパで広がったものです。

ただし、ナショナリズムがもっている力は、良い側面だけではないことに注意する必要があります。自国あるいは自民族の独自性を強調する思想であるナショナリズムは、容易に自民族中心主義や排外主義と結びつく傾向があります。それが極端な形で現れたのがナチスドイツのユダヤ人虐殺でした。現代日本においても在日コリアンなど外国に出自をもつ住民を標的にした排外主義的ナショナリズムがみられることは珍しくありません。

↓ナチスドイツのヒトラー

Picture Alliance／アフロ

↓フランス革命

public domain

↓東京オリンピックでメダルを獲得し日の丸を掲げる選手ら

AP／アフロ

↓新大久保での排外主義デモ

読売新聞／アフロ

2 古典的なネイション論

ネイションとはどのようなものだと考えられたのかを端的に示すものとして、19世紀にドイツのフィヒテとフランスのルナンがそれぞれ講演の中で論じた内容があげられます。フィヒテは、ナポレオン占領下のドイツにおいて『ドイツ国民に告ぐ』という講演を行い、その中でドイツ人とはドイツ語が中核となる種族であるとし、国民教育の重要性を説きました。それに対しフランス人のルナンは『国民とは何か』と題した講演において、ネイションとは種族や言語などによって決まるものではなく「日々の人民投票」だとし、自発的な意思による共同体への参加を強調したのです。

↓フィヒテとルナンのネイション論

論者	主張
J.G.フィヒテ（ドイツ）	ドイツ人とは、ドイツ語とそれに基づく文化によって境界づけられる根源的民族であるとした。そして、フランス文化に対するドイツの国民文化の優秀さを説き国民全体の教育制度の確立を訴えた（1807〜08年にかけて行った講演「ドイツ国民に告ぐ」）
E.ルナン（フランス）	国民とは「日々の人民投票」である、すなわち、人種や言語、宗教によって決定されるものではなく、人々が自らの意志で選択する帰属意識によって形成されるものだと考えた（1882年に行った講演「国民とは何か」）

筆者作成

★ ○×問題でチェック ★

　問1　ナショナリズムは排外主義や自民族中心主義につながることもある。
問2　ルナンは、国民とは「日々の人民投票」であるとして、国民教育の重要性を訴えた。

3 ナショナリズムの類型

　ナショナリズムが研究対象として分析されるようになると、その性質について2つに分類する考え方が現れました。コーンは『ナショナリズムの理念』の中で、西欧のナショナリズムと東欧のナショナリズムとを区別し、前者を合理的で市民的なものとして、後者を民族的で排他的なものとして描きました。ルナンが述べたフランスと、フィヒテが語ったドイツ人とあるべき国家としてのドイツの姿は、この西と東という区別によって、実際に2人が語った内容以上に誇張された形で説明されてきました。

　このような形でナショナリズムを大きく2つに区別する方法は、多少の修正や論者による差はあるものの、基本的にはその後も受け継がれていきます。イグナティエフは『民族はなぜ殺しあうのか』の中で、シヴィック・ナショナリズムとエスニック・ナショナリズムという用語を使って説明しました。それによると、シヴィック・ナショナリズムは人種や肌の色、性別、言語、民族性などにかかわらず、その国の政治理念を支持するものはすべて社会の成員であるとみなします。もう一方のエスニック・ナショナリズムとは、言語、宗教、慣習、伝統といった、歴史に根差す民族性によってネイションを1つにまとめるものです。

　このような二分法はすっきりしているので、ナショナリズムの特徴を整理するのには有用ですが、同時に注意も必要です。まず、無意識のうちに「良いナショナリズム」と「悪いナショナリズム」とに分類し、特に西洋のものを優れたものとして、それ以外のものを劣ったものとする価値観を内包しているという指摘があります。また、個別のナショナリズムについてみたときに、シヴィックなものとエスニックなものとに明確に分類できるというわけではありません。たとえば、シヴィック・ナショナリズムの典型例としてあげられるフランスでも、国民国家が形成される過程においてフランス語による同化政策が行われたように、エスニック・ナショナリズムの要素もみてとることができます。また、フィヒテも、ドイツ人というのは血統や言語で決まると主張していたわけではありません。実際には、すべてのナショナリズムにはシヴィックな要素とエスニックな要素が含まれているのです。

↓シヴィック・ナショナリズムとエスニック・ナショナリズム

	要素	典型例
シヴィック・ナショナリズム	平等な市民権、政治理念、社会制度	フランス、アメリカ
エスニック・ナショナリズム	共通の起源、神話、言語、民族性	19世紀のドイツ

Ignatieff Michael, *Blood and Belonging: Journeys into the New Nationalism* (Vintage, 1993) をもとに筆者作成

4 ナショナリズムは近代の産物か

　1980年代以降のナショナリズム研究において重要な論点となったのは、ネイションがいつ頃、どのようにして誕生したのかという問題でした。国民国家が世界を覆いつくしている現代社会に生きる私たちは、ネイションの存在は当たり前であり、それはあたかも古い昔から変わらずに存在しているかのようなイメージを抱いてしまいます。しかし、実際には、ナショナリズムの誕生は近代化と密接な関係にあることが指摘されるようになってきました。このような立場を近代主義とよびます。

　近代主義の代表的論者のひとりであるアンダーソンは、ナショナリズムの成立において出版物が果たした役割を強調しました。俗語（話し言葉）によって書かれた出版物が流通する「出版資本主義」が発達したことによって、同じ新聞や本を読む人々が、顔を合わせたこともない間柄であるのにもかかわらず、同じ時間や空間を共有しているという感覚が生まれたと考えました。このようにして、人々が1つの共同体の構成員であると「想像する」ことができるようになったことから、ネイションとは想像の共同体であると論じたのです。

　ゲルナーは、ネイションが誕生した契機について、産業化の影響を指摘しました。産業化が起こる以前の農業社会においては、農村共同体などで生活する大多数の庶民と、そのような農村共同体を越えた大きな共同体の中で生きる知識人階層とは隔てられていました。しかし、産業化が進むと、それまで一部に独占されていた読み書き能力が、すべての人に求められるようになっていきます。そのために標準化された言語による教育制度が整備されたことによって、均質的なネイションが誕生した

↓主要なナショナリズム研究

論者	主張	立場
E.ゲルナー	産業化が契機となり、標準化された言語による学校教育が普及し、ネイションへの帰属意識が形成された	近代主義
B.アンダーソン	出版資本主義が発達したことでネイションという「想像の共同体」が成立した	近代主義
E.ホブズボーム	近代化の中で、「古来からの伝統」が国家によって多数創造された	近代主義
アンソニー・スミス	近代以前から存在する共同体（エトニ）が近代的ネイションの原型となった	歴史主義

筆者作成

のだと主張しました。また、ホブズボームは、古くからの伝統と思われているものの多くは、実は近代に入ってから作り出されたものであること、つまり伝統の創造が行われていることを指摘しました。

　このような近代主義に対して、近代以前からの歴史的な連続性を重視する立場を歴史主義といいます。アンソニー・スミスは、ナショナリズムが近代的な現象であると認めつつも、ネイションのもととなる共同体が近代以前から存在していると主張し、それをエトニとよびました。エトニの特徴としてスミスがあげているのは、集団の名前、共通の血統神話、歴史の共有、独自の文化の共有、特定の領域との結びつき、連帯感、の6つです。ただし、スミスのように歴史主義に分類される論者であっても、近代主義を完全に否定しているわけではないことは理解しておく必要があります。

★○✕問題でチェック★
問3　ネイションとは、直接関わりのある他者との間で成立する「想像の共同体」である。
問4　ナショナリズムの起源に関し、アンソニー・スミスは歴史主義の立場をとる。

1　多文化主義の歴史

　一般的に多文化主義とは、1つの国あるいは社会の中に複数の文化集団が存在していることを承認し、それぞれの文化を尊重するイデオロギーや運動、政策などのことをさします。ただ、多文化主義という言葉が意味するところは様々で、記述的、理念的、政策的などのレベルで考える必要があります。記述的というのは、現実として多様な文化的背景をもつ人口が社会に存在しているということです。理念的というのは、エスニック集団の平等や文化の保護が国の方針として掲げられたり、理想として活動家によって掲げられたりするということです。そして、自治や教育プログラムなど具体的な政策があります。

↓カナダの英仏2言語表記による案内板

imagebroker／アフロ

　政策としての多文化主義は1970年代にカナダやオーストラリアで採用され、その後、ほかのいくつかの国でも導入されていきました。カナダは、建国当初からイギリス系住民が中心の国でしたが、ケベック州に住むフランス系住民への配慮から、両者を平等に扱う二言語・二文化主義が導入され、英語とフランス語が同等に扱われるようになりました。その後、先住民族などマイノリティの文化が加えられ多文化主義へと姿を変えていきました。オーストラリアでは、かつて白人を優先し有色人種の移民を制限する白豪主義が採用されていましたが、移民の規制撤廃やアボリジニへの市民権付与などを経て多文化主義が進められていきます。日本は国として多文化主義を採用しているわけではありませんが、外国出身者が増えてくる1990年代以後、地方自治体やNPOが多文化共生を掲げた取り組みを行うようになりました。

↓シドニーオリンピック開会式で聖火台に点火するアボリジニのキャシー・フリーマン

Abaca／アフロ

2　多文化主義政策

　多文化主義に関係する政策は多岐にわたります。まず、その政策のターゲットが移民なのか、先住民族なのか、それとも民族的少数派なのかによって、共通する部分もありますが、違いもあります。カナダのフランス系住民のような民族的少数派の場合、教育やメディアにおける言語の権利、議会での代表権、自治権などが主な内容となります。先住民族では、民族的少数派と重なる部分も多いですが、近代国家が形成される過程で侵害されてきた土地の権利や、慣習法、**アファーマティブ・アクション**なども入ってきます。また、移民の場合、二重国籍を認めることや、母語教育・バイリンガル教育の推進、出身国の文化を尊重したカリキュラムなどがあげられます。

↓多文化主義政策の対象と概要

移民	先住民族	民族的少数派
1.多文化主義を憲法、立法、議会で承認する	1.土地の権利・所有権を承認する	1.連邦制もしくは準連邦制における領土自治
2.学校のカリキュラムに多文化主義を取り入れる	2.自治権の承認	2.地域内もしくは全国において公用語としての地位を与える
3.公共メディアの認可において、民族的表現／感受性を考慮する	3.歴史的な条約の維持と新しい条約の締結	3.中央政府もしくは憲法裁判所における代表権の保障
4.服装規定、日曜休業法などを免除する	4.文化的権利の承認（言語、狩猟・漁業）	4.少数言語の大学・学校・メディアへの公的資金援助
5.二重国籍を認める	5.慣習法の承認	5.憲法もしくは議会による「多民族主義」の確約
6.文化活動を支援するために、エスニックグループ組織へ資金提供をする	6.中央政府における代表権・協議権の保証	6.国際的な人格を与える（例：国際機関への参加を認める）
7.バイリンガル教育や母語教育に資金援助を行う	7.先住民族の明確な地位を、憲法もしくは法律において確認する	
8.不利な立場にある移民グループに対し、アファーマティブ・アクションを実施する	8.先住民族の権利に関する国際文書の支持・批准	
	9.アファーマティブ・アクションを実施する	

The Multiculturalism Policy Index（https://www.queensu.ca/mcp/）の項目を整理して筆者作成

　この表にあげた政策の中でどれが重視されるかは、各国の置かれた状況によって異なります。また、実際の政治において、移民や先住民族、民族的少数派の権利をどの程度認めるかという問題は簡単ではありません。たとえば、アファーマティブ・アクションとして大学入学における人種別の割り当て（クオータ制）を認めるかどうか、学校教育の場で顔を覆うムスリムの衣装を認めるかどうかなど、しばしば激しい対立を引き起こし、ときには多文化主義政策に対する揺り戻し（バックラッシュ）もみられます。

★○✕問題でチェック★

問5　国レベルでの多文化主義政策は、1990年代にカナダやオーストラリアではじめて導入された。
問6　多文化主義政策は、どのような集団に対して実施するかによって内容が異なる。

1　多文化主義の規範理論

多文化主義の理論的側面がどのように発展してきたかをみていくために、まず現代政治理論におけるリベラリズムの原則から確認しておきましょう。ロールズは『正義論』の中で「社会的・経済的不平等は、最も不遇な人々の最大の便益に資するように編成されなければならない」という「格差原理」を提起しました。多文化主義の擁護者たちは、このようなリベラリズムが文化のもつ意義を軽視していると考えます。フレイザーは「承認の政治」と「再分配の政治」とを区別し、経済的格差の是正だけではなく、文化的権利の承認や格差是正が必要であることを示しました。テイラーは、コミュニタリアニズム（共同体主義）の立場から、平等を重視するあまり文化的差異を考慮しないリベラリズムを批判し、集団的権利、つまりエスニック集団の独自性を保障するために異なる処遇をすることの必要性を論じました（☞4-Ⅵ2）。

↓チャールズ・テイラーほか『マルチカルチュラリズム』（岩波書店・1996年）

MULTICULTURALISM

マルチカルチュラリズム

チャールズ・テイラー
スーザン・ウルフ
スティーヴン・C・ロックフェラー
マイケル・ウォルツァー
ユルゲン・ハーバーマス
K・アンソニー・アピア
エイミー・ガットマン編

佐々木 毅
辻 康夫
岡山恭一〔訳〕

岩波書店

編集部撮影

また、よりリベラリズムに近い立場から多文化主義を擁護するキムリッカは、個人のアイデンティティは、一定の地理的まとまりと共有する言語によって作られる文化の中で確立されると考え、これを社会構成的文化とよびました。ただしどのような文化でも認められるのではなく、あくまでリベラリズムの枠内、つまり個人の自由を侵害しない文化でなければならないと考えます。彼はこれを「対外的防御」と「対内的制約」という2つの用語を使って説明します。対外的防御というのは、外部からの衝撃への防御を意図したものであり、対内的制約というのは、集団内部の異論を封じることにより共同体の安定をはかるものです。そして、後者はリベラリズムの観点から認められないと考えます。たとえば、女性の権利を侵害するような伝統文化は個人の自由を重視するリベラリズムと対立するので、このような権利の要求に対しては制約を課すのです。

↓キムリッカ『多文化時代の市民権』（晃洋書房・1998年）

ウィル・キムリッカ

多文化時代の市民権
──マイノリティの権利と自由主義──

角田猛之
石山文彦監訳
山崎康仕

晃洋書房

編集部撮影

2　ナショナリズム、多文化主義とリベラリズム

ここでは、政治理論におけるナショナリズムと多文化主義の立ち位置をリベラリズムとの関係からみてみましょう。まず、アイデンティティの基礎単位は、リベラリズムが個人、ナショナリズムが国であるのに対し、多文化主義は国の中にあるエスニック集団ということになります。文化的多様性は、リベラリズムでは個人として、多文化主義では集団として包摂されますが、ナショナリズムは多様性よりむしろ均質性を重視します。また、リベラリズムでは国家が個人の文化に対して中立ですが、ナショナリズムと多文化主義では積極的に介入します。マイノリティの政治的統合という点でみると、リベラリズムとナショナリズムは積極的ですが、多文化主義は消極的となります。

以上のような違いがありますが、これらは完全に分かれているわけではなく、その違いを乗り越えようとする理論的な試みも行われています。そのひとつが、リベラリズムとナショナリズムとを架橋するリベラル・ナショナリズム論です。ナショナリズム研究において主流だったのは、ナショナリズムがいつ、どのように出現したかという歴史学的あるいは社会学的研究でした。それに対しミラーは、どのようなナショナリズムが望ましいかという規範的側面を考察し、政治理論の中に位置づけます。ミラーは、民主主義、平等、個人の自由・権利といったリベラル・デモクラシーの要素を実現するためには、人々の相互信頼や連帯意識がなくてはならず、そのためには安定したネイションおよび

↓リベラリズム、ナショナリズム、多文化主義の特徴

	リベラリズム	ナショナリズム	多文化主義
アイデンティティの基礎単位	個人	国	エスニック集団
文化的多様性の包摂	○	△	○
国家の文化的中立性	○	△	△
マイノリティの政治的統合	○	○	△

井上達夫「多文化主義の政治哲学」油井大三郎＝遠藤泰生編『多文化主義のアメリカ』（東京大学出版会、1999年）を改変して筆者作成

それに基づくナショナリティが必要であると論じました。

また、キムリッカの議論はリベラリズムと多文化主義とを結びつけるものですが、同時にナショナリズムを前提とした議論を展開するため、リベラル・ナショナリズム論にも位置づけられます。キムリッカは、国家が完全に文化中立的であるというのは幻想であり、マイノリティの文化に対して抑圧的な力が働いていると考えます。そして、個人の自由を真の意味で実現するためには、多様な文化が国によって承認、保護されなければならず、そのためにはリベラルなナショナリズムが必要であると主張するのです。

★○×問題でチェック★

問7　ミラーはリベラル・ナショナリズム論の代表的論者のひとりである。
問8　多文化主義は、文化の選択は個人の自由なので国家は中立であるべきと考える。

28 ジェンダーとセクシュアリティ

Ⅰ ジェンダーとセクシュアリティ

　生物学上の性差を**セックス**とし、社会的に構築された性差を**ジェンダー**とする理解は、現代社会において広く浸透しているといえるでしょう。ボーヴォワールの「人間は女に生まれるのではない、女になるのだ」という有名な一節は、ジェンダーが生来のものではなく、人工的な構築物にすぎないことを的確に示しています。こうした人工的な枠組みに基づく「女性らしさ」「男性らしさ」といった行動規範は、ときに個人の自由を制約します。たとえば、現代の日本社会において、女性が家事や育児を担い、男性が家計を支えるなど、性別によって異なる役割を期待される**性別役割分業**や、結婚する際に女性が男性の姓に合わせることが一般的だという認識などは、個人の選択の幅を狭めると指摘されます。

↓シモーヌ・ド・ボーヴォワール

wikimedia commons
(Moshe Milne, 1967)

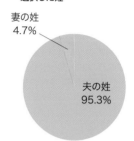
↓日本において婚姻時に夫婦が選択した姓

妻の姓 4.7%

夫の姓 95.3%

内閣府男女平等参画局「夫の姓・妻の姓別にみた婚姻件数（令和2年）」をもとに作成

↓日本における男女に対するステレオタイプの一例

	男性の回答上位10項目(回答数:5069)	％
1	女性には女性らしい感性があるものだ	51.6
2	男性は仕事をして家計を支えるべきだ	50.3
3	デートや食事のお金は男性が負担すべきだ	37.3
4	女性は感情的になりやすい	35.6
5	育児期間中の女性は重要な仕事を担当すべきでない	31.8
6	男性は人前で泣くべきではない	31.0
7	男性は結婚して家庭をもって一人前だ	30.3
8	共働きでも男性は家庭よりも仕事を優先するべきだ	29.8
9	家事・育児は女性がするべきだ	29.5
10	家を継ぐのは男性であるべきだ	26.0

	女性の回答上位10項目(回答数:5165)	％
1	女性には女性らしい感性があるものだ	47.7
2	男性は仕事をして家計を支えるべきだ	47.1
3	女性は感情的になりやすい	36.6
4	育児期間中の女性は重要な仕事を担当すべきでない	30.7
5	共働きでも男性は家庭よりも仕事を優先するべきだ	23.8
6	共働きで子どもの具合が悪くなった時、母親が看病するべきだ	23.2
7	家事・育児は女性がするべきだ	22.9
8	組織のリーダーは男性の方が向いている	22.4
9	大きな商談や大事な交渉事は男性がやる方がいい	22.4
10	デートや食事のお金は男性が負担すべきだ	22.1

「そう思う」＋「どちらかといえばそう思う」の合計　■■■男女両方で上位10位に入っている項目

内閣府男女平等参画局「令和3年度　性別による無意識の思い込み（アンコンシャス・バイアス）に関する調査結果　概要版」をもとに作成

Ⅱ フェミニズムの変遷

1 第一波フェミニズム

　フェミニズムという言葉は、一般に、男女間の不平等を明らかにし、女性に対する権利や機会の保障を求める思想や運動という意味で用いられます。ここでの不平等は、所得の再分配ではなく、女性というアイデンティティの承認により解消が期待できるものだとされます。フェミニズムは、19世紀の西洋で始まりました。当時、普遍的な人権が理念として確立されつつありましたが、女性には、男性に対して普遍的に認められる参政権などの権利が認められていませんでした。こうした法的地位の不平等を背景として、19世紀後半以降、平等な権利を求める女性解放運動が高まりをみせました。法的地位の平等を求めて起きたこの運動は、第一波フェミニズムとよばれ、アメリカやイギリスなど西洋諸国で女性の参政権が拡大していきました。

↓女性参政権を求めるポスター（イギリス）

Alamy／アフロ

↓各国の女性参政権獲得年

1893年	ニュージーランド
1902年	オーストラリア
1918年	イギリス（ただし特定の条件を満たす30歳以上の女性に限る）
1919年	ドイツ
1920年	アメリカ
1928年	イギリス
1944年	フランス
1945年	日本

筆者作成

★〇×問題でチェック★

134　28 ジェンダーとセクシュアリティ　　問1　性別によって異なる役割を期待されることを性別役割分業という。
問2　19世紀後半、男女の法的地位の平等を求めて第一波フェミニズムが高まりをみせた。

2 第二波フェミニズム

　20世紀中盤にさしかかると、第一波フェミニズムに一定の成果がみられ、男性と女性の間の法的地位の平等は、おおむね達成されました。しかし、女性たちは、そのような形式的な平等だけでは解決できない問題に直面していました。たとえば、女性は結婚後、仕事を辞め、子どもを産み、家事育児に専念するものだという固定観念が、女性の生き方に関わる自由な選択への障壁となるという問題があげられます。こうした状況を改善すべく、現実には社会的あるいは経済的不平等が依然として存在し続けていることを告発し、固定的なジェンダー観からの解放をめざす第二波フェミニズムが高まりをみせました。

↓女性解放運動の様子（アメリカ・ワシントンDC）

Everett Collection／アフロ

3 第二波以降のフェミニズム

　1980年代に入り、女性の法的地位の保障および社会的差別の解消が進む中で、フェミニズムは役割を終えたというポスト・フェミニズムの風潮もみられるようになりました。他方、政治理論において、フェミニズムは、次のような発展を遂げていきます。第1に、固定的なジェンダー観から脱し、女性というジェンダーを肯定的に捉えなおす議論に注目してみましょう。代表的論者であるギリ

↓ヤング『正義と差異の政治』（邦訳）

正義と差異の政治
アイリス・マリオン・ヤング
飯田文雄、苅田真司、田村哲樹
河村真実、山田祥子　訳

多様性の時代の
解放と連帯のために

ロールズの正義論に根本的な反省を迫り、フェミニズムや多文化主義論に多大な影響を与え続ける政治哲学の古典的名著、ついに邦訳！

筆者撮影

ガンは、女性が介護や育児を行う中で、自らの権利よりも相手に対する義務を重視するようになると主張し、こうした女性的な道徳性のあり方を「ケアの倫理」とよびます。しかし、これまで否定的に捉えられてきた女性の特徴を肯定的に捉えなおすギリガンの主張は、結局女性に対するステレオタイプを与える本質主義的な議論を展開する点において、性別役割を再構成したにすぎないという批判が向けられました。

　第2に、ヤングの議論をみてみましょう。ヤングは、伝統的リベラリズムが重視する不偏性や中立性といった概念の過度な強調により、女性が男性から受けている支配や抑圧が見すごさ

↓政治理論における公私の区別の変化

中心となる性別	領域	第二波フェミニズム登場以前	第二波フェミニズム登場後
男性	国家	公	公
	市場	私	
女性	家族		私

筆者作成

　第二波フェミニズムの代表的な潮流のひとつとして、ラディカル・フェミニズムがあげられます。ラディカル・フェミニズムは、社会における女性への差別の根源を、家庭内での男性による女性に対する支配という家父長制的な関係に見いだし、「個人的なことは政治的である」というスローガンを掲げました。第二波フェミニズム以前は、国家を「公」、国家の介入が及ばない自由な市場を「私」とする理解が一般的であり、家族という領域は、私的領域としてすら認識されていませんでした。そのため、家族は男女平等を保障すべき領域としてみなされなかったのです。これに対し、第二波フェミニズムは、国家と市場を公的領域とし、家庭を私的領域とみなしたうえで、公的領域と同様に私的領域にも権力関係や不平等が存在することを指摘しました。こうした第二波フェミニズムの指摘を受け、政治理論において、「公」は国家と市場、「私」は家族という理解が一般化していきました。

↓インターセクショナリティの例

	男性（マジョリティ）	女性（マイノリティ）
白人（マジョリティ）	優位な立場	フェミニズム
黒人（マイノリティ）	黒人解放運動	他のいずれによっても権利を擁護されない

筆者作成

れ男性優位の社会構造が固定化されることを指摘します。女性が男性とは異なる困難に直面しているという事実に対応するためには、同一の権利保障ではなく、集団ごとのニーズに合う権利を保障することが不可欠となります。このような議論を差異の政治といいます。

　フェミニズム理論が多様化する中で、第二波以前のフェミニズムの重大な問題も指摘されています。たとえば、クレンショーは、女性を一枚岩の集団であることを前提とした従来のフェミニズムにおいて、画一的な女性像に当てはまらない女性たちの権利が見落とされてきたことを指摘しました。特に、アメリカにおけるフェミニズムの中心的存在である白人女性は、「黒人」であり「女性」であるという二重の差別や不平等に直面する黒人女性のニーズを代弁していなかったのです。黒人女性は、家事分担や職場での地位の平等以前に、貧困など、より切迫した問題を抱えていました。そこで、クレンショーは、人間が幾重にもアイデンティティ集団に所属していることを「インターセクショナリティ（交差性）」と定義し、マイノリティの中の多様性を指摘しました。

★○✕問題でチェック★
問3　第二波フェミニズム以前、国家と市場を公的領域、家庭を私的領域とする区別がなされていた。
問4　ヤングは、女性が育児等を通してつちかう「ケアの倫理」の重要性を主張した。

19世紀に法的地位の平等を求めて始まったフェミニズムは、21世紀の現在においても女性の権利擁護をめざして行われ続けています。女性を取り巻く環境は、これまでのフェミニズム運動により改善しているものの、現代社会においても深刻な問題がいまだ多く残されています。近年では、SNSを利用した取り組みも多くみられ、セクシュアルハラスメントや性被害を告発する#MeToo運動はその代表的な例だといえるでしょう。

↓フェミニズムの変遷

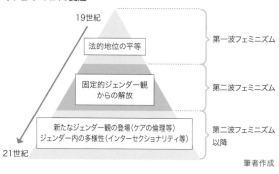

19世紀	法的地位の平等	第一波フェミニズム
固定的ジェンダー観からの解放	第二波フェミニズム
新たなジェンダー観の登場（ケアの倫理等）ジェンダー内の多様性（インターセクショナリティ等）	第二波フェミニズム以降
21世紀		

筆者作成

↓#MeTooデモの様子

AP／アフロ

Ⅲ ジェンダー・ギャップとクオータ制

男女間の平等達成度を測る際にしばしば用いられるのが、世界経済フォーラムが発表するジェンダー・ギャップ指数です。ジェンダー・ギャップ指数は、経済、教育、健康、政治の4つの観点から男女の平等度を測ります。たとえば、日本は、右のジェンダー・ギャップ指数の順位表からも明らかなように、著しく低い順位にとどまっています。特に政治分野については、他国と比較すると、日本の女性の国会議員の割合が低いことがわかります。

こうした現状を踏まえ、議会におけるジェンダー・ギャップに対する有効な解決手段として、世界各国でクオータ制が導入されています。「クオータ」とは、「割り当て」という意味で、クオータ制においては、女性の議員を増やすために、候補者や議席の一定比率が女性に割り当てられます。クオータ制には、様々な形があります。たとえば、代表的な制度として、憲法や選挙法により一定数の議席を女性に割り当てることを定める議席割当制、憲法や選挙法により議員の候補者の一定数を女性に割り当てることを定める法制クオータ、党の規則などにより政党が自発的に候補者の一定割合を女性に割り当てる政党クオータなどがあります。

↓ジェンダー・ギャップ指数の順位表

順位	国名	値	前年値	前年からの順位移動
1	アイスランド	0.892	0.877	－
2	フィンランド	0.861	0.832	1
3	ノルウェー	0.849	0.842	-1
4	ニュージーランド	0.840	0.799	2
5	スウェーデン	0.823	0.820	-1
11	ドイツ	0.796	0.787	-1
16	フランス	0.784	0.781	-1
23	イギリス	0.775	0.767	-2
24	カナダ	0.772	0.772	-5
30	アメリカ	0.763	0.724	23
63	イタリア	0.721	0.707	13
79	タイ	0.710	0.708	-4
81	ロシア	0.708	0.706	－
87	ベトナム	0.701	0.700	－
101	インドネシア	0.688	0.700	-16
102	韓国	0.687	0.672	6
107	中国	0.682	0.676	-1
119	アンゴラ	0.657	0.660	-1
120	日本	0.656	0.652	1
121	シエラレオネ	0.655	0.668	-10

内閣府男女共同参画局『共同参画』144号
（2021年5月）をもとに作成

↓各国の国会議員の女性比率

ルワンダ（61.3%）
メキシコ（48.2%）
フランス（39.5%）
イギリス（33.9%）
ドイツ（31.5%）
アメリカ（27.3%）
中国（24.9%）
韓国（19.0%）
日本（9.7%）

内閣府男女共同参画局公表の資料を参照して
筆者作成（2021年時点）

↓クオータ制を導入している国

■クオータ制なし・データなし
■法制クオータ制
■議席割当クオータ制
■政党クオータ制

IDEAウェブサイトをもとに作成（日本語表記は筆者による翻訳）

問5 女性の権利擁護を求めるフェミニズムは第二波フェミニズムにより完了した。
問6 クオータ制がとられる国では、一定比率の候補者や議席が女性に割り当てられる。

IV　性の多様性

1　性的マイノリティ

ここまで、男女間の平等に焦点を当ててきましたが、性は、伝統的なフェミニズムが想定する男性と女性以外にも、多様に存在します。現代社会において、多数派とは異なる性をもつ人々は、性的マイノリティとよばれ、恋愛や性愛がどういう対象に向かうのかということを意味する性的指向や、自分のジェンダーをどう認識するかということを示す性自認等によって定義されます。こうした性的マイノリティは、レズビアン、ゲイ、バイセクシャル、トランスジェンダー、クィアの頭文字をとって、LGBTQとよばれています。

↓LGBTQの説明

	L	レズビアン	女性同士の同性愛
性的指向	G	ゲイ	男性同士の同性愛
	B	バイセクシャル	両性愛
性自認	T	トランスジェンダー	身体的性別とジェンダー・アイデンティティが一致しない
上記のいずれにも該当しない	Q	クィア	上記の分類のようなジェンダーのラベリングを避ける人々の総称
		クエスチョニング	自身の性的指向や性自認がわからない、あるいは意図的に決定しない

筆者作成

2　同性婚

ジェンダーの多様性が指摘される中で、女性だけでなく、性的マイノリティの人々が直面する制度上の問題が提起されています。たとえば、伝統的な結婚制度は異性間の婚姻のみを想定したものであり、同性間での婚姻は認められていません。同性間の婚姻は、「同性婚」とよばれ、その制度化をめぐっては、長い論争状態にあります。現在、アメリカの一部の州やオーストラリアなど、すでに同性婚が制度化されている地域もあります。そうした中で、日本においても自治体レベルでは、婚姻に準ずる関係を保証する「パートナーシップ制度」を導入する例が増えつつあります。しかし、パートナーシップ制度は、子どもを育てる場合に共同親権を得られないなど、婚姻ほどの法的効力をもたず、不十分な点もあり、同性婚を求める活動が続いています。

↓国家が同性婚を認めないことに対する違憲訴訟

毎日新聞社／アフロ

↓渋谷区のパートナー証明書

渋谷区「パートナーシップ証明発行の手引き」

V　ジェンダーをめぐる新たな課題

女性の権利擁護を主張するフェミニズムは、人間を男性と女性のいずれかに分類できるという思考を前提としていると批判されることがあります。実際に、フェミニズムの中には、性的マイノリティを排除しようとする動きも一部でみられました。こうした既存のフェミニズムに対して鋭い批判を行った代表的論者として、バトラーがあげられます。バトラーによれば、従来のフェミニズムは、生物学上の性差であるセックスの上に社会的構造物であるジェンダーが作られていると考えるジェンダー二元論に依拠してきました。

↓ジュディス・バトラー

アフロ

↓ジェンダー二元論

筆者作成

↓ジェンダー一元論

筆者作成

これに対して、バトラーは、セックスも社会的に構築された性差、すなわちジェンダーの一部にすぎないとするジェンダー一元論を提唱しました。バトラーの主張は、第二波以前のフェミニズムもまた、生物学的性差に基づいた男性と女性の二項対立を出発点として議論していることを指摘した点において、ジェンダーをめぐる議論に新たな展開をもたらしました。近年では、こうしたバトラーの理論を踏襲し、性にまつわるあらゆる事柄を総称してジェンダーとよぶことが多くみられるようになってきました。

★○✕問題でチェック★

問7　日本においても、自治体レベルでは同性婚が制度化されている。
問8　バトラーはジェンダー二元論を提唱した。

○×問題の解説

■1 政治とは
問1：○（何らの負担なく公共財を享受・利用する人々を「フリーライダー」とよぶ）／**問2**：○（安全保障上の合理的選択をめぐるジレンマを安全保障のジレンマともよぶ）／**問3**：×（シュミットなど、戦争を政治概念に含むものもある）／**問4**：×（個人の理想を極力排した、科学的な枠組みの構築をめざしたのが政治システム論である）／**問5**：○（国内のあらゆる集団・組織とは会社、学校、宗教団体などをさす）／**問6**：×（社会契約論によって人民主権を理論化したのはルソーである）／**問7**：×（軍隊・警察による合法的な行為は例外なく国家の正統な「物理的暴力」の行使である）／**問8**：×（国際レジーム論は、複数の国家による超国家的なルールやシステムをグローバル・ガバナンスとみなす）

■2 政治学の基礎概念
問1：×（ヴェーバーの主張する権力は、権力を行使する者が自己の意志を実現する可能性を意味する）／**問2**：○（非決定権力）／**問3**：○（一次元的権力観はダールの権力論、二次元的権力観はバクラックとバラツの権力論をさす）／**問4**：×（自発的に自らを規律していくように差し向ける権力である）／**問5**：×（ミランダは情動に訴え、クレデンダは知性に訴える）／**問6**：○（具体例として、モーゼなどの預言者、ナポレオン、ヒトラーなどがあげられる）／**問7**：×（政党や国家に限らず、会社などあらゆる組織の運営においてみられる）／**問8**：×（政治的・経済的・軍事的なエリート集団の複合体を意味する）

■3 市民革命期までの政治思想
問1：×（都市国家で重視されたのは、市民の参加する公共的活動としての政治である）／**問2**：○（哲人王の支配の考え方）／**問3**：○（実現可能な最善の政体として推奨されたのはポリテイアである）／**問4**：○（トマス・アクィナスは、アリストテレスにならって人間を社会的政治的動物と捉えた）／**問5**：○（『95か条の論題』で提示された見解）／**問6**：×（主権の概念を提示したのはボダンである）／**問7**：○（王政的要素、貴族政的要素、民主政的要素のすべてを備えているとして称賛した）／**問8**：○（上院は古代ローマ共和政の元老院を意味するSenateと命名された）／**問9**：×（主権者は、各人が個人または合議体を主権者に指名することで成立するとされる）／**問10**：×（『統治二論』は王位継承問題をめぐるホイッグの立場を擁護するために執筆された）／**問11**：○（国王の執行権は議会の立法権に従属すべきだと考えられた）／**問12**：○（人民全員が参加する人民集会が立法機関として位置づけられた）

■4 市民革命期以降の政治思想
問1：○（自然権思想や宗教的寛容、権力分立、市場原理などを論じた主な思想家である）／**問2**：×（国民主権を定めたのはフランス人権宣言）／**問3**：×（伝統を重視して漸進的な変化を求める立場であり、単なる復古主義ではない）／**問4**：○（市民社会を治める国家の存在を重視した）／**問5**：×（レーニンは議会主義を否定して革命政権を指導し、ソ連の共産党独裁を築いた）／**問6**：○（修正資本主義に理論的根拠を与えた）／**問7**：○（議会は自由主義的な制度だと訴え、人民の喝采に基づく民主主義を唱えた）／**問8**：×（無責任の体系は、丸山眞男が日本の軍国主義支配の分析で用いた表現）／**問9**：×（自由への強制につながりかねないのは積極的自由）／**問10**：×（ロールズは功利主義に反対して正義の二原理を唱えた）／**問11**：○（リバタリアニズムは個人の自由を最大限尊重する立場）／**問12**：○（リベラルな中立性に修正を迫った）

■5 政治体制
問1：×（デュヴェルジェなど政治体制を理解するうえで被

治者をも理解することが重視されている）／**問2**：×（自由主義的傾向）／**問3**：×（自由民主主義体制と大統領制・議院内閣制の制度とは直接的には関係しない）／**問4**：○（多極共存型民主主義の特質は多元的な社会と協調的な指導者層とに求められる）／**問5**：×（全体主義体制の特質の1つは特定のイデオロギーを用いることにある）／**問6**：○（強い政治的関心は政権への批判的意識にも通じるため権威主義体制のもとでは好まれない）／**問7**：×（軍部支配型の体制のもとでは、特定個人ではなく、軍部という組織が権限を掌握する）／**問8**：○（内戦にまで至らないが、秩序が維持できないような国家を破綻国家とみなす）

■6 体制変動
問1：○（このとおり）／**問2**：○（それぞれがどのような民主化の波か確認されたし）／**問3**：○（このとおり）／**問4**：×（エジプトではなくチュニジア）／**問5**：×（国軍の権限は憲法で保障されており、完全には退いていなかった）／**問6**：×（噴出する様々な政治的要求に対応する制度ができあがっていないため、混乱しやすい）／**問7**：×（今日、クーデターの件数は減っている）／**問8**：○（民主主義の後退とよばれる現象が起きている）

■7 55年体制の展開
問1：×（日米安全保障条約に基づき、独立後も在日米軍基地は維持された）／**問2**：×（保守勢力である自民党は、日米安全保障条約の保持、自衛隊の保有を主張した）／**問3**：○（岸首相は新安保条約の発効を見届けて、退陣を表明した）／**問4**：×（池田内閣は所得倍増政策を打ち出し、高度成長を促進する経済政策をとった）／**問5**：○（1967年に美濃部亮吉が東京都知事に当選したのを皮切りに、全国に革新自治体が広がった）／**問6**：×（田中内閣退陣の原因となったのは、ロッキード事件ではなく田中首相の金脈問題）／**問7**：×（1980年の衆参同日選挙で自民党は勝利し、保革伯仲状態を解消した）／**問8**：○（中曽根内閣は3公社の民営化を実現した）／**問9**：×（禁止されていない）／**問10**：○（派閥などのポストを各派閥のサイズに応じて配分することを派閥均衡人事とよぶ）／**問11**：×（会期中に議決できなかった案件は、原則として審議未了・廃案となる）／**問12**：○（法案の実質的な審議は、党の政策機関である政務調査会で行われる）

■8 55年体制崩壊とその後の展開
問1：×（湾岸戦争「終結後」、「自衛隊法」に基づき、「海上」自衛隊を派遣した）／**問2**：×（自衛隊の存在、日米安全保障条約ともに容認した）／**問3**：×（この内容は東京佐川急便事件ではなくリクルート事件のこと）／**問4**：○（このとおり）／**問5**：○（このとおり、ただし共産党のように受け取らない政党もある）／**問6**：×（小選挙区制が導入されたことにより、後援会加入率は減少しつつある）／**問7**：○（このとおり）／**問8**：×（活用した。トップダウンで政策を提示できた理由の1つ）／**問9**：○（少数政党が乱立していては自民党に勝てないため、こうしたことが起きた）／**問10**：○（このとおり）／**問11**：×（これは集団的自衛権ではなく、個別的自衛権のことである）／**問12**：○（この「3本の矢」が何を意味するのか確認されたし）

■9 民主主義の歴史
問1：○（民衆を意味するデモスと支配を意味するクラトスの合成語）／**問2**：○（プラトンにとって最悪の統治形態は1人の僭主が恐怖によって支配する僭主政。民主政はその一歩手前の政体として位置づけられている）／**問3**：×（議会制の起源は中世ヨーロッパの身分制議会。その発足当初は民主主義とは無関係だった）／**問4**：○（アカウンタビリティや公開性は、世論が適切に機能するための条件と考えられている）／**問5**：×（委任代表とは、議員を特定選挙区の召使とみなす考え方であ

る）／**問6**：×（ホッブズは自然権に基づいて強大な国家論を展開した）／**問7**：○（トクヴィルにとって、デモクラシーは世論を唯一の権威として「多数者の専制」に至る危険があった）／**問8**：○（「危害原理」の考え方である）

■10 現代の民主主義
問1：○（市民の自己統治や民意反映を求める古典的民主主義観を批判した）／**問2**：○（競争を通じた私的利益の集計・均衡から公共的利益が定まるとした）／**問3**：×（多数決型では内閣が議会に対して優越的な関係にある）／**問4**：×（合意型では比例代表制に基づいて多党制や連立政権になりやすい）／**問5**：○（日常的な参加を通じて市民の政治的能力がはぐくまれるとした）／**問6**：×（ムフは民主政治の再活性化をもたらすとしてポピュリズムを肯定する）／**問7**：×（私益の集計・均衡を批判し、熟慮と討議に基づく反省や公共的理由を重視する）／**問8**：○（ハーバーマスの二回路モデルに基づき、フィシュキンなどが取り組んでいる）

■11 権力分立と議会
問1：×（行政部の長を罷免できるのは大統領制ではなく議院内閣制の制度。ドイツやベルギー、イスラエルなどに存在）／**問3**：○（大統領は儀礼的な国家元首としての任務を与えられているにすぎない）／**問4**：×（アメリカの大統領は、韓国や中南米諸国の大統領と比べて権限が限定されている）／**問5**：×（バークではなくヴェーバー）／**問6**：×（委任代表ではなく国民代表で、バークによって提起された）／**問7**：○（ポルスビーのいうアリーナ型議会）／**問8**：○（審議時間が限られる中で牛歩戦術などがとられるのを避けるべく、与党は野党の要求に耳を傾けてきた）

■12 主要国の政治制度
問1：○（議院内閣制では、制度上、与党と内閣の意思は乖離しにくい）／**問2**：○（内閣が各省の壁を越え、トップダウンで調整がはかられるようになるため）／**問3**：○（アメリカの連邦政府では、内閣は議会と信任関係にはないため）／**問4**：×（三権分立の原則により、立法部と司法部が行政部を抑制する役割を果たしている）／**問5**：×（イギリスでは上院議員は非公選であり、貴族・聖職者等から選ばれる）／**問6**：○（第1回投票で過半数の票を得た候補者がいない場合、上位2名による決選投票を行う）／**問7**：×（下院の多数派が異なる党派の場合、異なる党派の人物を選ばざるをえない場合もある）／**問8**：○（かつて大統領が権力を濫用し、議会を形骸化させたため、議会による選出に変更した）／**問9**：○（7名以下の終身議員を含む30名以下の上院議員の任命が可能）／**問10**：×（中国の国家主席は、全国人民代表大会において選出される）／**問11**：○（中華人民共和国憲法62条）／**問12**：×（韓国では大統領も法案の提出が可能である）

■13 地方自治
問1：○（地方自治に参加することによって住民は政治参加の「訓練」をする）／**問2**：○（これらは、日本国憲法92条の「地方自治の本旨」に基づく）／**問3**：×（連邦制の特徴は、連邦政府と連邦を構成する州政府の対等性である）／**問4**：○（連邦憲法の改正には、州政府による承認が必要である）／**問5**：×（住民は税負担と行政サービスのバランスに不満があるときに移動する）／**問6**：×（自治体は住民の需要を満たすように行政運営を行う）／**問7**：○（他方で、福祉サービスなどの再配分政策には消極的になることが多い）／**問8**：○（政府がサービスの水準を決定するか、直接負担するなど）

■14 日本の地方自治
問1：○（首長・議員とも住民による直接選挙で選ばれる）／**問2**：×（予算案の作成は首長が行う）／**問3**：○

（機関委任事務は廃止され、存続する事務は自治事務と法定受託事務に再構成された）／**問4**：×（国地方係争処理委員会は、第1次地方分権化のための政策が打ち出された）／**問5**：×（国によって合併推進のための政策が打ち出された）／**問6**：×（地方交付税は使途が自由だが、国庫支出金は特定事業への支出に使途が限定されている）／**問7**：×（国籍・年齢に加えて、その地域に3か月以上住所があることが要件とされている）／**問8**：×（首長選挙では政党から公認を受ける候補者は少ない）／**問9**：×（都道府県議会議員の選挙区は、市区・郡単位で分かれている）／**問10**：○（市議会議員ではおよそ6割、町村議会議員では9割近くの議員が無所属となっている）／**問11**：×（必要な署名数が集まると選管に請求が行われ、解職の是非を問う住民投票が行われる）／**問12**：○（地方自治体の条例に基づく住民投票は、個別型と常設型に分けられる）

■**15 行政・官僚制の理論と政策過程**
問1：○（ヴェーバーは官僚制の特徴の1つとして、この点を指摘している）／**問2**：×（スポイルズ・システムでは、首長が自らの裁量で直接任用する）／**問3**：×（ギューリックによれば、スタッフはラインに介入しないことが原則）／**問4**：○（労働者の心理的要素や人間関係も生産能率に影響することを明らかにした）／**問5**：○（マートンは、規則による規律によって規則を守ることを目的化することを指摘。プログラム化によって組織が自動的に行動する部分が増加し、作業量は減少する）／**問7**：○（民営化、民間委託、PFIなどの手法にみられる）／**問8**：×（民間委託では、公的機関が施設を保有したまま、運営を民間に委託）／**問9**：○（日本では各省庁の官僚も立案作業に従事し、法案や予算案の作成に携わっている）／**問10**：○（漸進主義やゴミ缶モデルは、政策決定における合理性の限界を指摘したもの）／**問11**：×（現場の仕事が専門的になれば、上司も十分に監督できず、現業職員は裁量を獲得）／**問12**：○（政策の立案段階ではセオリー評価、実施段階ではプロセス評価が行われる）

■**16 日本の官僚制**
問1：○（第二次臨時行政調査会の理念である）／**問2**：×（臨時行政改革推進会は内需主導経済への転換、国際化対応・国民生活重視等の視点を導入し、第二臨調の深化をはかった）／**問3**：×（天下りが禁止されたので、官民人材交流センターが設置された）／**問4**：○（行政手続法2条）／**問5**：○（国家公務員法2条）／**問6**：×（春の試験のほか、秋の教養区分試験もある）／**問7**：○（国の歳入歳出の決算を検査するための役割を担っているか）／**問8**：×（国会議員も法律案を提出することができる）／**問9**：×（情報公開法1条）／**問10**：○（デジタル庁の創設による）／**問11**：×（地方公務員法が定めている）／**問12**：○（北海道夕張市は、2007年に財政破綻後、財政再建団体／財政再生団体になった）

■**17 世論**
問1：×（20世紀に普通選挙制が導入され、政治の場に多様な利害対立がもちこまれるようになった）／**問2**：○（ウォーラスは、理性を前提とした従来の政治観を批判し、非合理性を強調した）／**問3**：○（擬似環境とは、加工・変形された環境のイメージである）／**問4**：×（革命後も支配者と被支配者（エリートと大衆）の構造は存続するとした）／**問5**：×（30%以上も急上昇した）／**問6**：○（無作為抽出）／**問7**：×（各社の質問文や選択肢に違いがあるため、同じテーマでも結果が異なる場合がある）／**問8**：×（特定の意見や思想が増幅・強化されて、先鋭化する可能性が指摘されている）

■**18 メディア**
問1：×（18歳〜30代まではインターネットが、40代以降は民放テレビが1位を占めている）／**問2**：○（新聞やテレビの信頼度はインターネットを上回っている）／**問3**：×（議題設定効果を提唱したのはラザースフェルドではなくマコームズとショー。エリー調査は議題設定効果とは無関係）／**問4**：○（このとおり）／**問5**：×（「政治的に公平であること」が法律で求められているのはテレビや

ラジオといった放送）／**問6**：○（日本のマスメディアの特徴は、新聞社とテレビ局が系列関係にあること）／**問7**：○（このとおり）／**問8**：×（2013年、公職選挙法が改正され、インターネットを使った選挙運動が解禁された）

■**19 政党**
問1：×（バークではなく、マディソンの主張である。バークは、政党を同じ理念のもとに国民的利益を追求する集団と定義した）／**問2**：○（名望家政党とは、教養や資産をもつ人々、すなわち名望家により組織される政党である）／**問3**：○（包括政党化とは、階級や宗教に特有の利益ではなく、より広汎な利益に訴える政党の傾向を意味する）／**問4**：○（マスメディアの発達とともに、テレビやインターネットを使った選挙運動も拡大している）／**問5**：×（カルテル政党化は、国庫への依存により生じる）／**問6**：○（単一争点政党は、1つの争点について支持者に賛否を問う）／**問7**：×（利益集約機能は、多様な利益を1つの政策にまとめる機能をさす）／**問8**：×（政党は、議員の募集や当選の後押しも行う政治的補充機能を有する）

■**20 政党制**
問1：○（凍結仮説）／**問2**：○（小選挙区制は二党制を、比例代表制は多党制を導く）／**問3**：×（ヘゲモニー政党制ではなく一党優位制）／**問4**：×（二党制でなくとも政治は安定すると二党制神話を打破）／**問5**：×（最小勝利連合の方が過大規模連合より安定する）／**問6**：×（民主社会党とよばれる8つの衛星政党が存在）／**問7**：×（大統領や院内総務は党首ではない）／**問8**：○（UKIPなど）／**問9**：○（日本が採用しているのは小選挙区比例代表並立制）／**問10**：×（分極的多党制ではなく穏健な多党制）／**問11**：○（1953年から2003年まで「魔法の公式」は持続）／**問12**：○（「中抜き」状態）

■**21 利益集団**
問1：×（利益集団は権力獲得ではなく、影響力行使を通じた特定政策の実現を主な目的とする）／**問2**：○（社会の組織や団体は、政府、市場、家族、市民社会という4セクターに大別できる）／**問3**：○（『アメリカのデモクラシー』の中で主張した）／**問4**：×（フリーライダーの問題は（小）集団で生じる）／**問5**：×（これを想定するのはコーポラティズム論である）／**問6**：○（これに代わるモデルとしてイシュー・ネットワーク論が代表的である）／**問7**：×（政策受益団体については、公共利益団体と比べ、国による大きな違いはみられない）／**問8**：○（横浜市など多くの自治体が取り組んでいる）

■**22 社会運動**
問1：×（誰かが1人で抗議活動をしても社会運動とはならない。集合的な行為である必要がある）／**問2**：○（社会運動は議会制民主主義の限界を補う役割をもつ）／**問3**：×（経済的価値・物質的価値と結びつかない多様なテーマに関する運動であった）／**問4**：○（集合行動論では、不満という心理的要因によって運動を説明した）／**問5**：×（心理的要因では社会運動の発生を説明できないと考えた）／**問6**：○（「新しい社会運動」の代表的論者のひとりがトゥレーヌ）／**問7**：×（協力関係にある場合もある。「社会運動の制度化」など）／**問8**：×（時代によって変わる。また、他の組織に継承される）

■**23 政治意識**
問1：×（政治的人間は、自尊心が低く、剥奪を埋める手段として権力を正当化、公的な使命に転換する）／**問2**：×（アーモンドとヴァーバによる政治文化の3類型の1つ）／**問3**：×（現代型は、政治に関する知識をもつにもかかわらず、政治的行動には結びつかない状態）／**問4**：○（ラズウェルによる類型には、ほかに無政治的態度、反政治的態度がある）／**問5**：○（政治的社会化は、特に幼少期に家族を通して形成される）／**問6**：×（先進諸国の若者たちは、言論の自由や環境保護などを重視する脱物質主義的価値観をもつ）／**問7**：○（他者との関わりによって、政治生活に必要な妥協、合意形成の仕方などを学ぶ）／**問8**：×（社会関係資本の信頼、規範、ネットワークの

側面は、地方政府のパフォーマンスに影響を与える）

■**24 選挙と投票行動**
問1：○（候補者は、選挙での当選（再選）、昇進、政策の実現の3つを目標とし、再選を最も重視している）／**問2**：×（日本では買収を防止する等の理由で選挙期間中の候補者の戸別訪問が禁止されている）／**問3**：○（若い有権者は保護者のもとで暮らしている人が多く、自身と政治の関わりを意識しにくい）／**問4**：×（国際的にみて、日本人の投票参加は低調である）／**問5**：×（接戦が予想される選挙では、P（自分の一票が結果に与える主観的確率）は大きくなる）／**問6**：○（有権者は候補者、政党、政策のうちいずれかを基準に投票を行う）／**問7**：×（ミシガン・モデルでは、長期的要因である政党帰属意識に基づく投票が行われるとしている）／**問8**：○（近接性モデルでは、自身の政策的立場により近い方に投票すると予想される）／**問9**：×（小選挙区制では、得票数の最も多い候補者1名だけが当選する）／**問10**：○（「重複立候補制度」により、小選挙区で落選しても比例区で復活当選する可能性がある）／**問11**：×（参議院議員は3年おきに半数ずつ改選される）／**問12**：○（特定枠を含む候補者名での得票と政党名での得票を集計し、ドント式で議席を配分する）

■**25 政府と市場**
問1：○（企業、家計とともに、経済主体の1つである）／**問2**：×（市場の失敗が生じ、効率的とならない場合もある）／**問3**：○（財政政策と金融政策を通じ、経済主体の1つとして様々な調整を行う）／**問4**：×（政府の失敗が生じる場合もある）／**問5**：○（資本主義の矛盾を是正すべく、政府は積極的に市場へ介入することになった）／**問6**：×（先進国の中でも社会保障政策と国民の税負担は大きく異なっている）／**問7**：×（ワークフェアは就労義務を、アクティベーションは失業者の能力向上を強調し、ベーシックインカムは就労の有無に関係なく一定の給付を与える）／**問8**：○（市場だけでなく、政府、ボランティア、家族など多様な福祉供給主体の調和を強調する）

■**26 社会福祉**
問1：○（ベヴァリッジの報告書は社会保障制度の創設を提案した）／**問2**：×（保険給付を受けるには事業主と労働者が保険料を負担することが必要）／**問3**：○（有効需要は実際の貨幣支出のある需要のことである）／**問4**：×（ケインズ主義的福祉国家は古典的自由主義者から批判された）／**問5**：○（あらゆる自由を最大限尊重するために国家の極小化を求めたのはリバタリアン）／**問6**：○（エスピン＝アンデルセンの類型論は福祉レジーム論という）／**問7**：○（65歳以上の負担額は25万円程度で給付額は200万円弱以上）／**問8**：×（選別主義から普遍主義に変化しつつある）

■**27 ナショナリズムと多文化主義**
問1：○（ナショナリズムの負の側面である）／**問2**：×（国民教育の重要性を訴えたのはフィヒテ「ドイツ国民に告ぐ」）／**問3**：×（見ず知らずの人との間でもアイデンティティを共有するのが「想像の共同体」）／**問4**：○（スミスは、前近代のエトニを近代的ネイションにつながると主張した）／**問5**：×（正しくは1970年代）／**問6**：○（移民、先住民族、民族的少数派などによってそれぞれ異なる政策が考えられる）／**問7**：○（政治哲学の分野でナショナリズムを論じたのがミラー）／**問8**：×（多文化主義は、国が積極的に文化を承認し、保護すべきと考える）

■**28 ジェンダーとセクシュアリティ**
問1：○（女性は家事育児を担い、男性は家計を支えるなどが代表的な例である）／**問2**：○（第一波フェミニズムでは、参政権や財産権など法的地位の平等が求められた）／**問3**：×（第二波フェミニズム以前は、公的領域は国家とされ、私的領域は市場とされていた）／**問4**：×（ケアの倫理を主張した論者は、ギリガンである）／**問5**：×（第二波フェミニズム以降も、＃MeToo運動など女性の権利擁護を求める運動が行われている）／**問6**：○（フランスやドイツなどでは、女性議員を増やすことをめざしてクオータ制が導入されている）／**問7**：×（自治体レベルでは、パートナーシップ制度が導入されている例がある）／**問8**：×（バトラーは、ジェンダー二元論を批判し、ジェンダー一元論を提唱した）

索引

編者・執筆者紹介

【編者】
西山隆行（にしやま・たかゆき）　11・20担当
成蹊大学法学部教授
東京大学大学院法学政治学研究科博士課程修了、博士（法学）。主著として、『〈犯罪大国アメリカ〉のいま―分断する社会と銃・薬物・移民』（弘文堂・2021年）など。

向井洋子（むかい・ようこ）　16・26担当
熊本学園大学社会福祉学部教授
筑波大学大学院人文社会科学研究科国際公共政策専攻博士後期課程修了、博士（政治学）。主要業績として、「住民主体の復興まちづくり計画策定に関する考察―熊本県益城町櫛島地区の事例を中心に」『日本復興政策学会論文集』15号（2020年）など。

【執筆者】
阿部悠貴（あべ・ゆうき）　6・8担当
熊本大学法学部准教授
英国シェフィールド大学大学院修了、博士（政治学）。主要業績として、"Constitutional Reform and Strong Diplomacy: An Analysis of Changing Arguments in Japanese Newspapers," in Carmen Schmidt and Ralf Kleinfeld (eds.), The Crisis of Democracy? Chances, Risks and Challenges in Japan (Asia) and Germany (Europe), Newcastle upon Tyne (Cambridge Scholars Publishing, 2020) など。

安　周永（あん・じゅよん）　21・25担当
龍谷大学政策学部教授
京都大学大学院法学研究科法政理論専攻修了、博士（法学）。主要業績として、「労働者利益代表機能の再検討―労働時間規制をめぐる政策過程の日韓比較から」『大原社会問題研究所雑誌』769号（2022年）など。

石神圭子（いしがみ・けいこ）　13・23担当
福岡女子大学国際教養学部国際教養学科専任講師
北海道大学大学院法学研究科法学政治学専攻博士後期課程単位取得満期退学、博士（法学）。主著として、『ソール・アリンスキーとデモクラシーの挑戦―20世紀アメリカにおけるコミュニティ組織化運動の政治史』（北海道大学出版会・2021年）など。

小畑俊太郎（おばた・しゅんたろう）　3・9担当
甲南大学法学部教授
東京都立大学大学院社会科学研究科博士課程修了、博士（政治学）。主著として、『ベンサムとイングランド国制―国家・教会・世論』（慶應義塾大学出版会・2013年）など。

川口雄一（かわぐち・ゆういち）　1・5担当
成蹊大学ほか非常勤講師／立命館大学加藤周一現代思想研究センター客員協力研究員
成蹊大学大学院法学政治学研究科博士後期課程修了、博士（政治学）。主要業績として、「南原繁の政治哲学における『世界秩序』構想と『立憲』主義：戦前・戦中・戦後における『正義』概念の位相」『思想』1171号（2021年）など。

河村真実（かわむら・まみ）　19・28担当
神戸大学大学院法学研究科助手
神戸大学大学院法学研究科博士課程後期課程、博士（政治学）。主要業績として、「『平等な承認』はリベラルな多文化主義を救えるのか―アラン・パッテンの批判的検討を手がかりに」『政治思想研究』20号（2020年）など。

佐藤高尚（さとう・たかひさ）　2・17担当
成蹊大学・日本大学ほか非常勤講師
成蹊大学大学院法学政治学研究科博士後期課程満期退学、修士（政治学）。主著として、「シティズンシップとナショナリティ」藤原孝＝山田竜作編『シティズンシップ論の射程』（日本経済評論社・2010年）など。

下村太一（しもむら・たいち）　7・18担当
宮崎公立大学人文学部准教授
北海道大学大学院法学研究科博士後期課程単位取得退学、博士（法学）。主著として、『田中角栄と自民党政治―列島改造への道』（有志舎・2011年）など。

菅原和行（すがわら・かずゆき）　12・15担当
福岡大学法学部教授
慶應義塾大学大学院法学研究科後期博士課程単位取得退学、博士（法学）。主著として、『アメリカ都市政治と官僚制―公務員制度改革の政治過程』（慶應義塾大学出版会・2010年）など。

田上智宜（たのうえ・ともよし）　22・27担当
熊本学園大学外国語学部准教授
東京大学大学院総合文化研究科博士課程単位取得退学、博士（学術）。主要業績として、博士論文「四大族群と新移民―多文化主義による台湾の社会統合」（東京大学大学院総合文化研究科、2015年9月）など。

平野淳一（ひらの・じゅんいち）　14・24担当
甲南大学法学部准教授
神戸大学大学院法学研究科博士後期課程単位取得満期退学、博士（政治学）。主要業績として、「現職市長の任期途中の辞職・失職」『甲南法学』59巻1・2号（2019年）など。

松尾隆佑（まつお・りゅうすけ）　4・10担当
宮崎大学テニュアトラック推進室講師
法政大学大学院政治学研究科博士後期課程修了、博士（政治学）。主著として、『ポスト政治の政治理論―ステークホルダー・デモクラシーを編む』（法政大学出版局・2019年）など。

図録 政治学

2023（令和5）年 2 月 15 日　初版 1 刷発行

編　者　西山隆行・向井洋子

発行者　鯉渕　友南

発行所　株式 会社 弘 文 堂　　101-0062　東京都千代田区神田駿河台 1 の 7
　　　　　　　　　　　　　　　TEL 03(3294)4801　振 替 00120-6-53909
　　　　　　　　　　　　　　　https://www.koubundou.co.jp

デザイン・イラスト　宇佐美純子
印　刷　図書印刷
製　本　井上製本所

ISBN978-4-335-35941-5